コンスタンティノープル使節記

コンスタンティノープル使節記

リウトプランド 著

大月康弘 訳

知泉学術叢書 10

凡　　例

----

1. 本書は，リウトプランド『コンスタンティノープル使節記』Liutprandi Cremonensis *Relatio Legatione Constantinopolitana* の全訳，訳注，また付論2編から構成される。
2. 底本には，Joseph Becker (hrsg.), *Die Werke Liudprands von Cremona* = Scriptores Rerum Germanicarum in Usum Scholarum ex Monumentis Germaniae Historicis. Liudprandi Opera. Hannover-Leipzig, 1915. を使用した。同底本は，現在以下でも参観できる。

   https://archive.org/details/diewerkeliudpran00liud/page/n7
3. 訳注は，底本（ベッカー版）のほか，スコット等の英語訳，およびフランス語訳に付された注に依拠するとともに，訳者独自による調査結果を加え，適宜補訂した。
4. 底本，また原テキストに「見出し」はない。しかし読者の便宜のため，各節の内容について，訳者の責任において節ごとの見出しを添えた。
5. 本文中に登場する固有名詞で説明を要するものには，適宜（　）で摘記した。
6. 本テキストには，古典作品からの引用が多く見られる。訳注で典拠説明等をしたが，本文中で補った方がよい箇所についてはそうした。

目　次

凡　例……………………………………………………… v
解　題……………………………………………………… xiv

『コンスタンティノープル使節記』（本文と訳註）……… 1

付論Ⅰ　『使節記』の目的と齟齬 —— 中世キリスト教
　　　世界における「ローマ皇帝」問題 ………………… 129
付論Ⅱ　『使節記』における「ローマ」言説 —— 中世
　　　キリスト教世界と「ローマ」理念 ………………… 180

あとがき …………………………………………………… 209
参考文献 …………………………………………………… 215
系　図 ……………………………………………………… 231
地図 1：ヨーロッパ ……………………………………… 233
地図 2：エーゲ海 ………………………………………… 234
地図 3：コンスタンティノープル市街 ………………… 235
地図 4：968 年 12 月 22 日の皆既日食………………… 236
索　引……………………………………………………… 237

細 目 次

凡　例……………………………………………………………… v

解　題…………………………………………………………… vii

本　文

アレンガ（序文）…………………………………………………… 3

1　オットー父子に便りの遅れを詫びる ………………… 3

2　コンスタンティノープル到着時の模様（6 月 4 日）… 5

3　皇帝ニケフォロス 2 世との初めての面談の模様
　　（6 月 7 日）……………………………………………… 8

4　承前：ニケフォロスの発言内容 ……………………… 11

5　承前：都市ローマを解放したオットー 1 世を称賛
　　し反論。ビザンツ皇帝たちの無能さを非難……… 13

6　承前：ニケフォロスの反論 …………………………… 15

7　承前：イタリア王国の 10 世紀事情とそれに基づく
　　帰属先についての議論 ………………………………… 16

8　承前：ニケフォロスが議論を打ち切る …………… 18

9　承前：ビザンツ皇帝と儀式に参列する …………… 19

10　承前：儀式の模様を伝え，ビザンツ人を嘲笑する
　　…………………………………………………………… 20

11　ビザンツ宮廷での会食の模様および食卓での論争
　　（6 月 7 日）……………………………………………… 23

12　承前：論争内容の報告。「ローマ人」とは誰か，

細 目 次

についての議論……………………………… 25

13　宿泊先の館で病気に罹る（6月9日）…………… 28

14　承前：病床よりビザンツ皇弟レオンに書簡で懇願する
　　………………………………………………… 29

15　皇弟レオンほか宮廷人と面談。オットー2世への
　　ビザンツ皇娘降嫁の話題（6月13日）…………… 29

16　承前：ブルガリア王ペトロスとビザンツ皇娘との
　　婚姻の話し…………………………………… 32

17　都市ローマの堕落とコンスタンティヌス大帝の故事
　　………………………………………………… 33

18　承前：侍従長バシレイオスの示唆………………… 35

19　聖使徒記念日の会談，ブルガリア人使節と同席し憤慨
　　（6月29日）…………………………………… 36

20　ブルガリア人使節より下座に置かれた食卓の模様・39

21　ビザンツ聖職者らとの食卓，総主教ポリエウクトス
　　と論争（7月6日）…………………………… 40

22　承前：ビザンツ帝国内の異端について，サクソン族
　　の清新さ……………………………………… 41

23　宿泊先の館に戻る途上での風景 ………………… 44

24　宿泊先の館でその後3週間留め置かれたことに憤怒
　　………………………………………………… 45

25　コンスタンティノープル市外の離宮でニケフォロス
　　と会見，オットー1世の皇帝称号に関して論争
　　（7月19日）…………………………………… 46

26　承前：オットー1世がリウトプランドに持たせた
　　指令書について……………………………… 48

27　承前：カープア侯，ベネヴェント侯の問題……… 49

28　承前：会食。ビザンツ皇帝への歓呼礼を見聞して
　　これを嘲笑する……………………………… 51

29　承前：ニケフォロスによる西方への艦隊派遣……… 52

30　承前：バーリ攻防戦のこと。イヴリア侯アーデル

細目次　　xi

ベルトゥスとビザンツ軍の同盟を非難 ………… 55

31　ニケフォロスの艦隊派遣（7月19日），皇帝ニケ
　　フォロスと宮殿で会食（7月20日：予言者エリヤ
　　の昇天祭の日）………………………………… 57

32　承前：ニケフォロスに和平の仲介をすると進言 … 59

33　承前：食卓での会話 …………………………… 60

34　皇帝ニケフォロス，東方遠征（アシュリア人＝サラ
　　セン人遠征）のためコンスタンティノープルを離れる
　　（7月22日）…………………………………… 61

35　皇弟レオンに接見（7月23日）……………… 62

36　ウンブリア宮殿に召し出されてニケフォロスと会談，
　　イタリア問題について議論（7月25日）………… 63

37　皇帝らと会食，コンスタンティノープルの「公園」，
　　そして西方の習俗について …………………… 65

38　皇帝とともに公園に赴く。オナゲルなる動物を見る
　　…………………………………………………… 67

39　ビザンツ皇帝の東方遠征に関する理由①『ダニエル
　　の幻視』………………………………………… 68

40　『ダニエルの幻視』をめぐるシチリア司教ヒッポ
　　リュトゥスとの討論 …………………………… 70

41　『ダニエルの幻視』についてのリウトプランドの解釈
　　…………………………………………………… 73

42　『ダニエルの幻視』をめぐる占星術師らの見解 …… 75

43　『ダニエルの幻視』をめぐるヒッポリュトゥスの
　　見解と現実の戦況について …………………… 76

44　ビザンツ皇帝の東方遠征に関する理由②帝国全土
　　での飢饉 ………………………………………… 78

45　オットー1世のバーリ攻囲中の出来事 ………… 80

46　ウンヴリア宮殿でニケフォロスから帰還許可を得る
　　（7月27日）…………………………………… 81

47　マリア被昇天の祝日（8月15日）に教皇ヨハネス

xii 細目次

の使節到来，オットーとの和解を勧告する書簡 ···· 84

48 承前：教皇ヨハネスの使節が貧相であること，自身
が豪奢であること ···························· 87

49 教皇使節の手紙がメソポタミアに滞在中のニケフォ
ロスに送られた ······························ 88

50 宮殿に召喚され，パトリキオス位の宦官クリスト
フォロスらと会談。ローマ教皇がニケフォロスを
「ギリシア人の皇帝」と呼んだ件を論難される（9月
17日）···································· 89

51 承前：「ローマ」について議論 ················ 91

52 ニケフォロスの皇帝就任の不正について，皇帝位が
ローマ教皇の配慮のもとにあるとの主張 ·········· 93

53 和解についての議論，禁制品のこと ············ 94

54 禁制品（紫色の生地）を没収される ············ 97

55 没収された紫色の生地について ················ 99

56 手交された黄金印璽付きの皇帝文書を嘲笑する ··· 103

57 ニケフォロスへの遺恨を机に刻む ·············· 104

58 イタリアへの帰還の旅路，ナウパクトゥスに到着
······································· 107

59 ナウパクトゥス出発，オフィダリス川到着，パトラ
ス遠望（11月23日）···················· 109

60 聖アンドレアの日（11月30日）の嵐 ·········· 110

61 嵐が収まりレフカスに向けて出立（12月2日）···· 112

62 南イタリアにおけるギリシア教会問題について ··· 113

63 レフカス島到着（12月6日）················ 120

64 レフカス島を出立（12月14日），コルフ島到着，
地震に遭遇（12月18日），同地で日蝕に遭遇
（12月22日）·························· 123

65 コルフで出会った長官ミカエルについて ·········· 125

付　論

I 『使節記』の目的と齟齬 —— 中世キリスト教世界における「ローマ皇帝」問題 ……………………… 129
  1 リウトプランドの苛立ち —— 何が問題だったのか 129
  2 使節派遣への視角 —— リウトプランドの著述と足跡 ………………………………………………… 134
  3 使節派遣の位相 ………………………………………… 143
  4 論争の核心 —— 皇帝称号問題かイタリア問題か …… 153
  5 使節派遣の目的と意図 —— 婚姻同盟の模索 ……… 163
  6 ビザンツ帝国の事情 —— ニケフォロス 2 世フォーカスの 968 年 ……………………………………… 168
  おわりに ………………………………………………… 175
II 『使節記』における「ローマ」言説 —— 中世キリスト教世界と「ローマ」理念 ……………………… 180
  1 はじめに —— 課題の射程 …………………………… 180
  2 『使節記』の中の「ローマ」—— 4 類型の含意 …… 182
  3 「ローマ」観念の広がり …………………………… 196
  4 『使節記』の射程 …………………………………… 202

あとがき ……………………………………………………… 209
参考文献 ……………………………………………………… 215
系図 1　9-10 世紀イタリアをめぐる関係系図 ………… 231
系図 2　10 世紀ローマ司教座をめぐる関係系図 ……… 232
地図 1　ヨーロッパ ………………………………………… 233
地図 2　エーゲ海 …………………………………………… 234
地図 3　コンスタンティノープル市内図 ……………… 235
地図 4　968 年 12 月 22 日の皆既日食 ………………… 236
索　引 ………………………………………………………… 237

解　題

　　本書は，クレモナ司教リウトプランドによる『コンスタ
ンティノープル使節記』（以下『使節記』）の全訳および訳
注，また付論2編から構成される。

　　リウトプランドは，10世紀のイタリアで活躍した聖職
者である。北イタリアにおける皇帝オットー1世の書記
となり，オットーの代理人としてビザンツ帝国の首都コン
スタンティノープルに数度赴いた外交使節であった。

　　ここに訳出した『使節記』は，968年にコンスタンティ
ノープルに赴いた折りの見聞を伝える貴重な史料である。
コンスタンティノープルという10世紀当時の地中海＝
ヨーロッパ世界で最大の都市で出会った宮廷人たち，また
そこで見聞した儀式について生気溢れる記述を伝えてお
り，当時の国際関係などを考える上でも注目されるテキス
トである。

　　以下では，このラテン語史料の概要（作者，テキスト伝
来，史料の性格等）を簡単に紹介しておきたい。なお，本
史料から知られる事柄に関しては，付論2編で多少とも立
ち入って考察しているので，そちらをご覧いただきたい。

1　作　者

（1）リウトプランドの生涯

　クレモナ司教リウトプランド Liudprandus は，前述の通り，オットー1世（フランク王在位 936-973 年，皇帝として 962 年 -）の名代として，968 年 6 月 4 日から 10 月 2 日まで帝都コンスタンティノープルに赴いた。『使節記』は，その外交交渉の模様を，ビザンツ皇帝，宮廷人らの挙措描写をも交えて，主人オットーへの報告書の体裁のもとに書き綴った叙述である。彼は，このときクレモナ司教 sanctae Cremonensis ecclesiae episcopus であり，近年の研究からは，帝国官房書記を務めていたとも推定され[1]，オットーの北イタリアにおける重要な側近の一人だったとみなされている。

　リウトプランドは，著述中に自らの足跡を書き残している。その生涯は，当時の北イタリアの複雑な政治情勢を反映して紆余曲折に満ちていた，というのが相応しい。以下にその足跡を簡単に紹介し，『使節記』のいわば政治的立ち位置について理解を共有しておきたい。

　彼は，ランゴバルド系の裕福な家柄に生まれ（生年 920 年頃と推定される），973 年 5 月 5 日以前に没した。少年時代にイタリア王フゴ（アルル伯，プロヴァンス伯でもあった。系図 1 を参照）Hugo, Arelatensium seu Provincialium comes, rex（在位 927-947 年）の宮廷に出仕し，パヴィアで助祭となった。フゴが，イタリア王位を巡る戦いでイ

---

　1)　Huschner, Wolfgang, *Transalpine Kommunikation im Mittelalter: diplomatische, kulturelle und politische Wechselwirkungen zwischen Italien und dem nordalpinen Reich (9.-11. Jahrhundert)*. (Monumenta Germaniae Historica Schriften ; Bd. 52) Hannover, 2003.

ヴリア侯ベレンガリウス 2 世 Berengarius II, Eporegiae (= Ivriae) civitatis marchio, rex（966 年没）に破れると，後者の宮廷に出仕，その間に最初のコンスタンティノープル訪問を果たしている（949 年）。

その後，主人ベレンガリウス 2 世と仲違いをして，アルプスを越えてオットー 1 世のもとに逃亡，その聖堂に勤務したのち，オットーのイタリア政策に従ってイタリアに戻り，962 年までにはクレモナ司教に任ぜられていた。ベレンガリウス 2 世との角逐については，彼の主著である長編の『報復の書』に言及が見られる[2]。

オットー 1 世のイタリア遠征にあって，リウトプランドは重要な側近，助言者であり続けたようである。その「皇帝」推戴時（962 年 2 月 2 日，於ローマ）にも臨席しており，963 年には，オットーの特使としてミンデンのランドヴァルド Landohardus Mimendensis とともに，反抗的な教皇ヨハネス 12 世（在位 955-964 年）のもとに赴いて，この者を更迭した教会会議では主人の代理として活躍してもいる。965 年，シュパイエル司教オトガルとともに，オットーの代理として再びローマに赴いたが（『オットー史』の記事），それは新教皇ヨハネス 13 世（在位 965-972 年）が選出されつつあるときのことだった。リウトプランドの署名を備える文書，また，彼に言及する 966 年から 967年にかけての文書類が残存しており，これらは彼がオットーの側近であったことをうかがわせている。

リウトプランドは，少なくとも 3 回（おそらくは 4 回）東方に赴いた。最初の訪問は，949 年，ベレンガリウスの

---

2) 上原專祿「クレモナ司教リウドプランドの『報復の書』」（『クレタの壺』評論社，1977 年刊所収。初出『一橋論叢』1951 年 11 月号）同補記（『クレタの壺』初出）を参照。書名となっている「報復」とは，ベレンガリウスとその妻ヴァッラの「悪行」に由来し，それが同書執筆の動機となったと記される。

使節としてのことである。この時、コンスタンティノス
7世（在位908（当初共治帝として）-959年）に厚遇され
た、と『報復の書』第6書に記している。次いで960年、
今度はオットー1世の使節として赴いたが、帝都訪問後
にパクソス島に足止めされた、と伝えられる。3回目の訪
問が、968-969年、『使節記』に記録された派遣であった。
この後、971年に、おそらく4回目の訪問を果たしたと考
えられている。これは、『聖ヒメリウス移葬記』Translatio
Sancti Hymerii の記述にもとづく推測である[3]。このとき、
ケルン大司教ゲローに随行した2名の司教のうちの1人
として、ヨハネス1世ツィミスケス（在位969-976年）の
宮廷に赴いた。この使節派遣の目的は、長らく待望された
オットー2世の妃となるべき皇女テオファノをエスコー
トし、彼女の財宝をイタリアに持ち帰ることだった。これ
がおそらく最後の東方派遣となった。

（2）リウトプランドの著述

リウトプランドは、4点の著述を残した。主著は『報復
の書』Antapodosis である。この作品は、888-949年にわ
たるビザンツ・ドイツ・イタリア間の歴史を扱った未完の
長編であり、上原専祿氏による簡にして要を得た紹介に
よって、わが国でも広く知られた作品である[4]。『オットー

3）『聖ヒメリウス移葬記』Translatio Sancti Hymerii。アメリア
司教だったヒメリウスの聖遺物をリウトプランドが移葬した、とす
る記述中に、この一行のコンスタンティノープル立ち寄りへの言及
が見られる。Joseph Becker (ed.), *Die Werke Liudprands von Cremona
= Scriptores Rerum Germanicarum in Usum Scholarum ex Monumentis
Germaniae Historicis. Liudprandi Opera.* Hannover-Leipzig, 1915, p.X-
XI, n.6.

4）上原専祿「クレモナ司教リウドプランドの『報復の書』」で
は、ベレンガリウスとその妻ヴァッラの「悪行」が執筆の契機になっ
たことに加えて、およそこの世での「悪行」が、やがて神からそれ相

史』Historia Ottonis は、958-964 年のオットーとローマ教会との関係の変遷をほぼ網羅的に記述し、公式報告書の性格が強い短編であり、ほかに「説教」2 編がある[5]。

2　テキスト

『使節記』は、全 65 節から構成されている。

内容については、各節に適宜添えた内容概要をご覧いただきたいが、前述の通り、968 年 6 月 4 日から 10 月 2 日までビザンツ帝国の首都コンスタンティノープルに赴いた折りの見聞を伝えるものである。

本テキストの原本は、今では伝来していない。現在、英語、フランス語、ドイツ語での『使節記』訳があるが（参考文献を参照）、いずれも依拠する校訂テキストは、ヨゼフ・ベッカー版（1915 年刊）である。これは、16 世紀にインゴルシュタットの市民法・カノン法の教授 H・カニシウスによって校訂されたテキストに依拠して、適切な補正を施した版である。

元版を伝えたカニシウスは、トリーアで発見されたという一写本を保有していた。この写本には他のテキストも含まれていたが、カニシウスはそれらのテキストを併せて印刷本として刊行していた。その表題には次のようにある。Chronicon Victoris Episcopi Tunnunensis, Chronicon Ioannis Biclarensis, Episcopi Gerundensis, Legatio Liutprandi

---

応の対応をもらうことになる、と記される。この含意から、同書を『しっぺ返し』と訳す研究者もいる。ともあれ、本作の書名は、リウトプランドにおける執筆の動機に関わって誠に興味深い。

5)　『オットー史』は、公式報告書の性格が強い短編である。ほかに「説教」2 編がある。P. Chiesa, *Liudprandi Cremonensis Opera omnia.* [Corpus Christianorum mediaevalis, 156] (1998).

Episcopi Cremonensis, ad Nicephorum Phocam... Synodus
Bauarica sub Tassilone Bavariae Duce Tempore Caroli
Magnik Omnia Nunc primum in lucem edita Studio et Opera
Henrici Canisii Noviomagi IC et SS Canonum Professoris
Ordinarii in Academia Ingolstadiensi (Ingolstadii, 1600)。

　19世紀前半の校訂者H・ペルツの推論によれば，カニ
シウスが入手した写本は，オットー父子ないし皇后アーデ
ルハイダによってトリーアに送られたものという[6]。この
写本に，その後何が起こったかは知られない。しかし，カ
ニシウスの校訂版出版後，それは紛失した。

　以後，『使節記』テキストは，すべてカニシウスの校訂
版（通称 Editio princeps）に依拠せざるをえなくなった。
後継諸版のうち，現在標準的に依拠されるのは，前述の通
り Monumenta Germaniae Historica (MGH) に含まれるヨゼ
フ・ベッカー版（MGHの第三版）である[7]。

　なお，リウトプランド研究は近年活発である。新たな
説教テキストの発見を受けたP・キエーザのテキスト研
究[8]，また初期中世に広く読まれた『シビリーヌの諸書』
Sibylline に関する興味深い論考などがある[9]。

---

　6)　MGH, SS, III, p.269, 273.

　7)　*Liudprandi episc. Crem. Opera.* (Scriptores Rerum
Germanicarum in usum cholarum ex MGH sparatim editi) 第一版
ed.prima：G.H.Pertz (Hannover, 1840)，第二版 ed.secunda. E.Dümmler
(Hannover, 1877)，第三版 ed.tertia：J.Becker (Hannover/Leipzig, 1915,
unveränderter Nachdruck, 1977)

　8)　Chiesa, P. (ed), *Liudprandi Cremonensis : Antapodosis.
Hommelia Paschalis. Historia Ottonis. Reratio de Legatione
Constantinopolitana.* Turnhout, 1998. (Corpus christianorum, Continuatio
medievalis, 156)

　9)　Brandes, Wolfram, Liudprand von Cremona (Legatio cap. 39-
41) und eine bisher unbeachtete West-östliche Korrespondenz über die
Bedeutung des Jahres 1000 A.D. *Byzantinische Zeitschrift* 93-2 (2000)
p435-463.

xx 解　題

　さて，カニシウスの手元にあったという手写本（原本）
は，このテキストを伝える唯一の素材だった。後述するよ
うに，ビザンツ側宮廷人の「冷遇」を罵倒するなど，歴史
上の事実を伝えるには異例の調子であるところから，内容
面での信憑性に疑念をもつ研究者や，そもそもテキストの
真正性に疑いをもつ者もいた。ドイツの歴史学者ヴァッテ
ンバッハは，これを真正な史料としながらも，偏見や誤謬
に満ちた記述内容であるが故に歴史資料としては無価値と
し，この見解が長らく学界の通説となっていた[10]。

　しかし，そこには外来者ゆえの貴重な証言が豊富に含ま
れていることもまた事実といわねばならないだろう。外来
者の目を通して語られたビザンツ社会の「真実」が，そこ
にはある。M・リンツェルによれば，リウトプランドは，
この訪問時のビザンツ側の態度を告発し，オットー側の士
気を高めるために『使節記』を執筆したという[11]。リンツェ
ルによれば，『使節記』執筆の動機はまさに政治的宣伝に
あった。それは「ビザンツへの反感と憎悪を全ての方向に
わたって煽り立てようとする公的なパンフレット」だった
というのである。

　鋭い筆致／口調での「罵倒」を含めて，『使節記』が伝
える「事実」は，全体として真実としなければならない。
そして，真正性が疑われたこともある文書そのものも，ま
た真正であるとしなければならない。それは，第64節で
言及される日蝕について，現代科学がこれを証明している
からである[12]（図2をも参照）。

────────────

　　10)　付論Ⅰ，137-138頁，および注9を参照。
　　11)　付論Ⅰ，134-138頁を参照。
　　12)　第64節注3をも参照。ヨーロッパ・ビザンツ世界で書かれ
た諸史料に確認できる日蝕に関する記事は，D.J.Schove & A.Fletcher,
Chlonology of Eclipses and Comets AD 1-1000. Woodbridge, Suffolk,
1987. p.234-236. がある。当該日蝕について，NASAデータベースか

すなわち，同所で言及される 968 年 12 月 22 日の日蝕は，アドリア海からダルマティア地方沿岸にかけて，アンコナからコルフ島までの約 400 キロメートルにわたって見られたことが，いまや科学的に推定されているのである。近年構築された NASA によるデータベースが示すところでは，この日，正午における皆既帯は，東経 38 度，北緯 34 度の地点に到達しており，コルフは，東経 19 度 55 分，北緯 39 度 38 分の位置にあるから，十分に観測された，と推定されるものだった。NASA のデータベースが伝えるこの日の日蝕情報は，まさしく『使節記』が歴史事実としての自然現象を伝えている証左となった。なお，同データベースによれば，最大日蝕時間は，世界標準時（グリニッジ標準時）の午前 11 時 29 分 16 秒からの 2 分 28 秒間だったとされている。

3 『使節記』の目的

『使節記』が執筆された理由は，テキストそのものから看取される。多少とも詳しい紹介および分析は，本書所収の拙論 2 編を参照されたいが，ここでも最小限摘記しておこう。

『使節記』の冒頭，リウトプランドは，コンスタンティノープルでの待遇の劣悪さを訴えている。主人オットー 1 世の名代として，ビザンツ帝国の首都コンスタンティノープルにやってきて，皇帝ニケフォロス 2 世フォーカス（在位 963-969 年）と「困難な状況」打開のため協議をしに

ら引用し地図 4 として巻末に掲げておく。なお，全データは以下から得られる。

http://xjubier.free.fr/en/site_pages/solar_eclipses/5MCSE/xSE_Five_Millennium_Canon.html

やってきたというのに。しかも長らく足止めを食らった。
「120 日間にわたって」無為に過ごした，と述べ，リウト
プランドは滞在中のビザンツ宮廷側の「冷遇」を口汚く
罵っている。

当時，オットー 1 世が，イタリア情勢をめぐってビザ
ンツ帝国と争っていた。その模様については，付論 1 を
参照されたいが，問題の構造は複雑だった。『使節記』で
触れられる主な論点は，以下の 4 点だったと考えてよい。

① 962 年 2 月 2 日にオットー 1 世が帯びた「皇帝」
称号問題。
② その後に遠征した南イタリア地域における諸侯の
帰順問題。
③ ビザンツ側のイタリアにおける拠点バーリをめぐ
る攻防膠着打開問題。

以上の諸問題の解決が，リウトプランド一行の旅の目的
だった。これらの問題を解消するために，リウトプランド
は「和平」締結をめざして赴いた，と記している。そし
て，一連の問題の打開策として，

④ オットー 2 世とビザンツ皇女との婚姻交渉
を目的に使節は派遣されていた。

この婚姻交渉については，第 6, 15, 47, 53 節で言及
されているが，われわれがよく知るように，目的は達成さ
れなかった。この後 972 年 4 月に，ニケフォロス 2 世の
次の皇帝ヨハネス 1 世ツィミスケス（在位 969-976 年）の
姪テオファノ（ラテン名テオファーヌ）がオットー 2 世の
妃として降嫁したのだった。

4 むすび

『使節記』は，10 世紀半ばの西欧＝ビザンツ関係をうか

4 むすび

がい知る上で，大変重要な史料である。ビザンツの皇帝や宮廷人に対する辛辣な筆致の背後に何を読み解くか。また，行間ににじみ出るリウトプランドの主張や通念は，どのようなものだったのか。

筆致と記述内容は，確かにデフォルメされているといわざるをえない。とはいえ，書かれた内容に一半の真実を認めることはできる。そのとき，筆致の先に著者リウトプランドの切なる想い，政治的思惑こそ，われわれが知りたい事柄なのである。

本書では，テキストをめぐる考察として2編の付論を添えた。今後さらに諸賢の考察が積み上げられることを祈念しつつ，取りあえずの試論として笑覧願いたい。なお，付論2編は，以下の初出時を改稿したものである。初出時にお世話になった編集部各位に謝意を表して，初出時の情報を以下に誌しておく。

付論1：原題「リウトプランド968年ミッションの目的と齟齬——10世紀キリスト教世界における「ローマ皇帝」問題に向けて」『西洋史研究』新輯第31号（2002年11月）74-104頁

付論2：原題「中世キリスト教世界と「ローマ」理念——リウトプランド『コンスタンティノープル使節記』における「ローマ」言説」甚野尚志・踊共二（編）『中近世ヨーロッパの宗教と政治』ミネルヴァ書房，2014年3月30日刊，19-42頁。

コンスタンティノープル使節記[1]

---

1) relatio は「報告書」の意。この使節記は，かたちのうえでは
リウトプランドの主人であるオットー1世とその子オットー2世（標
題にある Ottones はオットー父子のこと）に宛てて書かれた報告書の
体裁をとっている。しかしこの文書は，実質的には，個人的であれ
公的であれオットー両王への報告書ではなく，オットー親派（例え
ば麾下の将軍，聖俗の宮廷人ら）へのプロパガンダであったと考え
られる。Scott, Brian (ed.), *Liudprand of Cremona. Relatio de Legatione
Constantinopolitana*. (Reading Medieval & Renaissance Texts) London,
1993; Lintzel, M., Studien über Liudprand von Cremona. Historische
Studien 233 (1933). 他方，サザーランドはこの考えとは異なる議論を
している。Sutherland, J.N., The Mission to Constantinople in 968 and
Liudprand of Cremona. *Traditio 31* (1975) p.55-81. いわく「relatio は公
式の報告書でも公開されたプロパガンダでもない。それはむしろ，使
節派遣期間中の出来事の記録を個人的に集めた回想録のたぐいであ
る」。

アレンガ（序文）　　3

アレンガ（序文）

　ローマ人の征服されることなき尊厳なるオットー両皇帝陛下[2]，および栄光並ぶものなき尊厳なる皇后アーデルハイダ陛下[3]が，いやさかに栄え，繁栄し，勝利されんことを，クレモナの聖教会の司教リウドプランドが，求め，切望し，希求するものなり。

1　オットー父子に便りの遅れを詫びる

　これまで陛下方が，私から何の手紙も使いも受けておられないには理由があり，以下にご説明することからその理由が明らかとなりましょう。（968 年）6 月 4 日に[4] 我々はコンスタンティノープルにやって参りました。陛下方への侮辱となることながら，我々は，不面目なかたちで受け入れられ，ひどく不名誉に扱われました。我々は，実に広く開け放たれた宮殿に[5] 押し込められ，そこは寒さを防ぐこ

――――――――――

　　2)　「ローマ人の征服されることのなき尊厳なるオットー両皇帝陛下」Ottones Romanorum invictissimos imperatores augustos. オットー1 世およびその息子オットー2 世のこと。オットー1 世は，912 年 11 月 23 日にザクセン公ハインリヒ 1 世の息子として生まれ，東フランク王となった父の跡を継いで 936 年に同王として即位，次いで 962 年 2 月 2 日に「ローマ皇帝」として即位し，973 年 5 月 7 日に没するまで在位した。オットー2 世 Otto II は，オットー1 世と后アーデルハイダの息子として 955 年に生まれた。983 年没。966 年に共同皇帝として戴冠され，父の死後単独皇帝となって，そのイタリア政策を継承したが，失敗した。972 年 4 月 14 日，ビザンツ皇帝ヨハネス・ツィミスケスの姪テオファノと結婚，婚儀はローマの聖ペテロ教会で盛大に行われた。オットー1 世の即位については，当時の都市ローマの政治事情との関連について第 62 節注 252，253（116-117 頁）を参照。

　　3)　「および栄光並ぶものなき尊厳なる皇后アーデルハイダ陛下」gloriosissimamque Adelheidem imperatoricem augustam. イタリア王ロタリウス 2 世（950 年没）の寡婦。オットー1 世と 951 年に再婚した。

　　4)　「6 月 4 日に」Pridie Nonas Iunii.

　　5)　「実に広く開け放たれた宮殿に」Palatio quidem satis magno et

ともなければ暑さを逃すこともありませんでした。武装し
た兵士たちが監視役として配置され，我々全員が外出した
り，他のものが来訪したりすることも禁じられました。宮
殿そのものは，閉じこめられている我々に対してだけ開か
れており，皇宮からは大変離れていましたので，そこに馬
に乗ってではなく歩いて行った我々には息が切れたほどで
した。我々の苦難には，加えて，ギリシア人たちのワイン
が松ヤニと石灰が混ざったものであるために飲めなかっ
た[6]ということがあります。宮殿には水が引かれておらず，
また，お金を出して手に入れる水で（お金を出して水を手
に入れて），渇きを癒すこともできませんでした。この大
いなる災いに，もう一つの災いが付け加わりました。それ
は，明らかに，日々の食べ物を差し出す役の（我々の）衛
兵の人柄です[7]。陛下方がその者（たち）に似た者をお探し

---

aperto. 外国からの使節はアポクリシアリエイオン apokrisiarieion と呼
ばれる建物に逗留させられた。D・A・ミラーによれば，彼らは「使
節逗留施設の管理者」κουράτωρ τοῦ ἀποκρισιαριείου のもとに監視さ
れ，この管理者は，ロゴテテース・トゥー・ドゥロムーに対して責任
を負っていた。cf. Miller, D.A., The Logothete of the Drome. すべての
外国人施設がリウトプランドのように厳格な監視のもとに置かれたか
どうかは分からない。アポクリシアリエイオンの正確な所在場所も知
られない。

　　6)　「ギリシア人たちのワインが松ヤニと石灰が混ざったもの
であるために飲めなかった」quod Graecorum vinum ob picis, taedae,
gypsi commixtionem nobis impotabile est. ギリシアの松ヤニ入りワイ
ン，レツィーナに言及する初期の事例である。周知のように，今日
でもレツィーナには，芳りつけのために松ヤニ pix, taeda が加えられ
ている。石灰 gypsum は，古典期にはワインに加えられていたようで
ある。なお，今日でもクレタでは石灰が用いられている。cf. J.Koder/
Th.Weber, Liudprand von Cremona in Konstantinopel. (Wien, 1980) p.79.

　　7)　「衛兵の人柄」homo scilicet custo. 最初の校訂者カニシウス
以前までのテキストでは，homo scil...orum custos と読め，モヌメン
タ・ゲルマニアエ・ヒストリカ版でもこのテキストが採用されている。
この欠損を埋めるべく，幾つかの復元の試みがなされてきた。コー

2　コンスタンティノープル到着時の模様（6月4日）　　5

になるとするならば、地上ではなく恐らく地獄が（それを）
与えるでしょう（＝恐らく地上ではなく地獄で見つけられ
ましょう）。というのも、その者は、思いつくことの出来
たありとあらゆる禍い、強奪 rapina、損害 dispendium、悲
しみ luctus、苦難・不幸 miseria を、あたかも荒れ狂う激
流のように、我々に注いだからでした。120 日のあいだ[8]、
ただの一日として、我々に悲嘆と悲しみを与えずに通り過
ぎていった日はありませんでした。

2　コンスタンティノープル到着時の模様（6月4日）

　上で記しましたように、我々がコンスタンティノープ
ル、カレア門[9]の前に到着したのは、6月4日でした。そ
して、尋常ならざる雨の中、11 時までずっと[10]馬ととも

ダーは homo schorarum custos と魅力的な読みをしている。Koder/
Weber, p.36. コーダーのいう scholae は、コンスタンティノープルで
宮殿の警備に当たった軍の分遣隊のことである。しかし、この語の
直後に custos があり、文意は確定的であることから、ここではペル
ツ、スコットの推定 homo scilicet custos に従った。なお、この custos
は、第 65 節中の記事から、ミカエルという名であったことが知られ
る。彼は、本節注 5 で述べた「使節逗留施設の管理者」κουράτωρ τοῦ
ἀποκρισιαρείου であり、第 13 節、第 29 節に見られる custos immo
persecutor であった。この「衛兵」ミカエルについては、第 65 節注
で紹介するモリスの考察がある。R.Morris, O Michaeles, Michaeles...:
A problem of Identification in Liudprand's Legatio. *Byzantion* 51 (1981)
p.248-254. を参照。モリスは、別の 2 人を含めてリュトプランドが相
対したミカエルたちについて論じている。
　8)　「120 日のあいだ」centum viginti diebus. リュトプランドは、
6月4日にコンスタンティノープルに到着し、10月2日に帰路につい
ている（第 58 節）。
　9)　「カレア門」portam Caream。大宮殿の近くにあった門。しか
し、大宮殿には直接通じてはいなかった。cf. Guilland, Topographie, I.
p.517.
　10)　「11 時までずっと」usque ad undecimam horam. ビザンツ人
は、日常生活をローマ式の時刻計算によって過ごしていた。これは、

6   コンスタンティノープル使節記

に待ったのでした。実に 11 時になって，ニケフォロスは，
我々が陛下のご同情（配慮）により（馬を）備えていたの
に，騎乗することは分に添わないと考え，歩いてやってく
るように命じてきました。そして我々は，先述の，大理石
で出来た，忌むべき，水の通っていない，広い宮殿まで連
れて行かれたのです。6 月 6 日，五旬節の最初の土曜日に，
彼（ニケフォロス）の兄弟で，コロパラティオスにしてロ
ゴテテースのレオン[11]の臨席する場の前に連れて行かれま

昼間（日の出から日没まで）を 12 等分に分けて時を刻む方式であっ
た。当然，夏と冬とでは「1 時間」の長さにかなりの差があった。今
日の我々が用いるシステム，すなわち年間を通じて昼間の長さに関係
なく，等分の時間による方式も，知られており用いられてはいた。し
かし，それが用いられるのは，天文学においてや計測単位としてだ
けだった。cf. V.Grumel, *Traité d'Etudes Byzantines: I. La Chronologie.*
Paris, 1958. p.163-164. 6 月 4 日であると，コンスタンティノープル
の緯度は北緯 41 度 20 分であるから，「昼間」の時間はわれわれの
時間感覚にして 14 時間 35 分であったと考えられる（これは北緯
41 度 53 分のローマとほぼ同じである）。従って，この月日における
ローマ式 1 時間は，現在の 1 時間 13 分ということになる。したがっ
て，ここで述べられている「11 時」とは，現在で言うところの午後
6 時頃からの 1 時間強ということになる。cf. G.Bilfinger, *Die antiken
Stundenangaben.* Stuttgart, 1888. p.159. Scott, p.60. しかし他方で，この
『使節記』全体を通じて見られるリウトプランドの誇張傾向を考慮す
る必要はある。ビザンツ側の対応の悪さを強調するために，多分に修
辞的に「11 時まで」と記している可能性を排除することはできない。

11）「彼（ニケフォロス）の兄弟で，コロパラティオスにして
ロゴテテースのレオン」fratris eius Leonis coropalati et logothetae。「コ
ロパラティオス」coropalatios は高位の爵位で，皇族以外にはほとん
ど付与されなることがなかった。cf. Ostrogorsky, p.248. それは，官職
名というより名誉称号であり，スコットは chamberlain という訳語を
当てている。皇弟レオンはこの位を帯び，かつ「ドゥローモスのロゴ
テテース」ὁ λογοθέτης τοῦ δρόμου であった。この「ドゥローモスの
ロゴテテース」とは，ビザンツ行政機構の他のすべてのロゴテテー
スと同様に，財政官職に由来する官職だった。それは，国家の駅逓
活動 dromos の会計の監督を担当したが，時代とともに駅逓業務その
ものの運営を行うようになった。10 世紀までの段階で，この官職者

2 コンスタンティノープル到着時の模様（6月4日） 7

した。そこで私は，陛下の皇帝位の名称について大議論を行い，疲れました。と申しますのも，彼は陛下のことを皇帝，つまり彼らの言葉でバシレウスとは呼ばずに，不本意なレクス，つまり我々の言葉で王と呼んだからです[12]。私が彼に――たとえ意味することが異なっているとしても――その意味されること（内容）は同一であると述べると，彼は，私が和平のためにではなく争いのためにやってきた，と言うのです。彼は怒って立ち上がり，実のところ腹を立てて，陛下の手紙を自らでなく通詞を通じて受け取ったのでした[13]。彼その人は，体格に関しては十分背高

――――――――――

は，その他のいずれも駅逓関連の幾つかの官職とともに，重要な存在となっていた。このロゴテテースは，帝国の通信を統括したので，治安長官ないし内務長官的役割を果たしていた。そしてまた，帝国内での外交使節の監督という職分から，外交事項にも大きな発言権を持つようになっていた。特に，外交使節の受け入れ，宮廷への彼らの出仕に責任を持った。リウトプランドのような滞在型使節を担当した官職者 kourator apokrisiarieiou は，このロゴテテースに責任を負った。幾人かの「ドゥローモスのロゴテテース」は，現代の首相に近い地位を国家において占めていたと考えられる。そして皇弟レオンは，そのような存在だったのである。D.A.Miller, The Logothete of the Drome. *Byzantion* 36 (1966) p.438-470. R.Guilland, Les Logothètes. *Revue des Études Byzantines* 29 (1971) p.31-70, esp. p.43. ギランは，レオンが「ドゥローモスのロゴテテース」であったとするリウトプランドの記述に疑念を挟んでいるが（Guilland, p.69.），スコットは，ビザンツにおいては大変特徴的なことであったとして，この記述を支持している。なお，ビザンツ側史料でレオンのこの官職保持を裏付ける証言はない。

12）「彼は陛下のことを皇帝，つまり彼らの言葉でバシレウスとは呼ばずに，不本意なレクス，つまり我々の言葉で王と呼んだのです」Ipse enim vos non imperatorem, id est βασιλέα sua lingua, sed ob indignationem ῥῆγα, id est regem nostra vocabat。ビザンツ人が，西方のいかなる王をもローマ皇帝の称号に相応しいとは考えなかった，とする見解については，付論 I 154-155 頁を参照。「バシレウス」という「王」を意味する古代ギリシア語は，ビザンツ期には皇帝だけに用いられた。

13）「通詞を通じて受け取ったのでした」per interpretem

8 コンスタンティノープル使節記

く，いかさまに謙遜しています。もし人が彼に寄り掛かったならば，彼はその者の手を貫くことでしょう[14]。

3 皇帝ニケフォロス2世との初めての面談の模様（6月7日）

6月7日，言うまでもなく五旬節の聖なる祝祭日に，私は，ステファナと呼ばれる宮殿すなわち「コロナリア」の中[15]，ニケフォロスの前に連れて行かれました。彼は，大

---

suscepit. ミラーによれば，ドゥローモスのロゴテテースのもとには，通詞の一大集団があった。D.A.Miller, The Logothete of the Drome. p.449-458. 通詞の臨席が，リウトプランドのギリシア語知識の不十分さを示唆するわけではない。今日の外交交渉でも，交渉事項の正確な確認のために頻繁に通詞はおかれる。しかし，交渉に当たる者自身が相手の言語に通じていることもしばしばである。リウトプランド自身も，十分なギリシア語能力があったと思われる。『使節記』第54節では次のように述べられている。「私自身が目撃者でした。なぜなら，私は，通詞が臨席していなくとも，皇帝が言っていることを理解したからです。」testis sum ipse, qui quod imperator diceret, etiamsi interpres abesset, intellexi.

14)「もし人が彼に寄り掛かったならば，彼はその者の手を貫くことでしょう」cui si innisus homo fuerit, manum eius perforabit.『イザヤ書』36.6（「おまえが頼みとしているのはエジプトだが，それは折れたあしを頼みとするようなものだ。頼みにする人の手を突き刺し，痛めるだけだ」からの借用。

15)「ステファナと呼ばれる宮殿すなわち「コロナリア」の中」in domo quae dicitur Στεφάνα, id est Coronaria. リウトプランドは，大宮殿の中の戴冠式を行うホール στέψιμον/ Augsteus のことを言っていると思われる。このホールについては，Guilland, Topographie I, p.82. および S.Miranda, Les Parais des empereurs byzantins. Mexico City, 1965. p.64. を参照。リウトプランドは，最初のコンスタンティノープル訪問の際に儀礼用の自動装置を目撃し，それを『報復の書』第6書第5節で極めて印象深く記している。いわく「コンスタンティノープルで滞在した館は宮殿と隣接していた。この宮殿は，たいそう壮大で美しく，ギリシア人はこれを5番目の場所にあったことに因んで「ディガンマのマグナウラ」と呼んでいた。マグナウラとは「偉大なる黄金」の意味である。そこでコンスタンティノス（7世：在位 913-959 年）

3 皇帝ニケフォロス2世との初めての面談の模様   9

変奇形的な人物で[16]，身の丈低く，頭が太っており，眼が

は，そのとき到着したばかりのヒスパニアからの使節と，私，またリ
ウテフレドゥスに対して，ここで待機するようにとだけ命じた。真鍮
製だが金箔で覆われたある種の木が，皇帝の玉座の前に立っていた。
その枝には，木と同様に，これまた種々の真鍮で作られ金箔で覆われ
たたくさんの鳥がすずなりにとまっていて，それらの鳥は，種類に応
じてそれぞれちがった鳥の鳴き声を発していた。皇帝の玉座は，普
段でもできるだけ崇高に見えるよう高い場所に緊密にしつらえてあっ
た。それはまことに威厳に満ちたもので，黄金製か木製かは見分けが
つかぬものの，黄金で覆われていることだけは確かなライオンが，さ
ながら衛兵のように周囲を見張っていた。このライオンは，尾で地面
を穿ち，遠慮のない表情で舌を動かし咆哮を発していた。私は，かく
てこの場に，2人の宦官の肩に寄りかかりながら，皇帝の面前に通さ
れた。ライオンが相対する私に咆哮を投げかけ，鳥たちが不安 speties
suas になって大きな音を出してはいたが，私は恐怖や驚きで動揺する
ことはなかった。なぜなら，これらのすべてのうちで，いったい本当
に革新的なものは何であったかと私は自問していたのだから。さて，
皇帝に敬意を表して，私は頭を3度下げた。すると，皇帝がまず地
面からほどほどのところに上昇しているのを見た。……」Liudprand,
Antapodosis, vi, 5, p.154-5. この自動装置はここで一切言及されていな
い。スコットによれば，それは，ニケフォロス・フォーカスに対する
嫌悪から，リウトプランドが好意的な記述を一切残さなかった結果で
あると考えられる。Scott, p.61.

16）「大変奇形的な人物で」hominem satis monstruosum. この
ニケフォロス2世像は，多分に修辞的で歪曲されたものと想像され
る。それは，ビザンツ側の歴史家レオン・ディアコノスの好意的記
述（Historia, III, 8. ed. C.B.Hase. Bonn, 1832. p.48.）と好対照をなして
いる。レオン・ディアコノスは以下のように記している。「彼の顔色
は白と言うよりは黒っぽかった。長く灰色の髪をしていた。目は黒
く，思慮の深さをたたえていた。濃い眉をしていた。彼の鼻は狭くも
なく広くもなく丁度よい大きさで，少しかぎ鼻だった。あごの周りに
白半になりかけた髭を蓄えていた。彼の身体は健康で頑丈だった。幅
広の胸と肩をしていた。精力的で力強い点で，彼は，かの有名なヘラ
クレスに次ぐ唯一の者だった。」リウトプランドとレオン・ディアコ
ノスの記述における差異については，議論がある。Head, C., Physical
Descriptions of the Emperors in Byzantine Historical Writing. *Byzantion*
50 (1980) p.226-240; Baldwin, B., *Byzantion* 51 (1981) p.8-21. 等。ＭＧ
Ｈ版の編者ベッカーは，両者のニケフォロス像に類似が見られるとし

10   コンスタンティノープル使節記

小さいところはモグラのようでした[17]。短く広く生えた，
濃く半白の髭のために醜くなっており，指のような首に
よって醜悪さを増していました。髪の長さと豊かさでは豚
（のよう）でしたし[18]，色の点ではエチオピア人（のように
黒かったの）でした。「あなたは夜中にこの者に出会いた
くはないでしょう」[19]。腹は膨張し，尻は貧弱，身体自体の
短さに比べて腿は大変長いものでした。脚は短く，かかと
と足は同じかたちをしていました。彼は，美しいのに全く
張りがなく，古くなって臭って青白くなっている布地を身
にまとっていました。シキオン風の履物（サンダル）[20]を
履いており，話し（方）が傲慢で，気質の点ではキツネ，
偽の宣誓や嘘をつく点ではウリクセス（＝オデュッセウス）
でした[21]。

ている。Becker, ed. MGH, p.177.

17)「眼が小さいところはモグラのようでした」oculorum
parvitate talpinum. talpinum は talpa「モグラ」からの派生語。

18)「髪の長さと豊かさによって豚（のよう）でしたし」
prolixitate et densitate comarum satis hyopam. hyopam は，ὑσ, ὑος「豚」
からの派生語。

19)「あなたは夜中にこの者に出会いたくはないでしょう」cui
per mediam nolis occurrere noctem. ユウェナーリスからの引用である。
Juvenalis, Satire, 5, 53-54: nigri manus ossea Mauri, et cui per mediam
nolis occurrere noctem.（黒人の骨ばった手。あなたが夜中に会いたく
ないものでしょう）。

20)「シキオン風の履物（サンダル）」Sicioniis. シキオンはコリ
ント湾近くにあった町。キケロでも言及されるが，彼はこの「サン
ダル」の使用を軟弱であると考えていたようだ。Cicero, De Oratore I,
54, 231.

21)「偽の宣誓や嘘をつく点ではウリクセス（＝オデュッセウス）
でした」mendacio Ulyxem。ここでは，いわば狡猾さがオデュッセウ
スの特質とされている。中世におけるオデュッセウス評価はこのよう
にプラスマイナスつまり毀誉褒貶に満ちていた。Stanford, W.B., The
Ulysses Theme. Oxford, 1954. chapter XII "Ulysses and the discrediting
of Homer. や，Lambros, Spyr., Duo eikones Nikephorou tou Phoka. Neos

私の主人であらせられる尊厳なる皇帝陛下方は，私の眼には，いつも見目麗しくおわしますが，これ以後は，どれほどより一層お美しくお見えになりますことか！　陛下方はいつもご立派ないでたちにおわしますが，これ以後はどれほど一層ご立派にお見えになりますことでしょうか！陛下方はいつも力強くお見えになられますが，これ以後はどれほど一層力強くお見えになりますことでしょうか！陛下方はいつも慈悲深くお見えになられますが，これ以後はどれほど一層慈悲深くお見えになりますことでしょうか！　陛下方はいつも徳に満ち溢れておられるとお見受けいたしますが，これ以後はどれほどより一層満ち溢れているとお見えになりますことでしょうか！

　（ニケフォロスの）左には，同じ高さではなくはるか下方で，2人の小皇帝が座しておりました[22]。かつては彼の主人であったのですが，今や彼の臣下である者たちです。その者（ニケフォロス）の話しの始まりは，こうでした。

4　承前：ニケフォロスの発言内容

　「我々は，貴殿方を好意的に麗々しく迎えなければならなかったし，無論そうしたかった。しかし，貴殿方の主人の為したたちの悪い行いがそうはさせないのだ。かの者は，かように敵対的な侵略によってローマを我がものと

Ellenomnemon 1 (1904) p.57-71. でサーベイが得られる。

　22)　「2人の小皇帝が座しておりました」duo parvuli imperatores. 「2人の小皇帝」とは，ロマノス2世とテオファノの幼い息子たち，後のバシレイオス2世（在位976-1025年）とコンスタンティノス8世（在位1025-28年）のことである。ロマノス2世が963年に没すると，皇后テオファノが，これら二人の幼い息子の摂政として権力を掌握した。テオファノについては，井上浩一『ビザンツ皇妃列伝』白水社があり，より詳しくは Diehl, Charles, *Les figures byzantines.* Paris, 1908. が読まれるべきである。

し，ベレンガリウスとアーデルベルトゥス[23]から，法と道理に反して，力によって領土を横領した。彼は，ローマ人のある者たちを剣で，ある者たちを絞首刑で排除し，ある者たちについては眼を奪い，ある者たちは追放刑によって追い出した。そしてこれに加えて，我が帝国の都市の数々を殺戮と火炎によって自らに従わせんと企てた。と言うのも，彼の邪悪な欲望は成功しえておらず，今，彼の悪意を助長し，また扇動する者としての貴殿を，和平交渉と見せかけて，カタスコポンつまりスパイのように私たちのもとに差し向けたからだ[24]。」

---

23) 「ベレンガリウスとアーデルベルトゥス」付論151-2頁を参照。

24) 「彼の悪意を助長し，また扇動する者としての貴殿を，和平交渉と見せかけて，カタスコポンつまりスパイのように私たちのもとに差し向けたからだ」nunc te malitiae huius suggestorem atque impulsorem simulata pace quasei κατάσκοπον, id est exploratorem, ad nos direxit. カタスコポン（複数形 κατάσκοποι）とは，帝国外で活躍し，ビザンツ帝国の外交活動のために情報をもたらした諜報員（スパイ）のことである。6世紀の歴史家プロコピオスが残した『秘史』にはこう記される。「昔から多くの諜報員が国費で採用されていた。彼らは商人やその他の名目で敵地に入り込み，ペルシア王の宮廷に潜入し，あらゆる事柄を詳細に調べ上げた。そして彼らは，ローマ領内に再び戻ると，その地の属州長官に敵の秘密をすべて報告できた。その結果，彼らは事前に得た情報に注意し，予期しない事件は何一つ起こらなかった。こうした情報網はメディア人も昔から持っていた。ホスローは，こうした情報網の整備に大金を費やし，それにより多大の成果を挙げたといわれている。すなわちホスローは，それでローマ領内で起きたすべての事件に精通していたのである。これに反してユスティニアノスは，この種の情報網の整備にはいっさい費用を出さず，それどころかローマ帝国から諜報員という言葉をなくしてしまった……」(30.12) 9世紀のシリアノスによる軍事書 taktika にも「カタスコポン」に関する記述が見られる。それは「軍事的な」職分で，プロコピオスと同様「商人に扮する」よう期待されている。「敵と同じ民族であってはならず，しかしその習慣を知悉しており，また相手の言葉を自然に操り，その国内をよく旅している」必要があった。カタ

5 承前：都市ローマを解放したオットー1世を称賛し反論。ビザンツ皇帝たちの無能さを非難

　彼に私はこう答えました。「私の主人は，ローマの都市に力や圧制によって侵入したのではありません。そうではなくて，圧政者，けだし複数の圧政者たちのくびきから（都市ローマを）解放したのです。女々しい連中が，都市ローマを支配していたのではなかったですか？　娼婦どもが？[25]　これ以上に酷く恥ずるべきことがありましょうか？　私が思いますには，その時あなたのお力，また先任者方のお力は寝ていたのです。彼らは，単に名前においてだけのローマ皇帝であり，実質的な皇帝ではなかったのです。彼らが，もし権力者であったなら，もしローマ皇帝であったなら，何故にローマを娼婦の力の下に放置していたのでしょうか？　至聖なる教皇方のある方たちは追放され，またある方たちは日々の費用や施しをできないほどにまで破滅させられたのではないのですか？　アーデルベルトゥスは，人を侮辱する書簡を，あなたの先任者であるロマノスとコンスタンティノスの両帝に送りつけなかったでしょうか？[26]　至聖なる使徒たちの教会を，彼は強奪しな

スコポンについては，以下の文献を参照のこと。Dvornik, *Origins of Intelligence Services*; Koutrakou, Diplomacy and Espionage, p.127-129; Shepard, Imperial Information and Intelligence, p.112-114.

　25)　「女々しい連中が，都市ローマを支配していたのではなかったですか？　娼婦どもが？」Nonne effeminati dominabantur eius, et quod gravius sive turpius, nonne meretrices. リュトプランドは，ここでローマを支配していた有力家門テオフュラクトゥス家の娘マロツィアを攻撃している。彼女は，オットーがイタリアに介入する以前には，教皇を思いのままに操っていた（第62節およびその注を参照）。解題 ix 頁を参照のこと。リュトプランドは，一貫して彼女の「支配」の悪行を誇張して描くことに熱心であり，オットーが都市ローマをテオフュラクトゥス家から解放したことを強調している。

　26)　「アーデルベルトゥスは，人を侮辱する書簡を，あなたの先任者であるロマノスとコンスタンティノスの両帝に送りつけなかっ

14 コンスタンティノープル使節記

かったでしょうか？　あなた方の皇帝のうちのどの方が，神への熱愛に導かれて，かような不敬なる悪行を打ち砕き，神聖なる教会を本来の状態に回復させることに配慮したでしょうか？　あなた方は（そうすることを）怠ったのです。しかし私の主人はそれを怠らなかったのです。（私の）主人は，地の果てから立ち上がり，ローマにまでやって来て，不敬なる者たちを排除し，神聖なる使徒たちの代理人たちに，力と名誉のすべてを委ねたのです。その後，自分と主たる使徒[27]に反抗した者たちを，宣誓の破壊者，瀆聖者，彼らの主人である使徒に対する拷問者，強奪者の如くに，ローマの諸皇帝の勅令，ユスティニアヌスやヴァレンティニアヌス，テオドシウスほかの諸皇帝の勅令に従って，打ち倒し，殺害し，絞首刑にし，追放刑にしたのです[28]。もし（私の主人が）以上のことを為さなかったと

───────────────

たでしょうか？」Nonne Adalbertus contumeliosas litteras Romano et Constantino decessoribus tuis imperatoribus misit ?. 西方からビザンツへの書簡の伝達については，K・ライザーが，960年の発布日付をもつ興味深いヴェネツィア総督令を紹介している。Karl Leyser, The Tenth Century in Byzantine-Western Relationships. in D.Baker (ed.), Relations between East and West in the Middle Ages. Edinburgh, 1973, p.30. この総督令は，いかなるヴェネツィア人も，ロンバルディア，バヴァリア，サクソンからコンスタンティノープルに書簡を伝えることをしてはならない，と規定している。なぜなら，西方からの書簡は，私的なものもさることながら公的なもの特に，バシレウス（ビザンツ皇帝）に対する大きな攻撃となるからだ，というのである。リウトプランドは，手紙を届けたヴェネツィア国家を明らかに批難している。上記総督令は，リウトプランドがここで言及している書簡に言及しているように思われる。

27)　「主たる使徒」dominum apostolicum. ローマ司教（教皇）のこと。

28)　ここで言及されているのは，965年のオットーに対するローマ人の反乱である。オットーは，自ら指名した人物をヨハネス13世として教皇に選出させ（在位965-972年），ローマ人がこのヨハネスを追放したのである。彼は，この反乱に対して厳格な態度で弾圧し，

すれば，（主人が）不敬で，不正で，無情で，暴君となっているでしょう。公然としているのは，ベレンガリウスとアーデルベルトゥスが（私の）主人の従者となり[29]，イタリア王国を黄金の笏によって彼の手から受け取ったということ，そして，あなたの臣下の方々の居並ぶ前で——彼らは今も存命で，かの町に暮らしています[30]——誓いを立てて誠実宣誓をしたということ，です。そして彼らが，悪魔の教唆によってこれ（誠実宣誓）を不忠にも破ったので，彼（私の主人）が，かの者たちを背信者・反乱者としてみなし，正当にも彼らから王国を奪ったのです。あなたも，あなたの臣下のなかでその後反乱した者たちに対しては，同じことをなさるでしょう。」

6　承前：ニケフォロスの反論

「しかし」と彼は申しました。「アーデルベルトゥスの従者[31]はそうは言っていない」と。私は彼にこう答えました。「もし，その者が別のように言うとしても，我々の従者のうちの誰かが[32]，もしあなたが命ずるなら，明日，事態が

教皇を直ちに「復位」させた。cf. 付論 154 頁。

29)　「（私の）主人の従者となり」sui milites effecti. 952 年のアウグスブルグにおける帝国会議の場で，ベレンガリウス 2 世とその息子アーデルベルトゥスはオットーの従者となった。cf. Widukind III, 11: Contin.Regin. 952.「従者」milites というラテン語は，knights と訳されるが，封建的従属のニュアンスを強く含意している。

30)　「かの町に暮らしています」hac in civitate degunt. ビザンツ人がローマに居住していたという事実が示唆されている。これは，リウトプランドがビザンツ社会について予め知りうる環境があったことを示していると考えられよう。

31)　「アーデルベルトゥスの従者」Adelberti miles. このアーデルベルトゥスの使節は，グリミゾ Grimizo であった（第 29 節を参照）。ビザンツ宮廷にこの者が居たという事実は，ビザンツ側がアーデルベルトゥスを依然として支持していたことを示唆している。

32)　「我々の従者のうちの誰かが」meorum aliquis militum. こ

そうであることを論戦において証明するでしょう」と。彼は訊ねました。「そうしなさい。あなたが言うように，論戦が正しく為されるように。何故いま彼が我々の帝国の辺境地域を戦争と放火とによって攻撃したのか，説明なさい。我々は友人であったし，婚姻を通じて結び付きを不滅のものにしようと考えていたのだから。」

7　承前：イタリア王国の 10 世紀事情とそれに基づく帰属先についての議論

　私は答えました。「あなたが自らの帝国の一部とおっしゃる土地がイタリア王国に所属すること。これは，住民にみられる人種と言葉の点で明らかです[33]。（かつては）ランゴバルト人がその土地を，あるいは武力によって保持していました。それを，ランゴバルト人ないしはフランク人の皇帝ロドヴィクス（＝ルードヴィヒ 2 世）が，サラセン人どもの手から，幾多の戦死者を出しつつ解放したのです[34]。しかし，ベネヴェントとカープアの侯（プリンケプ

れらリュトプランドの従者は，第 24 節，第 27 節で「ライオン」lenones と表現されている者と，おそらくは同一の者たちである。彼らは，オットーの命でリュトプランドの護衛として派遣されていた。彼らは，論戦や騒動の場面で皇帝の権利を代表する闘士でもあった。この二重の役割を担った護衛役随員は，『オットー史』第 7 章でも，ランドヴァルド Landward とリュトプランドが教皇のもとへ使者として赴く際に随行したとして登場する。

　33）　リュトプランドの諸民族概念，またイタリアにおける民族的自覚の一種の覚醒については，C.Cipolla, Della supposta fusione degli Italiani coi Germani nei primi secoli del medioevo, *Rendiconti d. r. Accad. d. Lincei* ser. V vol. 9 (1900) p.523ff.; Pivano p.365; Romano p.571. がある。

　34）　ルードヴィヒ 2 世は，871 年バリをサラセン人から奪ったが，この勝利を長く保つことができなかった。彼がベネヴェントのランゴバルト人の手で捕らえられてしまったからである。ランゴバルト人は独自にこの町をサラセン人の攻撃から防ぎえず，ビザンツにその

7 承前：イタリア王国の10世紀事情と帰属先　　17

ス）であるランドルフスが，7 年間にわたり，武力でその
地を服属させました。もしロマノス帝（ロマノス 1 世レカ
ペノス）が莫大な金を支払って我々の王フゴの同盟を得な
かったならば，（その地は）彼の従者あるいは彼の後継者
たちのくびきから今日に至るまで，抜け出ていないことで
しょう。そしてこれ故に，彼（ロマノス）は，我々の王，
くだんのフゴの庶子である娘を，自分の同名の甥（のちの
ロマノス 2 世）と結婚によって結び付けたわけです[35]。思
うに，あなたは，私の主人に（神の恵みとしての）才能で
はなく無能を帰しています。それは，我が主人が，イタリ
ア，少なくともローマを得てから，これほど長きにわたっ
てそれをあなたに委ねられた（あなたに対して放棄してい
た）が故です。あなたが姻戚関係によって創りたいとおっ
しゃる「アミキチアの結び付き」を，我々は欺瞞，陰謀と
理解します。あなたは（戦いの）休止[36]を要求しています
が，あなたがそれを求め，我々がそれを許す理由（ラティ
オ）などありません。確かに奸計は取り除かれました。し
かし，真実は沈黙させられないのです。私の主人は，私を
あなたのもとに派遣しました。それは，皇帝ロマノスと皇
后テオファナの皇娘を[37]，私の主人とその息子，つまり尊

防衛業務を依頼した。ギリシア人は 876 年にこの町に上陸し，887 年
に再びランゴバルト人に戻した一時期を除いて，この地を領有した。

35)　後の皇帝ロマノス 2 世（938 年生まれ，963 年没。在位
959-963 年）は，イタリア王プロヴァンスのフゴの庶出の娘ベルタ＝
エウドキア Bertha Eudokia と結婚していた。両者ともまだ 10 歳にも
ならぬ子供であり，949 年にベルタ＝エウドキアは子を為すことなく
死去した。前述通り，リウトプランドはフゴの宮廷で養育されていた。

36)　「休止」pausanas. pausa に同じ。戦闘の休止。

37)　「皇帝ロマノスと皇后テオファナの皇娘を」filiam Romani
imperatoris et Theophanae imperatoricis. 963 年に没したロマノス 2 世
と，その寡婦でニケフォロス 2 世フォーカスと再婚したテオファノの
娘。ロマノスの娘は，後にオットー 2 世の后となるテオファノではな
い。

18 コンスタンティノープル使節記

厳なるオットー帝のもとに結婚のためにお出しになって下さることを，宣誓によって私に保証されるようにです。また，私も，私の主人が（貴方のなす）恩顧へのお返しに，あなたにあれこれのことを行い[38]，遵守することを，宣誓によって保証するためにやって参りました。しかし私の主人は，今でも兄弟であるあなたにアミキチアの最良の保証を与えました。（彼の）権力のもとにあるアプーリアの全体を，私を介して——その教唆によって悪が為されたとあなたが言うところの私を介して——〔放棄して〕です[39]。これについての証人は，全アプーリアの住民のすべてと同じくらい沢山います。」

8　承前：ニケフォロスが議論を打ち切る

　ニケフォロスはこう言いました。「時間がもう 2 時を過ぎた[40]。プロエレウシス，つまり行列を我々は祝わねばな

---

　38)　「あれこれのことを」haec et haec. オットーが行うことの詳細は曖昧にされている。条約が締結されるまで公にできないとすることで，『使節記』が本当の外交文書であるかの印象を与えようと言う意図があったのかもしれない。

　39)　「（彼の）権力のもとにあるアプーリアの全体を」Apuliam omnem potestati subditam meo interventu. オットーは，バーリ占領に当たって海軍力を持たず，オットー軍の陸の兵站連絡路も極めて長かった。かくして，968 年春，オットーは，進捗はかばかしくない作戦を断念しなければならなかった。この現状にあって，リウトプランドは最大限の解釈をしているのである。これについては，本書第 57 節でのシニカルな詩編『コンスタンティノープル別の辞』（105-107 頁）の中で，立ち戻って触れられている。

　40)　「時間がもう 2 時を過ぎた」secunda hora iam transit. 注 10 で紹介したように，当時の時刻は，昼間を 12 等分するローマ方式によっていた。6 月 7 日のコンスタンティノープルでの昼間は，我々の時間感覚にして 14 時間 40 分ほどだったと考えられるので，この月日におけるローマ式 1 時間は，現在の 1 時間 13 分ほどと算定される。したがって「2 時」は，今日の午前 7 時過ぎからの 1 時間強ということになる。cf. G.Bilfinger, Die antiken Stundenangaben.

9 承前：ビザンツ皇帝と儀式に参列する　　19

らない[41]。これから行われることを祝うこととしよう。かの問題に対しては，また機会があるときに答えよう。」

9　承前：ビザンツ皇帝と儀式に参列する

　私がこの行列そのものについて記し，ご主人方がそれをお聞きになることも，退屈ではなかろうと存じます。商人と卑賤な身分の者たちの大群集が，その儀式のために集まり，ニケフォロスを待ち受けて彼を歓呼すべく，宮殿から聖ハギア（教会）までのあいだ，まるで壁のように道の両端に陣取っていました。彼らは，薄く小さな盾と平凡な槍を身に付けて卑賤でした。彼らの卑賤さは，民衆の大部分が彼（ニケフォロス）を歓呼するのに裸足で来ていたことで，さらに増大されていました。私が思いますに，彼らはかかる状態で神聖な「プロエレウシス」そのものをより粉飾していると考えているようでした。しかし，ニケフォロスと共にその裸足の平民の群集のあいだを通った身分の高い臣下たちも，典雅ではありましたが，極端に古くなって破れて穴の開いているチュニックを着ていました。彼らは，常日頃身に付けている衣服を着て進んでも，これより十分優美だったと思われます。先祖がこのチュニックを新品としてもっていたなどという者も，誰一人おりません。さて，また，随行するこの高位者たちの中で，金や宝石を身に付けている者も，ニケフォロスその人をのぞいて一人

　41）「プロエレウシス，つまり行列を我々は祝わねばならない」προέλευσις, id est processio, nobis est celebranda. プロエレウシスとは，ビザンツ宮廷の儀式の際に行われていた。その模様は，コンスタンティノス 7 世ポルフィロゲニトス編纂の『儀礼について』で，年間行事に即して詳細に記されている。Constantine Porphyrogenitus, *De ceremoniis*. A.Vogt (ed.), Collection Budé. Paris, 1935-40. with French Translation; I.I. Reiske (ed.), Bonn, 1829-30; Migne PG 112, 63-1446. プロエレウシスは教会儀礼の際にも行われ，それは現在でもしばしば見られる光景である。

20　　　　　　コンスタンティノープル使節記

もおりませんでした。ニケフォロスは，もっと大柄な者用
に企図され作られていた皇帝用の装束を着ていましたが，
この装束が彼をより一層醜く見せておりました。陛下がお
わしますお陰で――それは私にとって私がおりますこと
よりも貴重なことです――，陛下の高官方の（着ておられ
る）豪華な衣服の方が，ここの連中の 100 人以上，また皇
帝が身に付けていた服以上にはるかに豪華でありますこと
か！　私は，かかる「プロエレウシス」に連れて行かれま
した。そして合唱隊 psaltae つまりカントール席の側の優
遇された場所に座らせられたのでした。

10　承前：儀式の模様を伝え，ビザンツ人を嘲笑する

　それ（行列）が何か這いずり廻る怪物のように進んでい
るなか，合唱隊は（皇帝を）賞賛して[42]こう叫んでいまし

――――――――――

　42)　「合唱隊は（皇帝を）賞賛してこう叫んでいました」
clamabant adulatores psaltae. ここでリウトプランドは，ビザンツ皇帝
が祝祭日にコンスタンティノープル内の諸教会に入場する際に受けた
公式の歓呼礼 Acclamation について述べている。この歓呼礼は，ビザ
ンツ国家における宮廷儀式を統合・演出する役目を担うもので，定式
化された式次第によっていた。年間を通じての祝祭日，また各日の式
次第については，コンスタンティノス 7 世ポルフィロゲニトスにより
編纂された『帝国の儀式について』の中で詳述されている。五旬節の
日に用いられる六つの歓呼は，『帝国の儀式について』第 1 巻第 9 章
(De Ceremoniis I, 9, ed. Vogt. Paris, 1935. p.54-46.) に見られる。その
うち最後の 6 番目のものが，リウトプランドがラテン語で伝えるもの
に極似している。リウトプランドはこう伝える。「章句は言う『幾霜
年，幾霜年，幾霜年が皇帝陛下に』。人民が答える『皇帝陛下が幾霜
年も栄えますように』。」この定句は，行われた歓呼のなかで最もしば
しば見られるものである。また，その使用は，五旬節に限られたこと
ではなかった。この定句は，『使節記』第 28 節で再び現れる。そこで
は，リウトプランドは，ニケフォロスの父親バルダスに対してこれが
使われているのを嘲笑している。オットー・クレステンは，リウトプ
ランドが行列を観る間に聞いたその他の歓呼について，立ち入った分
析を行った。Otto Kresten, *Römische Hist. Mitteilungen* 17 (1975), p. 23-

10　承前：儀式の模様を伝え，ビザンツ人を嘲笑する　21

た。「見よ。朝の星がやってくる[43]。暁の明星 Eous が立ち上る[44]。地上から注視され，それは光線を反射させる。サラセン人にとっての青ざめた死[45]，ニケフォロス，支配者 μέδων（つまりプリンケプス）よ。」そこからまた合唱隊はこう朗唱しました。「支配者ニケフォロスに幾霜年の栄えあれ μέδοντι πολλὰ ἔτη！[46]　人々よ，かの者を敬い讃えよ。偉大なるかの者に首（＝身体）をゆだねよ[47]。」

　この時，次のように歌ったならばより一層真実であったでしょう。「汝，燃え尽きたる炭よ，いでませや，大将 μέλε。進み方は老婆，顔つきはシルヴァヌス（農民），田舎風で，放浪者，四つ足の羊，角があり，半人半馬，ブタで，教養がなく，野蛮で粗野，荒っぽくて，毛むくじゃ

---

75. クレステンは，リウトプランドが用いたほとんど全ての章句が，コンスタンティノス 7 世の『儀式の書』や他のビザンツ史料（聖歌・書簡）中の章句と対応していることを明らかにした。多かれ少なかれ文体が違うものもあるが，なかには一語一句対応しているものもあるのである。リウトプランドはこの『使節記』の中で彼一流の皮肉的叙述をしているが，しかしそれらは，けっしてリウトプランドによって捏造されたものではなかったのである。なお，この皇帝歓呼儀礼には，「青組」「緑組」という 2 組の「サーカス党派」が古代末期以来参加するようになっており，10 世紀には彼らの役割は定式化していた。彼らは独自に保有する銀製オルガンを奏でなから定型の皇帝賛辞を交互に朗唱し，歓呼行為の儀礼的性格を演出・強調していた。宮廷儀礼の変遷についてのカメロンの行論を参照のこと。A.Cameron, *Circus Factions: Blues and Greens at Rome and Byzantium*. Oxford, 1976.

43）「見よ。朝の星がやってくる」Ecce venit stella matutina.

44）「暁の明星 Eous が立ち上る」stella matutina, surgit Euos.

45）「サラセン人にとっての青ざめた死」pallida Sarracenorum mors.

46）「支配者ニケフォロスに幾霜年の栄えあれ」μέδων, id est principi Nicephoro πολλὰ ἔτη, id est plures anni sint.

47）「人々よ，かの者を敬い讃えよ。偉大なるかの者に首（＝身体）をゆだねよ」gentes hunc adorate, hunc colite, huic tanto colla subdite.

22   コンスタンティノープル使節記

ら，謀反人の，カッパドキア野郎！[48)]」ニケフォロスは，
かくして，かの偽りの文句に舞い上がりながらハギア・ソ
フィアに入っていきました。彼の主人である二人の皇帝が
離れて彼に従っており[49)]，彼らは，平和の接吻をして，地
面にまで（頭を下げて）懇願していました。ニケフォロス
の親衛兵が矢を射ってペンとして教会に統治年を刻みまし
た[50)]。それは，彼がいつ統治をし始めたのか（統治を始め

48）「カッパドキア野郎！」Cappadox. フォーカス家はカッパド
キア地方の出身だった。古代世界において，同地の呼称には侮蔑的な
意味が込められていたようである。スコットはペトロニウス『サテュ
リコン』に典型例があるとして例示している（Petronius, Satyricon 63,
5; 69, 2.）。国原吉之助訳『サテュリコン：古代ローマの風刺小説』（岩
波文庫，1991 年）から引用すれば以下のようにある。
「そのとき突然，吸血鬼女どもが叫びだした。それはまるで猟犬が
野兎を追いかけるときのようにけたたましかった。そのとき，わしら
の仲間にカッパドキアの生れで，背が高く，くそ度胸のすわった屈強
な男がいた。猛り狂った牡牛でも持ち上げることができたこの男が，
大胆不敵にも刀を抜くと家の外へ出ていった。左では注意深く着物で
包みかくしてさ。そして吸血鬼女の一人のどまん中を（中略）突き刺
した」(63,5)。
「スキンティラが話の腰を折った。「当然のことだけど，あんたはあ
の奴隷の手のうちを一つ残らずみんな話してなんかいないわ。あいつ
は女の世話もする女衒なのよ。いまに思い知らせてやるわ。烙印をお
してやるから」。トリマルキオンは笑って言った。「あいつはカッパド
キアの生れとわしはにらんどる。自分のためならなんでも引き受ける
のだ。ぶちあけたところ，あの男は見上げた奴さ」」(69,1-2)。
49）「彼の主人である二人の皇帝が離れて彼に従っており」
dominis suis imperatoribus. 二人の皇帝とは，バシレイオス（後の 2
世：在位 976-1025 年）とその弟コンスタンティノス（後の 8 世：在
位 1025-28 年）である。ニケフォロス 2 世が結婚したテオファノには，
前帝ロマノス 2 世とのあいだに少なくとも 3 人の子供がいた。この 2
人の男児と，後年（988 年）キエフ大公ウラジミールに嫁ぐことにな
るアンナである。前帝の遺児であるから，ニケフォロスにとっては
「主人」筋という理屈をリウトプランドは書き伝えているわけである。
50）「ニケフォロスの親衛兵が矢を射ってペンとして教会に統治
年を刻みました」Armiger huiu sagitta calamo immissa aeram. 古代ロー

てどれくらいの年月が経ったか）を示すもので，かくして，それ（行列）を見ていなかった者が（これによって彼の）統治年を知るのでした。

11　ビザンツ宮廷での会食の模様および食卓での論争
　　（6月7日）

　この同じ日，彼は私を食事を共にするよう命じました。しかし，彼は，私が彼の高位高官の誰よりも上席に座すことを相応しいとは考えず，私は彼から15番目（の席）に，布巾もなく座りました[51]。私の従者の誰一人として，ただ食卓に与らなかったばかりでなく，私が食事をした館すら見なかったのです。この全く不快な恥知らずな食事——酔っ払いの常として，油で濡らし，魚から作られた何か最

マにあって，Clavus annalis という一年を刻む金属製の「爪」が使われていた。カピトリヌスの丘にあったユピテル神殿 Jupiter Optimus Maximus の壁に，毎年9月1日に「時を刻み」込んでいたのである（ティトゥス・リウィウス Titus Livius，キケロ Cicero 等に記事が見られる）。リウトプランドによるここでの言及は，この「爪」が10世紀においても使われていたことを伝えている。ティトゥス・リウィウスによれば，この風習はエトルスキ人に起源があった。それがローマ人に引き継がれ，皇帝の統治年を刻む儀式になっていた。コンスタンティノープルにあっては，首座教会であり，宮殿にも隣接していたハギア・ソフィアに統治年が刻まれていたものと推定される。

51）「私は彼から15番目（の席）に，布巾もなく座りました」quintus decimus ab eo absque gausae sedi. M・リンツェルによれば，ここには基本的な矛盾があるという。M.Lintzel, Studien über Liudprand von Cremona. p.44. リウトプランドは，皇帝から11番目に座っていた。ところが彼は，食事の最初から会話に加わっていたと見られる。かくしてリンツェルは，彼がテーブルの対面に皇帝と相対して座っていた，と考えるのである。ただし，リンツェルが考えるこの席位置では，テキスト全体を通じてリウトプランドが伝えるビザンツ側の「冷遇」にはそぐわない。この矛盾は，皇帝との対話を伝えるリウトプランドの記述の仕方に問題があるか，あるいは，皇帝が臨席するビザンツ宮廷の晩餐における「会話」のあり方によるものかもしれない。

低の液体を撒き散らされた食事[52]——のなかで，彼は，陛下の御力，王国，軍隊について多くのことを私に尋ねたのでした。私が，彼に対し論理的に真実に従って答えますと，彼は「貴殿は嘘を言っている」と言いました。「貴殿の主人の軍隊は，騎乗（すること）を知らず，歩兵による戦闘は知られていない。盾の大きいこと，甲冑の重いこと，剣の長いこと，また兜の重さは，いずれの点においても彼らが戦うことを許さない」と。そして薄ら笑いをしながら，こう言うのでした。「また大食が彼らを妨げとなっている。腹の大食が。彼らの神は腹なのであり，彼らの勇気は酩酊，勇敢さは暴飲なのである。空腹は否定され，しらふであること（節酒）は恐怖なのである[53]。海軍力は余にのみあり，海上に，貴殿の主人の軍はない。余は艦隊で彼を攻撃し，武力によって沿岸の彼の町々を破壊するだろう[54]。また，河川に近い町を灰燼に帰するだろう。余に言

---

52) 「油で濡らし」(cena...) oleo delibuta. 油は嘔吐をもようさせるもののようである。Kölhler, p.69. は，セネカの書簡（Seneca, Ep. 95, 20）への注意を喚起している。そこには「魚から作られた何か最低の液体を撒き散らされた食事」cena... quodam deterrimo piscium liquore aspersa とある。魚の汁 garum つまり赤い色の魚の内臓と塩水からソースが作られた。これは，広く古代世界で食されていたらしい。ビザンツと現代東地中海世界における garum の使用については，Koder & Weber, *Liudprand von Cremona in Konstantinopel.* p.87. を参照。

53) 「彼らの神は腹なのであり，彼らの勇気は酩酊，勇敢さは暴飲なのである。空腹は否定され，しらふであること（節酒）は恐怖なのである。」quorum Deus venter est, quorum audacia crapula, fortitudo ebrientes, ieiunium dissolutio, pavor sobrietas. リウトプランドは，ここで聖書から三つの文言を引用している。第1に『ピリピ人への手紙』Philippians 3.19（彼らの神は彼らの腹である quorum deus venter est.），第2に『詩篇』Psalm 77.65（飲み過ぎた後で勇敢になるように quasi fortis post crapulam vini），第3に『箴言』Proverbs 10.15（富裕な者の富はその者の町であり，貧者の貧困は彼らを不安にする Substantia divitis urbs fortitudinis eius; pavor pauperum egestas eorum）である。

54) 「海軍力は余にのみあり」Navigantium fortitudo mihi soli

い給え。地上で僅かの兵力によって（余に）刃向かうことのできる者は誰であるかを。（貴殿の主人には）息子と妻が伴われていた。サクソン人，シュワーベン人，バヴァリア人，イタリア人のすべてが彼とともにあった。もしこれらのすべてが，彼に刃向かう一つの小さな町をさえも占領するだけの技量を持たないならば，彼らは私にどうして刃向かうだろうか。けだし，余は，ガルガラ Gargara が穀物畑を，メテュムナがワインを，天空が星辰を，嵐の中の海が波を多くもつのと同じくらい多くの軍隊をつき従わせるからである[55]。」

12 承前：論争内容の報告。「ローマ人」とは誰か，についての議論

　私がこの者に答え，この誇張に対する弁解を申そうとしましたとき，彼はこれを許しませんでした。それどころか，まるで侮辱を重ねるかのようにこう言ったのでした。「あなた方はローマ人ではなくランゴバルド人だ」と[56]。彼

---

inest. 960 年代前半は，ビザンツ艦隊の勢力がその絶頂にあり，地中海域にあってライバル勢力がない時期であった。ニケフォロス自身，960 年からクレタ島を攻撃し，961 年 3 月アラブ勢力からカンダクス（現イラクリオン）を奪回していた。ビザンツ艦隊は，964-967 年にシチリアのアラブ勢力を攻撃し，またその後もアプーリア，カラーヴリア地方における勢力拠点の防衛に貢献した。cf. Hélène Ahrweiler, *Byzance et la mer*. p.113-117.

　　55）「ガルガラ Gargara が穀物畑を，メテュムナがワインを，天空が星辰を，嵐の中の海が波を多くもつのと同じくらい多くの軍隊をつき従わせるからである」Gargara quot segetes, quot habet Methymna racemos, quot caelum stellas, quot mare in flatibus undas. オヴィディウスからの引用である。Ovidius, Ars Amatoria I. 57-59: Gargara quot segetes, quot habet Methymna racemos, quot caelum stellas, tot habet tua Roma puellas. ただしリウトプランドは，第 59 節後半を改変ないし誤引用している。

　　56）「あなた方はローマ人ではなくランゴバルド人だ」Vos non

26 コンスタンティノープル使節記

はさらに言葉を続けようとして，私に黙るよう手で合図を
しましたが，私はこの者に激情してこう言ったのでした。
「ローマ人がそう言われるようになった起源たるロムルス
は，兄弟殺しであり，ポルニオゲニトス，つまり不義の子
であることが，歴史書より知られる[57]。そして，彼が自ら

Romani sed Longobardi estis. この文脈からは，ビザンツ側がリウトプ
ランドを「ランゴバルド人」と揶揄し，他方リウトプランドは自ら
を「ランゴバルド人」を含む「ゲルマン人」Germanos として意識し
ていたと読める。リウトプランドは，ランゴバルド系の富裕な家柄に
生まれ，代々，イタリアにおけるランゴバルド系諸王，後にはカロリ
ング系諸王に仕える家柄であった。ここで「ゲルマン人」意識を前面
に出していると解することができるとすれば，それは多分に主人オッ
トーへの配慮によると考えられよう。彼は教養あるランゴバルト家門
の出身であり，ランゴバルド王国滅亡（774 年）から 200 年を経てい
たとはいえ，その文化的アイデンティティを失っていたとは考えがた
い。彼の生家は，高貴な家柄だったことを明確に示す史料所言はない
が，十分に裕福だったことは知られる。リウトプランドの実父も，継
父も，イタリア王フゴの使節としてコンスタンティノープルに赴き
(Antapodosis III, 23; V, 14.)，リウトプランド自身もまた，若いうちか
らイタリア王フゴの宮廷に出仕して，美声で王を魅了した (ibid., IV,
1.)。そのときまでにリウトプランドの実父は亡くなっていたが，継
父もまた彼を実の息子のように慈しみ，リウトプランドのために 2 度
にわたって相当量の金を出している。最初は 945 年。王フゴの威光
に明らかに翳りが見え始め，イヴリア侯ベレンガリウスが次第に北イ
タリアにおける実力者となり始めていたこの年に，母と継父は，息子
のために大金を積んで，ベレンガリウスの私的な秘書 secretorum eius
conscium ... et epistolarum signatorem の地位を手に入れてやった (ibid.,
V, 30.)。また，949 年 9 月から 950 年 3 月にかけて，イタリア王と
なったベレンガリウスの使節としてコンスタンティノープルに向かっ
た際，その旅費を支弁している (ibid., VI, 3.)。彼は，このコンスタン
ティノープル訪問の際，ビザンツ皇帝コンスタンティノス 7 世ポリ
フィロゲニトスに「胸当て 9 つ，金箔を張った突起付きの第一級の盾
7 つ，金箔を施された銀製のカップ 2 つ，剣，槍，串，そして 4 人の
宦官」を個人的に贈った。

57)「ロムルスは，兄弟殺しであり，ポルニオゲニトス，つまり
不義の子であることが，歴史書より知られる」Romulum fratricidam,
..., porniogenitum, hoc est ex adulterio natum, chronographia innotuit. 周

12 承前：論争内容の報告。「ローマ人」とは誰か　27

のために避難所をつくり，そこに負債者，逃亡奴隷，殺人
者，またその罪の故に死刑に価する者たちを受け入れ，そ
んな輩たちのかくも多くの者を自分の国民とし，その者た
ちをローマ人と呼んだことも知られるではないか。あなた
方が世界の支配者（コスモクラトール）[58] つまり皇帝と呼
ぶ者たちは，結局のところこの「貴族」から生まれ出たの
だ。我々，すなわちランゴバルド人，サクソン人，フラン
ク人，ロートリンゲン人，バヴァリア人，シュワーベン
人，ブルグンド人は，この皇帝たちをたいへん軽蔑してい
る。それは，我々が怒りにかられたとき，嫌悪する相手
を，数ある侮辱の表現の中からほかならぬこの「ローマ人
め！」とやるほどである。ローマ人め！　この呼びかけ，
つまりローマ人の名辞ただ一つの中に，我々は，卑賎さの
すべて，臆病さのすべて，貪欲のすべて，放逸のすべて，
虚偽のすべて，要するにありとあらゆる悪徳を含意させて
いるのだ。あなた方は，我々が戦争を好まず騎乗すること
を知らないと言っている。しからば，もし，あなた方が将

知のように，ロムルスとレムスの兄弟は伝説上の都市ローマ建設の祖
であり，ロムルスはレムスを殺害し都市に自分の名を冠した。彼らは，
軍神マルスがレア・シルヴィアを陵辱してできた子であり，ここでは
そのことから彼らの建国の祖としての正統性を中傷している。神話へ
の誹謗は，前節でのニケフォロスによるオヴィディウスの引用もまた
同様である。ここに関連する同様の事例としては，ほかに Romulus
と Remus の乳母であったラーレンタ（Hercules の情婦。神話では
Acca Larentia として登場）に関するリヴィウスの記述がある。Livius
I, 4, 7: Sunt qui Larentiam vulgato corpore lupam inter pastores vocatam
putent.「身体を売っていたラーレンタが羊飼いの中の雌狼と呼ばれて
いたと考える者もいる」。「雌狼」lupa は，ローマ社会で「売春婦」を
表す俗語だった。

58)　「世界の支配者」kosmocratores. コーダーは，この用語がし
ばしば悪い意味に用いられることを指摘し，ここでもリウトプラン
ドが皮肉的に用いていると指摘する。Koder and Weber, *Liudprand von
Cremona in Konstantinopel*. p.45.

来もこの頑迷さの中にあり続けることがキリスト教徒の罪の中に含まれうるなら，あなた方が何者であるか，また我々がいかに戦いに長けているか，次の戦争で明らかとなるだろう」と。

13 宿泊先の館で病気に罹る（6月9日）

ニケフォロスは，このような言葉に苛立って手で黙るよう命じ，また，幅はないが長いテーブルを運び去らせ，私には，あの忌むべき館，もっと正確に言えば，監獄へと戻るように命じました。2日後（6月9日），この館で，私は憤怒と暑熱と喉の渇きによって大変な病気にかかりました。しかし，私の従者で，同じカップから飲んで酔って，自分にとっての最後の日が迫っていると恐れない者は誰一人としていなかったのです。私は訊ねたいと思います。最良のワインの代わりに海水が飲物であり[59]，クッションの代わりが，乾草や藁や，また地面ですらなく，堅い大理石であり，枕の代わりが石であるような者が，どうしたら病気にならないのか，と。開け放たれていて，熱も嵐も寒さも防がないような館に居させられた彼らがどうして病気にならないか，と。健康の神といえども，これらに取り囲まれたならば，望んでも彼らを救うことはできないでしょう[60]。従って，自身の，また従者たちの苦しみで元気をな

---

59) 「最良のワインの代わりに海水が飲物であり」erat potus pro optimo vino salsugo. 樹脂を混ぜ合わしたワインを表わしていると考えられる。

60) 「健康の神といえども，これらに取り囲まれたならば，望んでも彼らを救うことはできないでしょう」Ipsa, si vellet, Salus his circumfusa, ut vulgo loquimur, eos salvare non posset. ベッカーは，テレンティウスの一節を参照文として挙げている。Terentius, Aderphi IV, 7, 43 (761): ipsa si cupiat Salus/ Servare prorsus non potest hanc familiam. たしかに，本文言を記述したリウトプランドの脳裏に浮かんだ可能性はあろう。

くした私は，衛兵，と言うより無論私の懲罰執行人ですが，その衛兵たちを呼び，懇願によってだけはなく，金で取り込んで，以下のような文言を含む私信をニケフォロスの弟に届けてくれるようにしたのでした。

14 承前：病床よりビザンツ皇弟レオンに書簡で懇願する

　「コロパラティオスにしてロゴテテース・トゥース・ドゥロムー λογοθέτης τοῦ δρόμου のレオン殿下に，司教リウドプランドより。この上なく晴朗でおわす殿下が，私がその実現のためにやってきました願いをもし叶えて下さるとお考えなら，今ここで耐えている受難が私を疲労困憊させることはありません。ただ一つ，私の主人（オットー1世）が，私の手紙と伝令によって，私がここに何もせずに時を過ごしていることを知らされるよう（お手配くださることを）請い願うのみです。さてしかし，事態が別であるなら，この地で出航を急いでいるヴェネツィアの商船があります。病気の私が，この船に乗るのをお許し下さるようお願い申し上げます。もし私の最後の時がやってきたなら，少なくとも生まれ故郷の地が私の遺体を受け入れてくれるようにしていただきたく存じます。」

15 皇弟レオンほか宮廷人と面談。オットー2世への
ビザンツ皇娘降嫁の話題（6月13日）

　レオンはこれらの文言を読むと，私に4日間後にやってくるよう命じました。そこには，彼らの伝統に従って陛下のことを討論するために，彼とともに最も知恵ある者たちが座しておりました。彼らはアッティカ風の弁論に長けている者たち（or アッティカ訛りが強い者たち？）で，「侍従長」パラキモメノス parakimomenos のバシレイオス[61]，

_____

　61）　パラキモメノス parakimomenos は，語義的には「寝室付き

30 コンスタンティノープル使節記

「書記局長官」プロート・アー・セクレティース proto a secretis [62]，「衣服管理長官」プロートヴェスティアリウス protovestiarius [63]，それに二人のマギストロスたち[64]でした。

　彼らの話しの始まりはこうでした。「どんな理由で，何故ここまで苦労して旅をしてきたのか，兄弟よ，説明せよ」。私が彼らに，恒久の平和のきっかけとなるための婚

侍従」を意味する。ビザンツにおいて宦官が担った侍従長官職。宦官が担う官職としては最高位にあったと推定されている。Guilland, *Recherches I*. p.202-211; Bréhier, *Les Institutions*. p.97. 皇帝の傍らにあって食卓や衣服の世話をし，宮廷の管理をすることをが元来の役務であったが，もっとも重要な職務は，夜間の皇帝警護だった。当該期のパラキモメノスは，バシレイオス・レカペノスであった。Guilland, p.105. リウトプランドも第18節でそのクリスチャンネームでこの者に言及している。

　　62）　プロート・アー・セクレティース proto a secretis。Πρωτασεκρῆτις のラテン語名。帝国大法院を統括した長官職である。Guilland, II, p.91. プロートは「長官」の意味であり，部下に asecretis を従えていた。また，より下位の者にプロートノタリオス，ノタリオス（司法官）を従えていた。リウトプランドが滞在中にこの長官職にあったのは，第19節で言及されるように，シメオンであった。

　　63）　プロートヴェスティアリウス protovestiarius. パラキモメノスの直近下位に位置した官職。やはり宦官によって担われた。この官職は皇帝の衣装室を統括する職だったが，また宮殿内に保管される多くの貴重品類，例えば食器，時計，その他装飾品の管理をも担当した。また，年間の決められた日に宮廷勤務者に支払われる給付金の管理をもしていた。しかしこの職分を超えて任務を帯びることがあり，帝国内外で皇帝の特殊任務を遂行することがあった。当該期のプロートヴェスティアリオスは，ニケフォロス・フォーカス治世を通じてその職にあったと見られる宦官ミカエルと推定される。Guilland, p.216-220. この者は，ニケフォロス2世在位中を通じて同職にあった。

　　64）　マギストロス magistri. (pl.) は，ビザンツの爵位の1つである。パトリキオスの上位にあった。cf. Bréhier, *Les Institutions*. p.123. リウトプランドは『報復の書』（第6書第10章）で，計21人のマギストロスに言及している。

姻関係を作るために（やってきた）[65]と申しますと、彼らはこう言いました。「ポルフィロゲニトスの娘であるポルフィロゲニータ、つまり緋室生まれの皇帝の、緋室生まれの娘が、異民族と交わるというのは、聞いたことがない話しだ[66]。ところが、実に貴殿はこのように高いことを望んでいる。であるから、もしそれに相応しいことを提供するなら[67]、貴殿は満足のいく結果を得るだろう。すなわち、

---

65) 「恒久の平和のきっかけとなるための婚姻関係を作るために」parentelae gratia, quae esset occasio infinatae pacis. "parentelae gratia" は文字通りには「家族関係のために」であるが、リウトプランドの訪問の目的がオットー2世の花嫁捜しであったことを言い表していると考えられる。第7節でのリウトプランドの弁論を参照。

66) ポルフィロゲニータ（皇帝在位中に皇后とのあいだに誕生した娘）が帝国外の異民族に嫁ぐ事例は、確かに見当たらない。この20年後、988年になって、バシレイオス2世の妹、つまりロマノス2世とテオファノ（ロマノス没後にニケフォロス2世の妻となった）の娘であったアンナがキエフ大公ウラジミールに降嫁する。971年にオットー2世に嫁ぐことになるテオファノ（ラテン名テオファーヌ）は、ニケフォロスをクーデタで殺害して帝位を簒奪したツィミスケス1世の姪だった。

67) 「もしそれに相応しいことを提供するなら」si datis, quod decet. フランク側に放棄が要求されているラヴェンナ、ローマ、ロマーニャは、かつてビザンツ領だった。ここでは、高官たちがビザンツ皇女の外国への降嫁はありえないと言明したとされる。ビザンツ側が「蛮族」との婚姻関係に躊躇したことは、Obolensky, *Byzantine Commonwealth*. p.196. で論じられている。オボレンスキーが指摘するのは、コンスタンティノス7世ポルフィロゲニトスの『帝国の統治について』での記述である。同書でコンスタンティノス7世は、ビザンツ皇女と異民族との婚姻について記していた。彼は、ブルガリアのツァーへの降嫁の例外的実例を承知しており、その説明に努めている。いわく、「これら不信心で品のない北方種族のいずれかが、ローマ人の皇帝と結婚の同盟を求め、皇帝の娘を妻にめとるなり、自身の娘を皇帝や皇帝の息子に与えようとするようなことがあれば、彼らのこの恐ろしい望みを、汝（ロマノス2世のこと）も忌避すべきである。……『では、皇帝であられたロマノス殿は、ブルガリア人と結婚を通じて同盟されたのか。孫娘をブルガリア人のペトロス殿に嫁がせ

32　　　　　　コンスタンティノープル使節記

ラヴェンナおよびローマを，それに続く土地のすべて，それら都市から我々の都市までの土地のすべて，とともに与えるならば，である。実に，婚姻関係なしでアミキチアを望むなら，貴殿の主人がローマを解放させることだ。そして諸侯，すなわちかつて神聖なる我らが帝国のしもべであったが今や反乱者となっているカープア，ベネヴェントの侯たちを，以前のように服従者とすべきだ。」

16　承前：ブルガリア王ペトロスとビザンツ皇娘との
　　婚姻の話し

　私は彼らに言いました。「私の主人が，皇帝クリストフォロスの娘と結婚したブルガリアの王ペトロスよりも有力なスラヴの諸侯たちを支配下に置いていること[68]，あな

──────────

たのはどうしたわけでしょうか』。こう質問されたら，次のように弁護しなければならない。『皇帝であられたロマノス殿は，普通の，無学の御仁であり，宮殿で生まれ育った者の一員ではなく，ローマ人の慣習というものを最初からたしなまれてはおられなかった。皇室の一員でも，高貴な生まれの方でもなかったので，ロマノス殿は，大概の行動において横柄で，横暴であられた。そしてこの時にも，教会の禁令に気を留められず，偉大なるコンスタンティノス帝の御命令と御指示に従われなかった。横柄で，身勝手で，不躾で，正しく良きことや我らの祖先から受け継がれたしきたりの数々に従うことを拒絶する気質から，このことを敢えて為されたのだ，と。また，こうもっともらしい弁明をしておけばよい。つまり，この行為によって多くのキリスト教徒の捕虜が解放され，ブルガリア人もまたキリスト教徒であり，我らと同様の信仰をもつ者たちである。そして，いずれにせよ，この結婚で与えられたのは，第1の正統なる皇帝の娘ではなく，第3のもっとも低位の皇帝の娘だったことだ。この皇帝は，いまだ従属的で，国家の諸事項に何の権限ももっていなかった。……』」
Constantine Porphyrogenitus, *De administrando imperio*. chapter 13. ed. by G.Moravcsik and R.J.H.Jenkins. Washington, 1967. p.71-75.
　　68)　「ブルがリア王ペトロスよりも有力なスラヴの諸侯たちを支配下に置いている」potentiores habere Sclavos Petro Bulgarorum rege. ベーメンおよびポーランドの諸公のこと。ここで言及されるブルガ

17　都市ローマの堕落とコンスタンティヌス大帝の故事　33

た方は何とこのことをご存じない。」──「しかし」と彼らは言いました。「クリストフォロスは，ポルフィロゲニトスではない[69]」と。

17　都市ローマの堕落とコンスタンティヌス大帝の故事

　私はこう言いました。「あなた方が解放されるのを望むと声高に叫んでいるローマ[70]。そのローマは，誰に奉仕す

リアのツァー，シメオンの息子ペトルスと，ロマノス・レカペノスの孫娘マリア・レカペーナとの婚姻は，927 年に執り行われた。この結婚は，ビザンツ・ブルガリア間の平和条約の一環であった。クリストフォロスは，ロマノスの長子でマリア・レカペーナの父である。

69)　「クリストフォロスは，ポルフィロゲニトスではない」 Christophorus... non porphyrogenitus fuit. コンスタンティノス 7 世『帝国の統治について』によれば，「結婚で与えられた娘は，全能で正嫡なる皇帝の娘ではなく，3 番目でもっとも若い，いまだ臣下である者の娘」οὐδὲ αὐτοκράτορος καὶ ἐνθέσμου βασιλέως θυγάτηρ ἡ ἐκδιδομένη ἐτύγχανεν, ἀλλὰ τρίτου καὶ ἐσχάτου καὶ ἔτι ὑποχειρίου であった。cf. Constantinos VII, De Administrando Imperio, c.13, 161-163. p.74. なお，ニケフォロス 2 世フォーカスは，後にロマノス 2 世の息子をブルガリアの公の娘と結婚させる。Leon Diakonos, Historia, V, 3. p.79.

70)　ここでリウトプランドは，オットーの対ローマ教皇座政策を正確に伝えてはいない。10 世紀のローマ事情については，付論 I 149-154 頁，また第 5 節注 25,26，第 50 節注 190，第 62 節注 251，252 を参照されたいが，ここで最小限再言しておく。ビザンツ皇帝が憂慮していたという都市ローマは，10 世紀初頭以来，オットーがローマに入った 962 年段階まで政治的に混乱していた。同世紀の半ばまで寡頭政治が行われており，特にテオフュラクトス家出身のマロツィアの影響下で都市ローマは翻弄されていた。10 世紀半ば，マロツィアは相次いで有力者と結婚し，息子スポレート公アルベリクスがローマを支配していた。アルベリクスは，イタリア王位をめぐって競っていたアルル伯フゴ Hugh, Arelatensium seu Provincialium comes, rex を 932 年に排除して実権を掌握。その後，954 年に死去するまでの 22 年間，都市ローマの事実上の主人として振る舞った。弟だった教皇ヨハネス 11 世（在位 904-911 年）には純粋に司祭のみ行わせていた。アルベリ

34   コンスタンティノープル使節記

るのですか？[71]　誰に貢納を支払うのですか？　かつて
ローマは，淫乱どもに奉仕していたのではなかったのです
か？　そして，あなた方が寝ている間，けだし力を及ぼさ
ずにいた間，私の主人である尊厳なる皇帝陛下が，かかる
不品行な屈辱状態からこのローマを解放したのではなかっ
たのですか？　その名前に由来してこの町を建設された尊
厳なるコンスタンティヌス帝は，世界の支配者（コスモク
ラトール）であるがゆえに，ローマの聖なる使徒教会に，
多くの贈り物を贈られた[72]。イタリアだけでなく西方の王

───────────────────

クス没後，その息子オクタヴィアヌスがヨハネス 12 世として教皇に
なった。しかしこの者は無能で，人気がなかった。他方，イタリア政
治の実権はフリウリ侯ベレンガリオス 2 世に移っていた。後者はロー
マに迫り，ヨハネス 12 世はオットー 1 世に救援を頼む始末だった。
この要請によりオットーはローマに入城した。そして，962 年 2 月 2
日に皇帝としてヨハネス 12 世の手で戴冠された。他方，ローマ教皇
座をめぐるこの混乱状態，また普遍的支配をすべき存在がローカルな
貴族家門の手で翻弄されている事態に，北イタリアの聖職者たちは心
を痛めていた。リウトプランドもそのようなひとりだった。彼らの要
請によりイタリア遠征をしたオットーは，ローマ教皇座を地元勢力か
ら解放することを念頭に置いていた。息子オットー 2 世の后をビザン
ツ宮廷から迎え，イタリア経営を立て直そうとしたことは，この政策
と無関係ではない。「世界」に号令をかける帝王として，ローマ教皇
座を本来の普遍教会に再び高めようとしていた，と言ってよい。

　71)　第 5 節冒頭を参照。
　72)　リウトプランドは，ここでコンスタンティヌスの寄進とし
て知られる証書，より正確に言えば，寄進状 constitutum Constantini
について言及しているのかもしれない。この寄進状は，8-9 世紀に作
成された偽作文書である。コンスタンティヌス 1 世が教皇シルヴェス
テル 1 世（在位 314-335 年）に宛てて発したとするもので，ローマ教
皇が他の総大司教座，アンティオキアやアレクサンドリア，イェルサ
レムなどより上に立つ首位権者であるとした。同時にイタリア全域に
及ぶ土地と他の「諸特権」をローマ教皇座に寄進する。この文書の信
憑性は，中世期にも時々疑われた。しかし，最終的に偽作と証明され
たのは 15 世紀になってである。オットー期にこの偽作文書に言及す
る史料事例はまれである。cf. G.Laehr, Die Konstantinische Schenkung
in der abendländischen Literatur des Mittelalters. *Historische Studien* 166

国のほとんどすべてにも。また，東方や南方の地にへも。
すなわち，ギリシア，ユダヤ，ペルシア，メソポタミア，
バビロニア，エジプト，リビアにもです。それは，我々
の所有する彼（コンスタンティヌス）の贈り物の数々（プ
リヴィレギア）が証明するごとくです。確かに，イタリア
にあるもののすべて，それだけでなくサクソン，バヴァリ
ア，また私の主人の王国の土地すべてにあり，祝福された
る使徒の教会に帰するものは，彼（コンスタンティヌス）
が至聖なる使徒たちの代理人にこれを献納したのです[73]。
そして，私の主人が，これら（献納されたもの）のいずれ
かから，都市，村，兵士，家来[74]を得たというのであるな
ら，私は神を拒絶したでしょう。実際，なぜ（ビザンツの）
皇帝陛下は，同じようにされないのか？　彼の王国にある
ものを使徒たちの教会に戻し，私の主人の働きと寛大さと
で豊かになり自由となった教会をより豊かにより自由にす
るために，なぜ同じことをされないのですか？」

18　承前：侍従長バシレイオスの示唆

　侍従長のバシレイオスが答えました。「しかし私の主人
は，ローマとローマ教会が彼の命令に従うときに，これを
為すだろう」と。そこで私はこう答えました。「ある人が，
他人から何か大きな暴行（不正）を受けて，次のような言
葉で神に近づいた。『主よ，私を逆境から救いたまえ』[75]と。

(1926) p.19-22.

　　73)　ドイツ地域における教皇領については，以下の古典的諸
研究を参照。Perels, in *Festgabe für K.Zeumer*. p.483f. A.Brackmann,
Studien und Vorarbeiten zur Germania pontificia I (1912) p.103f.

　　74)　「家来」familia. 所領内に居住する半自由人をも含めた封建
関係にある従属者の総体。

　　75)　「主よ，我を救いたまえ」Domine vindica me。リウトプラ
ンドは，第11節に次いで，ここでも聖書からの句を3つ織り込んで
いる。それらは，『ルカ伝』18.3（私の敵に対して正邪をつけてくだ

すると主はこの者に対し,『各自の為したことに応じて各人にあがなうその日に,そうしよう』と答えられた。それに対してかの者は,『なんと遅くに』と言った。」

19　聖使徒記念日の会談,ブルガリア人使節と同席し憤慨（6月29日）

そのとき,皇弟以外の参集者の全員が,高笑いをはじめて議論を中止し,私をあの嫌悪すべき館に戻るよう命じました。そして,宗教心のあるものが全員で祝う聖使徒の記念日の日まで,細心の注意を払って監視するよう命じたのでした。その祝祭日に,彼（レオン）は,病気であった私と,前日に到着したブルガリアの使節に,聖使徒教会まで会いに来いと命じました[76]。そこで我々は,長々とした朗誦とミサの挙行のあと[77]食卓に招かれました。その際,レオンは,幅がない割りには細長い食卓のこちら側の端に,ブルガリア人使節を私よりも上位に置きました。このブルガリア人使節は,ハンガリー風の髪型をし[78],銅の鎖を身

さい：Vindica me de adversario meo),『詩編』61.3（あなたは人の業に応じてそれに報いられる：quia tu reddes unicuique iuxta opera sua),また,『ヨハネの黙示録』22.12（各自の行いに従って報いを持ってくる：reddere unicuique secundum opera sua）である。

76)「聖使徒教会まで」ad Sanctos Apostolos. ビザンツ皇帝は,年に数回,聖使徒教会に出向いた。R.Janin, *La Géographie ecclésiastique de l'empire byzantin*. Paris, 1969. I. 3, p.47. 聖ペテロと聖パウロの祝日6月29日は,皇帝が聖使徒教会に出向くもっとも重要な機会だった。

77)「長々とした朗誦」naeniarum garrulitatem. ペンテコステの時と同様の皇帝歓呼礼のことと推測される。

78)「ハンガリー風の髪型をし」Ungarico more tonsum。短髪に刈り込んでいたようである。cf. Bekker, p.185, n.2; Scott, p.71. 9世紀末の記述であるが,その具体的様相についての,ザルツブルク司教ティントマール,また彼のヨハネス9世のもとの属司教たちによる記述が残されている。Regino 889: (Ungari) capillum usque ad cutem

19 聖使徒記念日の会談，ブルガリア人使節と同席　37

に付けて，私にはそう感じられたのでしたが，洗礼志願者
catechumenum [79] のようでした。レオンは，明らかに，我
らが尊厳なる御主人方よ，あなた方を軽んじたのです。陛
下方の名において，私は侮られ，卑しめられ，軽んじられ
たのです。しかし私は，陛下が陛下のお気持ちのすべてを
捧げておられる主イエス・キリストに感謝をします [80]。な

---

ferro caedunt; Hrsg. v. H.Bresslau in der Festgabe für K.Zeumer S.25: Ipsi
(Sclavi) more eorum (sc. Ungariorum) capita suorum pseudochristianorum
paenitus detonderunt.

79)　「洗礼志願者」catechumenum. 洗礼前の信仰修業中の者。リ
ウトプランドは，司教である自分より上位に，どう見ても修業者であ
る者が座するのを見て苛立ちをあらわにしている。ここには，ブルガ
リア人の教会制度の上の帰属問題が伏在していると思われる。ブルガ
リアは，カルケドン公会議（451 年）によって定められた教会管轄地
域分けによって，コンスタンティノープル教会に属するトラキアと，
ローマ教会に属するイリュリクムとに 2 分されていた。8 世紀前半
（おそらく 732 年頃）ビザンツの皇帝レオン 3 世が，いわゆるイコノ
クラスム問題に関連して南イタリアとともにイリュリクムの管轄権を
コンスタンティノープル総主教座に移管する措置を断行していた。こ
の措置は，ローマ教会との間の軋轢となり，また制度上正式な決定を
見ていなかった。869 年 10 月から翌 870 年 2 月まで開催されたコン
スタンティノープル主教会議（ローマ教会の認識では第 8 回公会議）
の終了後まもなくの時に，ブルガリアのツァー，ボリスからブルガリ
ア教会の帰属問題についての決定要請があった。皇帝バシレイオス 1
世は，直ちに教会の代表たちを召集し，ブルガリアがコンスタンティ
ノープル教会の管轄下に入ることを決めた。総主教イグナティオス
も，すぐさまブルガリアに派遣する主教の叙階を行い，他方，ボリス
はローマ教会の抗議にもかかわらずラテン人宣教師たちを追放した。
このときから 1 世紀以上を経たブルガリアにあって，貴族家門に生ま
れた者が誕生時に洗礼を受けなかったとは考えにくい。しかし，ここ
でのリウトプランドの記述からは，彼がブルガリア人の文化程度につ
いて知識もなかったかのように読める。ただし，本当に無知であった
のか，故意にそう見せているのかは判らない。

80)　「感謝をします」gratias ago.『使徒行伝』Actus Apostolorum
5.41:「彼ら（使徒たち）は，御名のために辱められるに足る者
とされたことを喜びながら，衆業所を去った」Et illi quidem ibant

ぜなら，私は，陛下の御名のお力のゆえに侮蔑を受けるに
価するとされたからです。しかし，我が御主人方よ，私
は，自身のことを考えてではなく，あなた方への侮辱のこ
とを考えて，食卓をあとにしました。

　私が怒って出ていこうとしたときに，皇帝の弟であるコ
ロパラティオスのレオン，またプロートー・デー・セクレ
ティースのシメオンが，こう怒鳴りながらうしろから私を
追ってきました。「クリストフォロスの娘とブルガリアの
皇帝ペトルスが結婚したとき，シュンフォナ symphona,
つまり一致した協定 consentia が文書化されて，以下のよ
うな誓約によって取り交わされたのだ[81]。つまり，あらゆ
る民族の使徒，すなわち使節たち[82]よりも，我々のもとに
あってはブルガリアの使徒の方が優先され，尊重され，大
事にされるように，と[83]。貴殿が言うように，そしてまさ
にそうだが，あのブルガリアの使徒は髪を剃っており，う
す汚れており，銅の鎖を身に付けている。しかし，彼はパ
トリキオスなのだ[84]。我々は，主教，わけてもフランクの

---

gaudentes a conspectu concilii, quoniam digni habiti sunt pro nomine Jesu
contumeliam pati. を踏まえているとされる。

　81)　「シュンフォナ」symphona。ギリシア語の形容詞 σύμφωνος
の中性複数形 σύμφωνα から派生した語。

　82)　「使節たち」apostoli。ここでは，キリスト教的「使徒」で
はなく，古典的ギリシア語の用法での「外交使節」の意で用いられて
いるだろう。

　83)　第 16 節，また Antapodosis III, 38; Greg. Mon., De Const. et
Romano c.30-34, p.904f. を参照。

　84)　「しかしパトリキオスなのだ」patricius tamen est。つまり，
この「髪を剃り，うす汚れて，銅の鎖を身に付けている」ブルガリア
の使徒は，ビザンツの爵位序列における「パトリキオス」位を保持
していた。9 世紀に再整備されたビザンツの爵位序列を伝える『クレ
トロロギオン』Kletorologion of Philotheos 中の J・B・ビュアリによ
る序文によれば，フランクの外交使節たちは，ビザンツの爵位・官位
を得ていたならば，同書に見られる席順に従って着席しなければな

20 ブルガリア人使節より下座に置かれた食卓の模様　39

主教が，このパトリキオス位より上位にあることを正しからずと判断し，そう決めたのだ。我々は，貴殿がそれを不当と感じておることも承知している。しかしそれだからこそ，貴殿が望む如くに宿舎に戻ることを許さない。皇帝陛下の居所で陛下の臣下とともに食事をとるよう命ずる。」

20　ブルガリア人使節より下座に置かれた食卓の模様

　この者たちに対するこの上ない心の苛立ちのために，私は何も答えませんでした。しかし，彼らが命じたことについては，そうしました。私自身つまり司教リュドプランドに対して，とは言わず，陛下方の使節に対して，と私は言いますが，ブルガリアの使節が，この陛下の使節よりも上位に置かれる食卓は相応しくない，と判断してです。しかし神聖なる皇帝は，私の苛立ちを大きな贈り物で munere magno 鎮めました。彼は，私に，彼のこの上なく優美な食事からまるまると太った小ヤギを贈ってきたのです。彼自身もそれをともに食べたのですが，それは，ニンニク，玉ねぎ，ニラがふんだんに詰められ[85]，魚のソースがふりかけられたものでした。私は，そのとき陛下方の食卓にそれがあればと望みました。神聖なる皇帝の楽しみが祝福されたものであることを信じられない陛下方が，少なくともこれをご覧になれば，お信じになるように，です[86]。

らず，何等の爵位・官位をも持たなければ，すべての「位階保持者」officiales よりも下位に座さねばならなかった。Bury, J.B., *The Imperial Administration System* p.156. リュトプランドは，後者のケースであった。

　85）　第 32 節，第 40 節を参照。

　86）　「神聖なる皇帝の楽しみが祝福されたものであることを信じられない陛下方が，少なくともこれをご覧になれば，お信じになるように」ut, qui delicias sancti imperatoris fausas esse non creditis, saltem his perspectis crederetis. リュトプランドは，強烈な皮肉を発しているのである。

40 コンスタンティノープル使節記

21 ビザンツ聖職者らとの食卓，総主教ポリエウクトスと論争 （7月6日）

したがって，8日が経って[87]，ブルガリア人が今やいなくなったときに，彼は，私が彼の食卓を重く見ると考えて，同じ場所で，私はまだ病気であったのですが，彼とともに食事をするよう命じたのでした。（そこには）多くの主教とともに総主教（ポリエウクトス：訳者[88]）もおりました。そして，総主教は，主教たちの居並ぶなかで，神聖なる著述物に関する多くの質問を私に浴びせかけました。しかし，聖霊の息吹のおかげで，私はこれらの質問にエレガントに説明を与えたのでした。さらに最後に，彼は，陛下方で気晴らしをしようとして，我々がどの宗教会議を知っているか尋ねてきました[89]。彼に対し，ニカイア，カルケドン，エフェソス，アンティオキア，カルタゴ，アンキュラ，コンスタンティノープルの名を私が申しますと，彼は，「はっ，はっ，へっ」と言うのでした。「おまえはサクソンの宗教会議[90]のことを言わなければなるまい。おまえ

---

87)「8日が経って」Transactis ergo octo diebus。7月6日である。

88)「総主教」patriarcha。総主教ポリエウクトス Polyeuctos は宦官で，ニケフォロスの殺害とその後のヨハネス・ツィミスケスの治世の当初に，ツィミスケスがその罪を贖い，周囲の陰謀者たちを懲罰し，未亡人となった皇后テオファノを宮廷から追放すべきと主張して堅固な意志を示した。ビザンツの対アプーリア政策におけるポリエウクトスの役割については，第62節および同節注6を参照。

89)「我々がどの宗教会議を知っているか」quas synodas haberemus. キリスト教徒の信仰の根本教義を打ち立てたのは，古代末期に開催された全地公会議の教令だった。ここでの記述は，正教会の主教たちが，真剣であったか冗談であったかは判然としないものの，リウトプランドが彼らと同じ信仰をどの程度共有しているか，本当に確認しようとしたことを伝えている。

90)「サクソン（宗教会議）」Saxonicam (synodum). ここで言及される「サクソン宗教会議」は，794年にフランクフルトでもたれた。このフランクフルト会議は，イコノクラスム闘争の終結後，ギリシア

がなぜ我らの書物がそれを記していないかと尋ねるなら，余は，[その信仰が] 未熟であり，我々の水準にいまだ達し得ていないと答えよう。」

22 承前：ビザンツ帝国内の異端について，サクソン族の清新さ

彼に私はこう言いました。「無気力が支配している部位においては，その部位は焼き金で焼きつくされるべきです[91]。あらゆる異端があなた方から発生し，あなた方のも

正教会における偶像とイコンの使用を復活させた第 2 ニカイア公会議（787 年）の諸令令を否定した。cf. Hauck II, p.321f. 西方教会は，第 2 ニカイア公会議教令の誤訳に基づいて，正教会が偶像に対し，父と子と聖霊に対するのと同等の崇敬を与えたと誤解した。この点がフランクフルト宗教会議で弾劾されたのである。第 2 ニカイア公会議のスタンスは，10 世紀半ばまでには西方諸教会で理解されるようになった。この時期に至るまで，コンスタンティノープルでは総主教をはじめ誰も，西方教会の態度を認識していなかったと推定される。

91)「無気力が支配している部位においては，その部位は焼き金で焼きつくされるべきである」In quo membro regnat infirmitas, illud est cauterio exurendum。『偽アウグスティヌスの説教』第 301 (Bekker, p.186-187, n.5.), また，『アルルのカエサリウスの説教』第 5 を参照 (Scott, p.73.)。Pseud. Aug. Serm. 301, 5. (Migne, PL39, 2323): ferramentis aliqua membra secare et cauteriis exurere. Caesarius of Arles, sermon 5, ed. G.Morin, S. Caesarii Arelatensis Sermones. Maredsous, 1937, I.30: "Et vos enim bene nostis quod non semper medici dulces potiones porrigunt aegrotantibus, sed frequenter amaras et asperas, nonnumquam etiam ferramentis aliqua membra secare et cauteriis exurere solent." アルルのカエサリウス（470 年生 -541 年没）は，ブルグンド支配下のシャロン・シュル・ソーヌに生まれ，後にアルル大司教となり聖人に列せられた人物である。20 歳のときレランス島 Lerins で修道生活に入り，498 年健康上の理由でアルルに戻って，助祭，司祭，大修道院長を歴任，500 年頃大司教に選出された（在位 502-542 年）。レランスは，4 世紀ないし 5 世紀初頭に修道院が建てられ，ガリア地域における修道制の拠点となった「道場」だった。東方の修道生活の拠点となっていたカッパドキアから修道規則（パコミオスの修道規則と推定されている）がもたらされ，カエサリウスの生きた時期にはガ

とで広まっているではないですか。我々つまり西方の者た
ちからは、それらはここで切除され、ここで殺されている
のです。ローマの、ないしパヴィアの宗教会議は、たしか
にしばしば開かれましたが、我々はこれらに数え入れない
のです。あるローマ人聖職者、あなた方からはディアロ
ゴスと呼ばれていますが、のちの世界教皇グレゴリウス
が[92]、コンスタンティノポリスの異端派総主教エウトゥキ
ウス Eutychius[93]をかかる異端から解放したのです。この

リア南部ばかりか全域から修道士を集めていた。カエサリウスはその
代表的人物である。アジェーとオランジュで開催された教会会議（506
年、529年）で指導的な役割を果たし、長年続いてきた半ペラギウス
主義の問題に決着をつけて、ガリア、スペイン地方で広く尊敬を集め
ている。教会生活に対する深い洞察から、名説教者としても知られ、
いくつかの著作と説教が残っている。

　92)　グレゴリウス1世のこと。ローマ教皇（在位590-604年）
となる彼は、イタリア教会の教父と聖者たちの生涯と奇跡の数々を
記した『対話』Dialogues を書き残した。Libri IV dialogorum de rita et
miraculis patrum Italicorum et de aeternitate animarum. そこでグレゴリ
ウスは、エジプト、シリアの砂漠の師父たちの生涯と奇跡の記述にな
らった。コンスタンティノープル総主教エウテュキオス（在位552-
565/577-582年）は、後に教皇となるこのグレゴリウスが教皇特使
apocrisiarius としてコンスタンティノープルの宮廷に滞在中、論争を
行っている。論争の主題は、リウトプランドのここでの記述のように、
真の信仰者の復活の性格についてだった。cf. E.H.Fischer, Gregor der
grosse und Byzanz. Zeitschrift der Savigny-Stiftung für Rechtsgeschichte
67, Kanon. Abteilung 36 (1950) p.15-144.

　93)　ここで「異端派総主教」と記されるエウトゥキウスは、コ
ンスタンティノープル総主教（在位552-565, 577-582年）を務め、正
教会とカトリック教会では聖人に列せられている。彼の生涯は、コン
スタンティノープル教会で彼のもと聖務にあったエウスタティオス
による伝記があるので、比較的詳細が知られる。エウトゥキウスは、
512年フリギア地方の村テイオス Theios/ Theion に生まれ、コンスタ
ンティノープルで没した。父親は将軍ベリサリオスの副官だった。首
都で教育を受け、アマシア府主教会で修道士頭 katholikos を勤めた
後、総主教となった。553年に開催されたコンスタンティノープル公
会議（第5回全地公会議）を主宰し、再建されたハギア・ソフィア聖

22 承前：ビザンツ帝国内の異端，サクソン族の清新さ 43

エウトゥキウスはこう言っていました。復活のとき我々が獲得するだろうものは，我々がこの世でもっている現実の身体ではなく，幻想としてのそれである，と。彼は，このことを単に言っただけではなく，我々に教え，叫び，書き記したのでした。その誤ちの書物は，グレゴリウスによって正統信仰の名において焼き尽くされました。しかし，パヴィアの司教であるエンノディウス Ennodius [94] もまた，別のある異端のために，ローマ総主教によって，ここに，つまりコンスタンティノポリスに派遣されたのです〔教皇ホルミスダスによって 515 年と 517 年の 2 回〕。彼は，（その異端によって）抑えつけられていたこの町を，普遍的かつ正統な信仰のなかに回復させたのです [95]。

　サクソン族は，洗礼と神についての知識を受け入れたときから，そこで誤ちが糺されるべき宗教会議が開かれるほどのいかなる異端によっても汚されていません。誤ちはなんらないのですから。あなたはサクソン族にあっては信仰が未熟だとおっしゃるが，私もまたこれに同意します。というのも，キリストの信仰は，実践 opera [96] が信仰に伴っ

堂（557 年に地震で大きな損傷を受けて翌年崩落した中央ドームほかを 562 年に再建した）の献納式を司った。13 年にわたり総主教を務めたが，晩年のユスティニアヌスと不仲となり，逮捕・追放された。最初プリンス諸島にあるプリンキポ島に幽閉され，後に彼が修道生活を始めたアマシア Amasea に移された。アマシアでは 12 年と 5 か月を過ごした。577 年 10 月に総主教ヨアンニス・スコラスティコスが没したとき，ときの皇帝ユスティノス 2 世は，コンスタンティノープル市民の復帰要請の声に押されて，エウトゥキウスを総主教に召喚した。なお，彼の祝日は 4 月 6 日である。

　94）　パヴィア司教エンノディウス Ennodius は，515 年および 517 年の 2 度にわたり，教皇ホルミスダス（在位 514-523 年）によってコンスタンティノープルに派遣された。それは，短期に終わったものの東西諸教会合同の企てが成功裡に実現していたときだった。

　95）　Paulus Diaconus. Historia Romana, XVI, 5 (Auct. ant. II, 217)

　96）　「信仰」fides と「実践」opera。『ヤコブの手紙』Epistola

44 コンスタンティノープル使節記

ているような者たちにあっては，常に未熟であって古くは
ならないからです。ここでは信仰は未熟ではなく古い。こ
こでは，実践が信仰に伴っていないのです。すり切れた衣
服よろしく，あたかも古さのために軽んじられているので
す。しかし私は，この宗教会議がサクソニアで開かれたの
をたしかに知っています。その会議では，剣で戦う方が
葦（＝ペン）で戦うよりも気高いこと，敵に背を向けるよ
りは死を迎えることの方がより気高いということが，議論
され決定されたのです。これは，むしろあなた方の軍隊が
よく体験したことでしょう！私は心の中でこう言ってい
ました。「そして彼ら（サクソン人）がいかに好戦的であ
るか，実際の戦いによって体験されたらよろしかろう！」
と。

23　宿泊先の館に戻る途上での風景

この同じ日の午後，ニケフォロスは，衰弱し変わり果て
た私に，宮殿に戻る彼と会うよう指示をしました。このと
きの私の変わりようと言ったら，以前には道で出会った女
性たちが驚いて面と向かって「Mana, Mana」[97]と叫んだも

Jacobi を下敷きにしている。校訂者ベッカーは，以下の箇所を指摘す
る。第 2 章 14（あなたたちは自分たちの中で差別をつけ，悪意で人
をさばくことになるのではなかろうか），17（信仰もそれと同じく，
善業が伴わなければ死んだものである），18（ところである人はこう
も言うであろう。「あなたは信仰をもち，私は行いをもっている。あ
なたは行いのない信仰を私に見せよ。そうすれば私はあなたに行いに
よって信仰を見せよう」），20（愚かな者よ，あなたは善業のない信仰
がむなしいものであることを知りたいのか），22（信仰が行いに協力
し，行いによって信仰が完全にされたのをあなたは知っているではな
いか），26（霊のない体が死んでいるように，善業のない信仰も死ん
でいる）。

　97）「マナ，マナ」mana, mana. mavnna は mother の意。ライト
は Mama mia と的確な訳語を与えている。cf. Sophocles, *Greek Lexicon
of the Roman and Byzantine periods*.

のが，いまでは私の不幸を（嘆き）こぶしで胸を打ちなが
ら[98]「貧しい哀れな人よ」[99]と言うほどでした。彼，すなわ
ちやってくるニケフォロスに，またその場に居られなかっ
た陛下方に，私が両手を天空に挙げて懇願したことが，実
現されんことを！　しかし，私（が申すこと）をどうか信
じていただきたく存じます。彼は私を少なからず笑いに
誘ったのです。というのも，彼は，落ち着きがなく手綱の
ない馬に乗り，それは，大きすぎるものに小さすぎるもの
であったからでした。私の心には，彼は，陛下方のスラヴ
家臣団が子馬に括り付けて，先に行く母馬のあとを手綱な
しでついていかせる Puppa（小人形）そのものと映ったの
でした。

24　宿泊先の館でその後3週間留め置かれたことに憤怒

　これらの後，私は同胞の同宿者，五人の「ライオン」た
ち[100]のいる前述の忌むべき館へと戻されました。そこで3
週間のあいだ，私の従者以外の誰とも面会し言葉を交わす
ことはなかったのです。このことから私は，ニケフォロス
が私を出立させようとしていないと考えました。そして，
溢れる苦悩が，私がそれまで耐えていた病魔にさらに苦し
みを与えたのでした。それは，神の御母が懇願によって私
の命を創造主と子から勝ち取ってくださらなかったら，私
はこの世から旅立っていたほどでした。これは，幻影でで

　98）「こぶしで胸を打ちながら」pugnis pectora tunsae。ウェルギ
リウスからの引用である。Virgilius, Aeneid. I. 481: "simpliciter tristes et
tunsae pectora palmis" より。

　99）ギリシア語原語 ταπεινὲ καὶ ταλαίπωρε で記されている。

　100）「ライオン」leones. リウトプランドの身辺護衛のこと。第
6節，第29節の注を参照。第1節，第34節でも言及される。　J・
コーダーはこれをビザンツ側の監視兵と解しているが，同意できない。
J.Koder, Liudprand von Cremona in Konstantinopel. p.36.

はなく幻視（真実のヴィジョン）によって示されたのでした。

25　コンスタンティノープル市外の離宮でニケフォロスと会見，オットー1世の皇帝称号に関して論争（7月19日）

この3週間，ニケフォロスは，コンスタンティノープル市外の離宮 metastasis [101]，つまり「泉のほとり」と呼ばれる場所にある館に滞在していました [102]。そして彼は，私にそこに来るよう命じてきました。私は，立っているだけでなく座っていてさえも負担であるほど病んでいたのに，彼は，裸の頭で彼の前に立つよう強要しました。それは，私の低下した健康状態には大変な打撃でした。彼は私に次のように言いました。「貴殿の主人オットー王が派遣し昨年ここに来た大使たち [103] は，誓約によって余に，彼がい

101）「離宮」metastasin.。字義通りには「住まいの変更」という意である。リウトプランドは，この語を statio（「一時的な館」）というラテン語に正しく訳している。

102）「泉のほとり」Εἰς πηγὰ, id est Ad fontes。「泉」αἱ πηγαι は，金角湾沿い北奥の地名であった。そこには皇帝の館があり，921 年にブルガリアのツァーリ，シメオンによって焼かれるまで，夏の離宮として用いられていた。スコットによれば，『使節記』での言及はその再建を示す唯一の典拠である。Scott, p.74. 現在の Gub 'Ali Kapusy, つまり金角湾沿いの「泉の門」は，金角湾の北辺岸に通じていた。それは，Πεγα/Pega，今日の Quasim Pasa と呼ばれる郊外に開けていた。cf. Pauly-Wissowa, *Real-Enc. d.kl.Alt. IV*, p.973, 980. なお，ハールーン・ジャーハ Harun ibn Yahya の旅行記（ed. Marquart, p.215.）では，以下のような記述が見られる。cf. Bekker, p.188, n.2.「町には，島の近くに鉄製の門がある。それは泉の門と呼ばれ，皇帝が散策をする場所である。」

103）「あなたの主人オットー王が派遣し，昨年ここに来た大使たち」Domini tui regis Ottonis nuntii, qui praeterito te praecesserant anno。ここで言及されているのは，ヴェネツィア人ドミニクス Dominicus/Domenico の派遣のことである。cf. Legatio, 31; Contin.

かなる方法によっても我々の帝国に攻撃を加えないことを約束した。誓約をしたためた書状が今ここにある。彼が自身のことを皇帝と呼び，我々の帝国の諸地方を我が物にする[104]よりも大きな争いの種[105]を想像することができる

Regin. 967. 彼は，ニケフォロス・フォーカスにマケドニアで謁見した。cf. J.N.Sutherland, The Mission to Constantinople in 968 and Liudprand of Cremona. p.70. サザーランドは，ドミニクスがなした無分別の約束によって，オットーが実際に進んで行ったより以上の譲歩をした，とビザンツ人たちが見なしていた，そしてこのゆえにリウトプランドの派遣と考えた。この見解はスコットによっても支持されている。Scott, p.74. よく知られるように，ヴェネツィアとヴェネツィア商人は，ビザンツと西方世界との交渉において大変重要な役割を果たしていた。つまりノルマン・シチリア人ロベール・ギスカールがバルカンに上陸し，ビザンツ領を占領したとき，アレクシオス 1 世がヴェネツィアと同盟してギルカールを撃退した。この同盟に対してビザンツ側は関税免除（当時は 12 分の 1，つまり約 8 パーセントの関税をかけていた）の特権を与え（1082 年 5 月），以後ヴェネツィアが発展する基礎を与えることとなった。10 世紀以降のヴェネツィアの役割については，Leyser, The Tenth Century in Byzantine -Western relationships. in *Relations between East and West in the Middle Ages*. ed. D.Baker. Edinburgh, 1973. p.29-33. 等を参照。

104）「我々の帝国の諸地方を我が物にする」imperii nostri themata sibi usurpat。テマ thema/ themata は，7 世紀初頭以降におけるビザンツの地方行政単位である。それまでの属州 Provincia のいくつかを束ね，軍民両権を合わせもった軍司令官 strategos を置いて，中央政府からの指令を待つことなく外敵（主に東方のアラブ・イスラム勢力）に対応できる態勢をとることがめざされた（第 55 節注 216，第 64 節注 268 をも参照）。問題となっている 2 つのテマは，ロンゴバルディア Longobardia ないしラグーヴァルディア Laghouvardhia（今日のアプーリア），またシチリア（今日のカラーブリア）である。軍事的管区区分としてのテマの起源については，例えば，A.Toynbee, *Constantine Porphyrogenitus and his World*. Oxford, 1973. p.231. を参照。また，H.Gelzer, Genesis der Themenverfassung. *Abh. d.sächs. Ges. d. Wiss. XLI, Phil. Hist. Kl. XVIII* (1899), 3. 72f.; Charles Diehl, L'origine du régime des thèmes dans l'empire byzantin. *Etudes byzantines*. (Paris, 1905) p.276f. をも参照。

105）「争いの種」scandalus. いわゆるスキャンダルのこと。ギリ

48   コンスタンティノープル使節記

か？　これらはいずれも耐え難い行動だ。しかし、いずれ
も耐え難いとしても、彼が自身を皇帝と呼ぶことの方が、
いっそう耐え難く、聞くに堪えないことである[106]。しかし、
大使たちがなした約束を貴殿が確認するなら、我が帝国の
威光は、貴殿を直ちに確実に、そして豊かな富を持たせて
帰国させるだろう」と。こう言いながら、彼は、陛下方が
同意を守るだろうとの期待を持たず（実際、私が愚かにも
同意をしたとしてもです）、将来、彼にとっては栄光とな
り、我らにとっては不面目となることが明らかなものを手
にしたい、と考えていたのです。

26　承前：オットー1世がリウトプランドに持たせた
指令書について

　私は答えました。「いと賢く、神の精神に満ちておられ
るが故に至尊なる私の御主人は、貴殿が主張していること

シア語 skandalon における原義は「わな」「つまずきの棒」を意味し、
転じて「騒動の種」の意味で今日でも使われている。

　106)　「自身を皇帝と呼ぶ」se imperatorem nominat. 西方の支配
者たちが「皇帝」位を主張したことは、ビザンツ側を挑発することと
なった（第47節も参照）。カール大帝（800年戴冠）に始まり、10世
紀のリウトプランドの時代に至るまで、「皇帝」称号をめぐる問題は、
それぞれの時代における極めて重要な政治問題だったといってよい。
例えば、Donald Nicol, The Byzantine View of Western Europe. *Greek,
Roman and Byzantin Studies* 8 (1967) p.315-339, esp. p.320-323. などを
参照。この問題については、古典として Gasquet, L'empire d'Orient
et l'empire d'Occident. De l'emploi du mot basileuv" dans les actes de la
chancellerie byzantine. *Revue historique* 26 (1884) p.290. がある。また、
この皇帝称号問題や教会・教義問題を含めて相互に交わされた外交
使節の実態を追跡している Lounghis, Telemachos , *Les ambassades
byzantines en Occident depuis la fondation des états barbares. jusqu'aux
Croisades (407-1096)*, Athènes 1980; Nerlich, Daniel, *Diplomatische
Gesandtschaften zwischen Ost- und Westkaisern, 756-1002*. Bern/Berlin,
1999. を参照。本問題については、現在本書訳者が取り組んでおり、
近年中に一定の見通しを公表する予定である。

を予め予想して，私に，書面による指示，すなわちエント
リナ εντολινα [107] を与えられました。それは，私の主人が
私に課した限度を私が超えることのないよう指示するもの
でした。オットー王は，私は他にどうすることもできない
よう，印璽でもって以上のことに署名されたのです」と。
尊厳なる我がご主人よ，私がその主張をいかに自信をもっ
て申したか，お判りになられるでしょう。私は続けまし
た。「この指令書 εντολινα が公示されるべきであり，オッ
トー王が命じられたことが，宣誓により私によって貴殿の
前で確認されるべきでしょう。先行する使節たちは，私の
主人の命令の外で約束し，宣誓し，文書を成したのです。
それは，プラトンが『責任は選んだ者にある。神は罪を問
われない』と言っているが如くです[108]」と。

27 承前：カープア侯，ベネヴェント侯の問題

　これらが終わった後，至高なるカープアとベネヴェント
の侯たちの問題になりました[109]。皇帝は彼らを自らのしも

---

　107)　「エントリナ」εντόλινα, id est praeceptum. 古典ギリシア語
でも後代のギリシア語でも entole であり，charge, commission の意味。
entolina は正式な派生語である。J.Koder, Liudprand von Cremona in
Konstantinopel. p.43. の示唆によれば，entalma がここでの正しい読み
とのことである。

　108)　『責任は選んだ者にある。神は罪を問われない』Causa
penes optantem, Deus extra culpam. プラトン『国家』からの引用であ
る。Plato, De republic. X, 617e: αἰτία ἑλομένου θεὸς ἀναίτιος. すなわち
これは，オットーの使節が，主人の課した制限範囲を超えてなした約
束に対しては責任を持たないということである。10 世紀のイタリア
人司教が何故プラトンの知識を持っていたのか。この記述を 10 世紀
のものと見るならば，それは極めて例外的な事例と言わなければなら
ない。

　109)　「至高なるカープアとベネヴェントの侯たちの問題
になりました」ventum est ad nobilissimos principes Capuanum et
Beneventanum. ここで言及されているのは，カープアの「鉄頭公」パ

50 コンスタンティノープル使節記

べ[110]）と呼び，彼らのせいで内なる苦悩が彼を苦しめてい
る，というのです。彼は言いました。「私のしもべたちを，
貴殿の主人は自分の保護下に入れている。彼が彼らを解放
せず，以前の従属状態に戻さないとすれば，我々の友情は
なくなるだろう。彼ら自身は，余の支配に戻りたいと切望
している。しかし，余の支配は彼らを拒絶する。それは，
彼らが主人のもとを外れ，従属状態から逸脱することが，
どれほどの危険であるかを認識し，経験するように，であ
る。貴殿の主人にとっては，意に反して（＝強制されて）
私のもとに彼らを送り出すよりも，友人として引き渡す方
がより相応しい。彼らは，時が経つにつれて[111]，主人を欺
くことが何であるか，従属状態から離れることが何である

ルドルフ Paldorf と，彼の兄弟でベネヴェント侯であったランドルフ
Landolf のこと。オットーは，「ランゴバルド系諸侯を彼の保護 tutela
のもとに置いた」が，これによってパルドルフは，967年初頭にオッ
トーの家臣となり，カメリノ Camerino 辺境伯およびスポレート侯と
なった。また，ベネヴェント侯ランドルフもオットーに服従した。cf.
Gay, *L'Italie méridionale*, p.298. この事実から，彼らがビザンツ皇帝の
臣下になることを望んだというのは，あまり蓋然性のあることとは思
われない。なお，ロンバルディア侯領の歴代諸侯がビザンツと結んだ
関係，またパルドルフのビザンツ領への敵対的行動については，大月
康弘「ビザンツ帝国とイタリア」『世界歴史体系　イタリア史 Ⅰ』山
川出版社（近刊）第6章5を参照のこと。
　　110）　ギリシア語にはフランクの従士団に相当する表現がない。
ニケフォロスは，「しもべ」δοῦλος ということばを用い，リウトプラ
ンドがこれを翻訳した。cf. Zampelios, N.297.
　　111）　「時が経つにつれて」vita comite. 寸言であるが，『創世記』
18-10 を踏まえている。『創世記』同所には以下のようにある。「客は
「一年たった今ごろ，私はきっとおまえのところに戻ってくる。その
とき，おまえの妻サラは，子を一人もうけているだろう」と言った」。
バルバロ訳では「時経つにつれて」が訳文に溶け込んでいるが，「時
の経過とともに」子をもうけることが予言されている。リウトプラン
ドのテキストには，このように聖書を含む多くの引用・借用がちりば
められている。

か，をはっきりと思い知るだろう。そして，私が考えているように，今彼らは私が言っていることを感じている。余の軍隊が，海を越えてそれを遂行しているのだ。」

28　承前：会食。ビザンツ皇帝への歓呼礼を見聞して　これを嘲笑する

これらのことに私が答えることを，彼は許しませんでした。立ち去りたいと願い出た私に，彼は，彼の食卓に戻るよう命じたのでした。彼の傍らには父親が座っていましたが[112]，この人は，私にはそう見えたのですが，150歳ほどでした。この者に対しても，ギリシア人たちは，息子に対するのと同様に歓呼の声をもって，否，むしろさざめきでもって，神が幾霜年を与えたまえ，と叫び続けていました。このことによって我々は，ギリシア人がいかに愚か者で，いかにこの種の栄光を好む者たちであるか，またいかにおべっか使いであるか，いかに出世欲の強い者であるか，をここで結論付けることができます。と言うのも，この老人——年老いてるばかりでなく，痩せこけて骨と皮だけの者 silicernium ——のために，彼らは，自然が許さないと承知していることを望んでいるのですから！　そして，年老いた愚か者の方は，神が与えられないと判っていること，たとえ神がそれを与えられたとしても，彼のためにはならずむしろ害になること，を望まれているのに歓びを見出しているのです。お願いします。私の申すことをお信じ下さい。彼らは，ニケフォロスを「平和の創始者」「暁の明星」Phosforus と呼んで歓呼を浴びせ，彼を喜ばし

---

112)　バルダス・フォーカスのこと。ニケフォロスは，帝位を奪取した際に，皇帝としてバルダスに挨拶をした。レオン・ディアコノス（Leon Diakonos, Historia, V, 5. p.83.）によれば，バルダスは，この記事の年の翌年，すなわち 969 年に 90 歳を越える年齢で亡くなった。cf. Theophanes continuatus, De Const.Porph. c.41. p.459.

ておりました[113]。無力な者を活力ある者と呼び，愚かな者を賢い者と呼び，背丈のない者を大男と呼び，肌の黒い者を白い者と呼び，罪人を神聖な者と呼ぶことは，賞賛ではなく侮辱なのです。そして，相応以上に過大に，奇怪に歓呼されることを楽しんでいるかの者は，その姿が夜に浮かび上がり，昼には見えなくなる小鳥とまったくもって同じでした。

29　承前：ニケフォロスによる西方への艦隊派遣

　さてしかし，本題に戻りましょう。この食卓で，こんなことを以前に行ったことはなかったですが，彼は，大声で聖ヨハネス・クリュソストモス[114]の説教を使徒聖務の際

---

113)「お願いします。私の申すことをお信じ下さい。彼らは，ニケフォロスを「平和の創始者」「暁の明星」Phosforus と呼んで歓呼を浴びせ，彼を喜ばしておりました。」Quod quaeso Nicephorum gaudere pacis..... illum et phosforum clamabant. この箇所では，pacis の後が明らかに欠損している。ここでは，クレステンに従って pacificalem（平和の創造者）を補い，訳出した。O.Kresten, Pallida mors Sarracenorum. *Römische Hist. Mitteilungen* 17 (1975) p.63. n.178. スコット訳も同じ解釈を採用している。Scott, p.38, 75. この pacificalem は，ビザンツ宮廷における歓呼でギリシア語の εἰρηνοποιός の厳密なラテン語訳である。リウトプランドは，ビザンツの歓呼礼が伝統的なものであり，定式化されていたことを理解しなかったか，少なくとも理解しようとしないのである。リウトプランドは，我々には耳障りなほど諄く「尊厳なるご主人たち」へつらっている。これは伝統的な定句というわけではない。

114)　Iohannis Chrysostomi. ヨアンニス・クリュソストモスは，4 世紀後半から 5 世紀初頭にかけて活躍した教父である。347 年頃生まれ，407 年没。398-404 年，コンスタンティノープル総主教を務めた。多くの市民から人気を博したが，彼の総主教就任をよく思わないアレクサンドリア総主教テオフィロスや一部の聖職者の讒言によって，皇后アエリア・エウドクシアの画策で罷免された。当初ニカイアに幽閉され，後にカッパドキアに徒歩で移送させられた際に，疲労からコマナ・ポンティカ Comana Pontica の地で没した。クリュソストモス Chrysostomos とは「黄金の口」の意味である。説教の名手だっ

29 承前：ニケフォロスによる西方への艦隊派遣　53

に読み上げるよう命じました。これが読み上げられた後，私は陛下方のもとに戻ることの許可を求めましたが，彼は，頭を振って私が戻るのを受け入れると目配せしておきながら，私の迫害者（監視兵）に対し，私が私の同胞の同宿者「ライオン」たちのもとに連れ戻されるよう指示したのでした。連れ戻されてから，7月20日までの間，私は彼に会うことはありませんでした。そして，彼の動静を誰かから伝え聞くことがないよう，慎重に監視されたのです。その間，彼は，アーデルベルトゥスの使者グリミゾ Grimizo を自分のもとに呼び寄せ[115]，自分の（＝ニケフォロス2世の）海軍を引き連れて（イタリアに）戻るよう命じていました。ケランディア船が24隻，ロシア人の船が2隻，ガリア（＝フランク）の船が2隻ありました[116]。私

――――――――――――

たことから，当時よりこの綽名で呼ばれた。彼の時代にコンスタンティノープル教会は，信者から多くの寄進を集めたことでも知られる。多くの寡婦に働きかけて，神への寄進を集めたが，女性の奢侈を戒めた説教が皇后アエリアへの批難だと解され，上記の罷免へとつながった。

　115）「アーデルベルトゥスの使者グリミゾ Grimizo を自分のもとに呼び寄せ」Grimizonem, Adelberti nuntium, se adire iussit。グリミゾは，すでに第6章で登場している。

　116）「ケランディア船が24隻，ロシア人の船が2隻，ガリア（＝フランク）の船が2隻」。ケランディア（ケランディオン）船は，9世紀に登場するビザンツ海軍の新型軍船。船体が細長く，櫓で漕いだ。cf. H.Ahrweiler, *Byzance et la mer*. Paris, 1966. p.412-413. ライトは「ガリア」を小アジア出身のガラティア人の船主たちのことと考えたが，それはほとんど受け入れられない。ビザンツ期の著述家たちにおけるギリシア語の Γαλλία (Gallia) は，通常，かつてのローマ属州ガリアを指し示す用語として用いられている。例えば，Constantine Porphyrogenitus, *De administrando imperio*. (ed. G.Moravcsik & R.J.H. Jenkins) p.103. シュランベルジェは，彼らが一種のフランク人傭兵であった可能性が高いとしている。G.Schlumberger, *Nicephore*, p.634. なお，シュランベルジェによれば，「ロシア人の船」も「ガリアの船」も，それぞれの部隊によって機動されていたと考えられる。ibid. ここ

が見ていないもっとたくさんの船を彼が送り出したかどう
かは，判りません。我が主人である尊厳なる皇帝方よ。陛
下方の軍隊の強さは，敵の無能さによって鼓舞されずとも
強いのです。他の民族にあっては，敵の無能を明らかにす
る必要があるのは，しばしば見られたことでした。つま
り，そのような民族の中でも最低で，他の民族と比較して
も無力な民族が，ギリシア（＝ビザンツ）の力を低下させ，
ギリシアを貢納国にしたということがあったのでした。こ
う申し上げるのも，もし私が，彼らが大変強くマケドニア
のアレクサンドロスと同じくらいだと言ったとしても，陛
下方を不安にさせはしないように，彼らが無力であるから
と言っても——それは真実ですが——，陛下方を煽り立て
ることはないからです。どうか，陛下方が私の申すことを

で言及されているのは，有名な「ヴァランギ隊」Varangi のことであ
ると考えられよう。この傭兵隊は，当初スカンディナヴィア出身の傭
兵たちからなっていたが，後にイングランド出身の者たちから構成さ
れた。ヴァランギ隊は，ニケフォロス・フォーカス治世以前にはその
存在が示唆されないが，ニケフォロス・フォーカスとその父バルダス
を含むそれ以前の将軍たちは，スカンディナヴィア出身の「ロシア人」
Rusi を彼らの軍隊の中で使っていたことが確認される。ビザンツ海軍
における「ロシア人」傭兵の問題については，S.Blöndal & B.Benedikz,
The Varangians of Byzantium. Cambridge, 1978. p.30. で紹介されてい
る。この書の中でベネディクツは，11 世紀までは，ルーシと呼ばれ
る者が，大ロシアの河川沿いの集落出身のスカンディナヴィア出身の
者，あるいはまたロシア系スラヴ人であると同定することは多くの場
合困難である，と述べている。しかし他方，ブレンダルが収集した個
人名の情報を基礎とした知見からは，明らかに 10 世紀末になると，
彼らがスカンディナヴィア出身の者たちであったことが示唆される。
リウトプランド自身も，ビザンツ帝国の北隣地域に展開する戦闘好き
の諸族について，『報復の書』（第 1 書第 11 章）の中でこう記してい
る。「ビザンツは，その北隣に，ハンガリー人，ペチェネグ人，ハザー
ル人，ロシア人たちをもつ。我々はこれらの者を別名「北方の民」と
呼んでいる」Habet quippe ab aquilone Hungarios, Pizenacos, Chazaros,
Rusios, quos alio nos nomine Nordannos appellamus...

信じて下さいますように。そして，信じて下さることを私は知っておりますが，溝や壁が進軍の行く手を阻まなければ，彼の軍隊のすべてを 400 の兵で打ち破ることができます。これは陛下方への侮辱になることと考えますが，ニケフォロスは，彼の軍隊の指揮官にいわば「女男」をつけていたのです。私がこの者を「女男」と言うのは[117]，この者が男であることを止めていながら，しかし女にはなることができずにいるからです。アーデルベルトゥスは，自分のもとに 8,000 の甲冑兵があるとニケフォロスに伝えていました。彼は，この 8,000 の兵で，ギリシア軍 Αργίο εξερχίτυ の助けがあれば，陛下方の勢力を駆逐し，せん滅できると言うのです。そして彼は，陛下方の敵対者に対し，軍資金を送るように懇請していました。それをばら撒いて兵士の野心を煽り立て，戦わせようというのでした。

30　承前：バーリ攻防戦のこと。イヴリア侯アーデルベルトゥスとビザンツ軍の同盟を非難

しかし，我がご主人方よ，「あなた方はギリシア人 Danaum[118] のたくらみを知らなければならない。1 つの罪

---

117)　「いわば女男」hominem quondam. ビザンツ軍の司令官には，通例的に宦官がいた。このことをリウトプランドは知悉していたはずである。艦隊が宦官の指揮下にあるのはオットーに対する計算された侮辱である，と主張するとき，リウトプランドは，明らかに皮肉を記しているのである。

118)　ダナオスは，ギリシア神話上の人物である。アエギュプトスと双子の兄弟で，兄弟で争ってエジプトを追われ，ロドスを経てアルゴスに逃げた。のちにアエギュプトスからの和解の申し入れあり，これを受け入れたと思わせ，50 人の娘がアエギュプトスの 50 人の息子たちと結婚，しかし，各娘に短剣を持たせて，その初夜の晩に夫たちを殺させた。ただ一人，長女のヒュペルムネーストラーだけが，夫リュンケウスを助けたという。アポロドーロス『ギリシア神話』高津春繁訳，岩波文庫，1953 年。

からすべて（の罪）を知らなければならない[119]。」ニケ
フォロスは，寄せ集めの傭兵部隊を委ねたあの奴隷に，過
分なほど多額の金を与えました。この金は，アーデルベル
トゥスが，伝えてきた通りに，7,000人ないしそれ以上の
甲冑兵とともにこの者に会ったなら，兵たちに贈り物とし
て分配するためのものでした。アーデルベルトゥスの兄弟
コーナ Cona が，アーデルベルトゥスの軍隊とギリシア軍
とからなる混成軍団であなた方を攻撃することになってい
ます。その間，アーデルベルトゥス自身は，兄弟（コーナ）
が勝利して帰還するまで，バーリで確実に警護されている
ことになっています。アーデルベルトゥスがそれほど多く
の兵をもたずにやってきたならば，ニケフォロスは，彼が
逮捕され，拘束され，その地にやって来られる陛下方に引
き渡されるよう，そして，かの者に委ねられたカネが陛下
方の手に渡されるよう，命じていたのでした。戦いの勝者
よ！　真実の同盟よ！[120]　彼（ニケフォロス）は，防衛を
委ねている者（アーデルベルトゥス）を裏切ろうとしてい

---

119)「あなた方はギリシア人のたくらみを知らなければならな
い。1つの罪からすべて（の罪）を知らなければならない。」accipite
insidias Danaum et crimine ab uno discite omnes。この句は，ウェル
ギリウス『アエネイス』第2書における以下の句を基礎としてい
る。Aen. II, 65-66: Accipe nunc Danaum insidias et crimine ab uno Disce
omnis.

120)「戦いの勝者よ！　真実の同盟よ！」O bellatorem! O
fidelem!. この章句には明らかにリウトプランドの憤りと皮肉が見ら
れる。この『使節記』は，前述のようにプロパガンダとしての目的が
あったと考えられ，イタリアにおける貴顕者および高位聖職者が目に
したと思われる。K・ライザーは，ビザンツの背信と卑劣さをことさ
ら書き立てることによって，ローマにあってオットー派に対抗しビザ
ンツを支持していた者たちの動きを牽制しようとしたのだ，と考えて
いる。Leyser, K.., The Tenth Century in Byzantine-Western Relationships.
in D.Baker (ed.), *Relations between East and West in the Middle Ages*.
Edinburgh, 1973. p.48.

るのです。彼は，破滅させようとしている者を防衛者としているのです。いずれの場合にも，そこに誠実はありません。いずれに場合にも，あるのは裏切りなのです。彼は，必要としていないことをしたのです。為さぬままにしておいたことを為そうとしたのです。しかし，これは放っておきましょう。彼（ニケフォロス）は，つまりはまったくギリシア流に振る舞ったということなのですから。本題に戻りましょう。

31　ニケフォロスの艦隊派遣（7月19日），皇帝ニケフォロスと宮殿で会食（7月20日：予言者エリヤの昇天祭の日）

　7月19日，ニケフォロスは寄せ集めの海軍を派遣しました。私はそれをあの忌々しい逗留先から見ていました[121]。7月20日，この日，抜け目のないギリシア人たちは，演劇を催して予言者エリヤの昇天を祝っていましたが[122]，彼は私にやってくるように命じました。そしてこう

　　121）「私はそれをあの忌々しい逗留先から見たのです」me ab invisa domo spectante。アーデルベルトゥスの使節グリミゾにビザンツ軍が加わって出発したことを知って，リウトプランドは，当然のことながら，大至急オットーのもとに戻り，オットーが早まった行動をとらないよう先まわりしたいと思った。少なくともオットーに最新の状況を伝えたいと思った。同様にニケフォロスは，まったく正しい外交上の理由から，リウトプランドをなるべく長くオットーに接触させないようにしたいと考えた。ビザンツ側は，バーリの守備隊が補強されて目覚ましい攻撃を仕掛けるために，時間をかせぐ必要があった。リウトプランドがここで示唆することばで契約が本当になされていたとしても，アーデルベルトゥスは，自分の履行分を実際には行わなかった。彼は，ある段階でバーリを離れたように思われる。というのも，山岳地帯でオットーの軍勢に追われていることが確認されるからである。cf. Gay, *L'Italie méridionale*, p.312. アーデルベルトゥスは，結局はイタリアから逃げ出さねばならなかったのである。
　　122）「演劇を催して予言者エリヤの昇天を祝っていましたが」

58 　　　　　　コンスタンティノープル使節記

言いました。「我が帝国は，軍隊をアシュリア人の中に向
かわせようとしているのであって[123)]，貴殿の主人がやった
ようにキリスト教徒に向かわせたのではない。確かに昨
年，余は，まさにこのことをやろうと思った。しかし，貴
殿の主人が我が帝国の領土に侵入しようとしていたことを
聞いて，余はアシュリアを諦め，彼を迎え討つべく軍団
を差し向けたのだ[124)]。彼の使節ヴェネツィア人のドメニコ

---

raptionem Heliae prophetae ad caelos ludis scenicis celebrant。エリアの
昇天は，コンスタンティノープルの宮殿内にある新教会で 7 月 20 日
に祝われていた。cf. Constantine Porphyrogenitus, *De Ceremoniis*, I. 19.
ed. Reiske, [Corpus Scriptorum Historiae Byzantinae. Bonn, 1929. p.116.];
ed. A.Vogt, I, p.106-109. Paris, 1967. なお，クルムバッハーによれ
ば，これは明らかに秘儀であった。cf. K.Krumbacher, *Geschichte der
byzantinischen Literatur*. München, 1897. p.645. ブレイエもこの宗教儀
式の性格について簡単ではあるが論じている。Bréhier, *La Civilisation
byzantine, III*. p.416.

　　123)　「我が帝国は，軍隊をアシュリア人の中に向かわせたので
あって」Imperium nostrum copias in Assyrios ducere cogitat。中世ラテ
ン著述家は，アラブ人に対する呼称として聖書に見られる名辞をいく
つか用いていた。「アシュリア人」はそのうちの一つである。ニケフォ
ロスの軍隊は，アラブ人支配者とその麾下の軍団に対し勝利し続けた。
ニケフォロスは，タウルス山脈を越えた東アナトリアに帝国の国境線
を押し戻し，966 年と 968 年の二度にわたってアンティオキアを攻撃
した。このヘレニズムの古都は，300 年間にわたってキリスト教徒の
手を離れていたが，彼はとうとう 969 年 10 月にこの町を占領した。
アンティオキアの征服は，キプロス島の征服とともに，ニケフォロ
スの軍事的偉業であった。オストロゴスルキーによれば，「彼（ニケ
フォロス）とその後二代の皇帝（ヨハネス・ツィミスケス，バシレイ
オス 2 世）の治世は，ビザンツ中期が到達した軍事的にもっとも光輝
いた時代となった」。Georg Ostrogorsky, *Geschichte des byzantinischen
Staates*. p.236-247（和田廣訳 357-371 頁）．ニケフォロスの軍隊に対
するリウトプランドの皮肉なコメントを読むうえで，このような状況
であったことに留意しておくべきである。

　　124)　「あなたの主人が我が帝国の領土に侵入しようとしてい
たことを聞いて，私はアシュリアを諦め，彼を迎え討つべく軍団を
差し向けたのだ」sed audito, quod dominus tuus imperii nostri terram

32 承前：ニケフォロスに和平の仲介をすると進言　59

が，マケドニアで我々に会った。彼は，多大な労力と努力
をして我々を騙して戻らせたのだ。と言うのも，彼は誓約
によって貴殿の主人がそのようなことを考えない，まして
や行わない，と確約したからだ。だから，貴殿は戻ってよ
い。」——と，私が彼がこう言うのを聞いたとき，神への
感謝を黙って捧げました。「そしてあなたの主人にかくか
くしかじか話しなさい。もし彼が余に，余の望むことを与
えたなら，そのときにはここに戻ってきなさい。」

32　承前：ニケフォロスに和平の仲介をすると進言

　私は答えました。「至聖なる皇帝陛下が，私が直ちにイ
タリアに戻るよう命令を下されるならば，私の主人は，確
かに皇帝陛下が望まれることを行うでしょう。そして私も
喜んであなたの元に戻りましょう。」ああ，悲しいかな，
どんな気持ちで私がこれを言ったか，彼に知られずにはい
ませんでした。なぜなら，彼は微笑み，うなずいて同意し
たからです。そして，私が床面にまでおじぎをして彼に敬
意を示し，退出しようとしたときに，室外で待ち，彼とと
もに夕食をとるよう命じたのでした。その夕食とは，ニン
ニクと玉ねぎの臭いが強烈にし，油と魚のソースが加え
られて台無しにされていた[125]ものでした。その日，私は，
何度も嘆願をして，それまで彼がたびたび侮辱してきた私
の贈り物を愛想よく受け取らすことができました。

---

invadere vellet, dimissis Assyriis illum versus habenas retorsimus。ここ
でのリウトプランドの記述は，ニケフォロスが，オットーのロンゴバ
ルディア・テマへの進出を知って東方遠征を諦めた，とされている。
かかる記述は他に例を見ない。これは明らかに，オットーのイタリア
進出がビザンツ側にとっての最大の脅威であることを主張したいリウ
トプランドによるプロパガンダ的表現であった，と思われる。
　125)　「油と魚のソースが加えられて台無しにされていた」ολεο
ετ γαρο。魚のソースについては，第11節注（3）を参照。

33 承前：食卓での会話

　かくして我々は，長くて幅のないテーブルに座っていました。そのテーブルには，テーブルクロス[126]が掛かっていましたが，横幅全体には掛かっていたものの，テーブルの半分はむき出しでした。彼は，フランク人のことを――彼はこの名前でラテン人とテウトン人（ドイツ人）[127]の両方を含ませていましたが――からかいました。そして，私に，私の司教区がどこにあるか，どんな名前であるのかを言うよう訊ねてきました。彼に「クレモナです」と答えました。「イタリアにおける川の王様エリダヌス[128]のそばにある町です。皇帝陛下はそこにケランディア船を派遣することを準備されておられるので，陛下にお目に掛かったこ

126）「テーブルクロス」pallingi。palla, palleola からの派生語である。

127）「テウトン人（ドイツ人）」Teutones。この呼称は，古代ローマ期にゲルマン系の一族の名として使われていた。10 世紀段階では，同種の意味を有することばとして，theodiscus があった。しかし，これはゲルマン語を元に新たに造語された中世ラテン語だった。それに比べ，teotones は，古典ラテン語としてすでに存在していて，theodiscus が"野蛮な"響きをもっていたのに対して，エレガントな響きがあったという。これらのことばの使用実態については，以下の論考を参照されたい。三佐川亮宏「『ザルツブルク大編年史』920 年の項に見える"ドイツ王国"概念の同時代性をめぐって――九世紀後半における theodiscus/ teutonicus の用例からの検証の試み」『東海大学文学部紀要』65（1996 年）33-100 頁，同「"叙任権闘争"と regnum Teutonicum――"ドイツ"概念の政治的・歴史的地平（上）（下）『東海大学文学部紀要』75 (2001 年) 1-27 頁，76 (2002 年) 1-27 頁。三佐川氏の卓抜した分析は，他の用語とともに，同氏の 2 著『ドイツ史の始まり』『ドイツ――その起源と前史』創文社，2013 年，2016 年，で周到に展開された。上述の論文は，後者の第 2 章―第 3 章 1-3 節に組み込まれている。

128）「エリダヌスというイタリア王国の川」Eridano. ウェルギリウスからの引用。Virgil, Georgics I. 481, 2: proluit insano contorquens vertice silvas fluviorum rex Eridanus...「エリダヌス」は，パドゥス川（現在のポー川）のギリシア名。

と，陛下を存じ上げたことが，私にとって有益となりますよう。陛下に抵抗できないその町に，陛下の御慈悲によって平安が続きますよう，和平をお与え下さい。」と。しかし，かの陰険なる者 vafer は，私が以上のことを皮肉を込めて εἰρωνικῶς 言ったと解し[129]，顔を下に向けて，かく行うであろうと約束しました。そして，帝国の威厳にかけて，私が何ら気を病むことにはならないこと，私が望み通りに直ちにケランディア船によってアンコーナ港にまで戻れるであろうことを誓約しました。彼はこれを胸を指で叩きながら約束したのです[130]。

34 皇帝ニケフォロス，東方遠征（アシュリア人＝サラセン人遠征）のためコンスタンティノープルを離れる（7月22日）

しかし，彼がいかによこしまに偽証をしたか，お考え下さい。以上のことは，7月20日の月曜日に[131]起こったのであり，言われたのです。そして，あの日から9日間，私は彼から何の給付も受けませんでした。コンスタンティノープルにおける食糧の不足[132]はかくのごときでしたの

---

129)「私が以上のことを皮肉を込めて言ったと解し」haec εἰρωνικῶς me dixisse cognovit. ビザンツのケランディオン船がポー川をさかのぼってクレモナまで行くのは，実際のところ困難なことと考えられるからである。

130)「胸を指で叩きながら約束した」id tunso digitis pectore iuravit. 第 23 節と同様，ここでもウェルギリウスを引用している。Virgil, Aeneid I. 482

131)「7月20日の月曜日に」decimo tertio Kalendas Augusti, secunda feria. 968 年のこの日は，週の第 2 日目であったということ。日曜日は理論的には feria prima であるが，通常は dies dominicus と表現される。この『使節記』では，この形式での曜日表現が見られる。第 35 節に見られる feria quinta「週の第 5 日目」は，木曜日である。

132)「食糧の不足」fames. 帝都における食糧不足については，第 44 節でも言及される。

で，私は，私自身の 25 名の随員と 4 名のギリシア人衛兵のために，金貨 3 枚で一食の食事さえ出すことができませんでした。あの週の水曜日（7 月 22 日）に，ニケフォロスは，アシュリア人に相対するつもりでコンスタンティノープルを離れました[133]。

35 皇弟レオンに接見（7 月 23 日）

週の第 5 日目（木曜日）に，彼の弟（レオン）が私を召喚し接見しました[134]。「神聖なる皇帝は出発され，その命令により，今日は私が留守を守っている。さあ，もし皇帝に会いたいのであれば，そして皇帝にまだ言っていない他のことがあるならば，申し出なさい。」私は答えました。「私はもはや皇帝陛下にお会いする理由はありません。皇帝陛下に言うべき新たなこともありません。私は，ただ一つのこと，陛下が私に約束したことの履行，つまり（皇帝陛下の）ケランディア船でアンコーナの港まで戻されることを求めています。」このことを聞くと——ギリシア人はいつも他人の頭にかけて誓いを立てようとしましたが[135]——，彼は，皇帝の頭にかけて，そして彼自身の命にかけて，彼の子供たち——彼が本当に言ったことには，神がこ

---

133)「ニケフォロスは，アシュリア人に相対するつもりでコンスタンティノープルを離れました」Nicephorus Constantinopolim egreditur in Assyrios profecturus. この出兵については，以下の古典的研究がもっとも詳しい叙述を与えている。Schrumberger, Nicephore. p.695. Leonhardt, K., *Kaiser Nikephorus II. Phokas und die Hamdaniden.* (Diss.) Halle, 1887.

134)「彼の弟」frater suus. ロゴテテース・トゥース・ドゥロムーのレオン。第 2 節注を参照。

135)「ギリシア人はいつも他人の頭にかけて誓いを立てようとしますが」ut sunt Greci per caput alterius semper iurare parati. ユウェナーリスからの引用である。Juvenalis, Sat. VI, 16-17: nondum Graecis iurare paratis per caput alterius. とある。

の子供たちを保護するはずでした——にかけて，そうする
ことを誓い始めました。私が彼に「いつ？」と聞きます
と，彼は「皇帝が勝利を収めたらすぐ。なぜなら，全艦
隊の指揮権を全的に掌握している司令官 delongaris [136]が，
神聖なる皇帝の帰還の後，あなたの面倒を見るでしょうか
ら」と答えました。この希望に踊らされて，私は喜びなが
ら彼のもとから退出したのでした。

36　ウンブリア宮殿に召し出されてニケフォロスと会談，イタリア問題について議論（7月25日）

　続く土曜日（7月25日），ニケフォロスは，私をウンブ
リアに召喚するよう命じました[137]。それは，コンスタン
ティノープルから18マイル離れた場所にある宮殿です。
彼は私にこう言いました。「余は，あなたを高貴で尊敬す
べき人物と考えていた。そして，あなたが，余の望むこと
をすべて満たすことで，余とあなたの主人とのあいだの恒
久的な友好関係を築くためにやってきたものと思ってい
た。ところが，あなたは，強情であるがために，これをし
ようとしないのだ。だが，少なくともあなたが正当な理由
で行うことができるひとつのことを行いなさい。つまり，

136）「司令官」delongaris。δρουγγάριος τοῦ πλοΐμου のこと。
δρουγγάριος は，drongarius と転記されることが多い。この司令官は，
帝国艦隊の主要部分，ボスポロス海峡内ないしその近辺に停泊したコ
ンスタンティノープル至近の艦隊を指揮した。これは，属州配備の小
規模な艦隊とはまったく異なるものだった。Ahrweiler, *Byzance et la
mer*. p.98.

137）「ニケフォロスは，私をウンブリアに召喚するよう命じま
した」in Umbriam, ... Nicephorus me accersiri iubet。ウンブリアは，プ
ロポンティスのアジア側にアラブ風に建てられていたブリュアス宮殿
（ἡ Βρύας, τὰ παλάτια τοῦ Βρύαντος）のことである。それは，コンス
タンティノープルのアジア側対岸から東方へ30キロメートル強いっ
たところ，今日のマルテペ Maltepe とビテュニア Bithynia の間に
あった。cf. Janin, *Constantinople byzantine*. p.146-147. map no. xiii.

余のしもべであり，余が攻撃しようとしているカープアと
ベネヴェントの侯たちに，あなたの主人が援助の手を差し
伸べない，と保証しなさい。彼は，余に，彼に帰属するも
のの何ものをも与えていない。少なくとも余に帰属するも
のを彼は放棄せよ。彼らの父たち，祖父たちが，我が帝
国に貢納を納めていた[138]ことは広く知られたことである。
余の帝国軍が，彼ら自身にも直に貢納するようにさせるだ
ろう。」

　私は答えました。「あなたがおっしゃった諸侯方は，第
一級の高貴な方々であり，私の主人の臣下です[139]。もし，
私の主人が，あなたの軍隊が彼らの土地になだれ込むこと
を知ったならば，主人は，臣下である彼らに対し軍隊を派
遣することでしょう。それは，あなたの軍隊をせん滅し，
あなたが海を越えて保有している2つのテマ[140]を，あな
たからもぎ取ることができるような軍勢です。」すると，
彼は怒り，ヒキガエルのように膨れて，こう言いました。
「出ていけ。余と，余を余として生みたもうた両親にかけ
て[141]，余は，そなたの主人が逃亡した余のしもべを守るこ

---

138)　「彼らの父たち，祖父たちが，我が帝国に貢納を納めて
いた」tributa dederunt. カープア，ベネヴェントのランゴバルド系
諸侯は，ビザンツの宗主圏を総じて認めてきた。サレルノ侯とは違
い，彼らはビザンツ皇帝に貢納を行う臣下だった。cf. Gay, L'Italie
méridionale. p.144.

139)　「私の主人の臣下です」domini mei sunt milites. milites とい
う用語には，封建関係に基づく「誠実なる臣下」の意味合いがある。

140)　「あなたが海を越えて保有している2つのテマ」duo illa
themata. テマ・ランゴバルディア Λογουβαρδία（首都バーリ）とテ
マ・シチリア＝カラーブリア Σικελία（首都レッジオ）のことであ
る。イスラム勢力がシチリアを占領した902年以来，シチリア・テ
マは事実上カラーブリア・テマに局限されていた。cf. Gelzer, p.132f;
Schlumberger, Sigillographie, p.214f; Gay, p.168; E.Mayer, Italienische
Verfassungsgeschichte II, p.127f, 156f.

141)　「余と，余を余として生みたもうた両親にかけて」per me,

37　皇帝らと会食，コンスタンティノープルの「公園」，　65
と以外のことを考えるようにするだろう。」

37　皇帝らと会食，コンスタンティノープルの「公園」，
そして西方の習俗について

　私が立ち去ろうとすると，彼は，通詞を通じて，私に客として食卓に着くよう命じました。そして，先に言った諸侯の兄弟[142]とバーリのビザンティオス[143]を呼び寄せ，陛下と，ラテン人，テウトン（ドイツ）人に対するひどい侮辱を口にするよう命じました。しかし，私がこの味気ない食事から退散しようとしますと，彼らは密かに私にメッセージを送り，自ら罵っていることを，彼らがその自由意志で言ったのではないと言い，誓うのでした。そうではなくて，彼らは，皇帝の命令と皇帝からの脅迫のもとでそう言ったというのでした。

　この夕食の席でニケフォロスは，陛下が「ペリヴォリ

---

per qui me talem genuere parentes。ウェルギリウス『アエネイス』からの引用である。Virgil, Aeneid X. 597: per te, per qui te talem genuere parentes...（あなたと，あなたをこのような，立派は人に生みなした，親御にかけて）

142）「先に言った諸侯の兄弟」eorundem principum fratre.『サレルノ年代記』によれば，鉄頭侯パルドルフスの兄弟ロムアルトはビザンツ宮廷に連れてこられていた。Chronicon Salernit. c.172 (MGH. SS. III (Hanover, 1838), p.555.): germanus Paldulfi Romualt inter Graecos a pueritia fuerat et iam minime patria sua repedare volebant propter suam superbiam. ヴェラ・フォン・ファルケンハウゼンの指摘によれば，ビザンツの宮廷には，ブルガリア系，アルメニア系貴族たちとともに，ランゴバルド系貴族がいつでも多数滞在していたという。Vera von Falkenhausen, A Provincial Aristocracy: the Byzantines Provinces in Southern Italy (9th-11th Centuries). in ed. Michael Angold, *The Byzantines Aristocracy, 9th to 13th Centuries*. 1984. p.216.

143）「バーリのビザンティオス」Byzantio Barisiano. シュランベルジェによれば，バーリのビザンティオスは，ランゴバルディア・テマのストラテーゴスとしてニケフォロスにより派遣された官職者だった。Schrumberuger, *Nicéphore*, p.644.

ア」perivolia つまり公園[144]をもっているか，それら公園に野生のロバやその他の動物がいるか，を私に聞いてきました。私が，陛下が公園をもたれていること，そういった公園にはオナゲルという動物以外のあらゆる動物がいる，と答えますと，彼はこう言いました。「余はあなたを我々の公園に連れていこう。あなたは，その規模の大きさと「オナゲル」onager つまり野生のロバを見て驚くだろう」と。かくして，私はある公園へと連れて行かれました。そこは実に広く，しかし起伏に富み厚い茂みに覆われていて，到底美しいとは言えませんでした。私が帽子をかぶって騎乗していますと，コロパラティオス（＝皇弟レオン）は遠くから私を盗み見ていて，急いで彼の息子を送ってきました。コロパラティオスの息子は，皇帝がいる場所では何人たりとも帽子をかぶることを許されず，頭にずきんをかぶらなければならない[145]，と言ってきました。

　私は言い返しました。「私の国では，女性が我々とともに騎乗する際に，ずきんをかぶります。しかし男性は帽子をかぶるのです。あなた方が私に私の国の伝統的習慣をここで変えるよう強制するのは不当です。と言うのも，あなたの国の人々が我々のもとに来られれば，我々は彼らにそ

　144）「ペリヴォリアつまり公園」perivolia, id est briolia. perivolia は，brolium, brogilus を経て，近代語に入っている。ドイツ語では Brühl，フランス語では breuil，イタリア語では broglio である。ギリシア語の原語は periballein であり，これはある土地を囲う，という意味である。ここから区画／囲い込み，といった派生的用法が出て，公園としても用いられるようになった。なお，シュランベルジェによれば，コンスタンティノープルにおけるこの野生動物の「囲い地」は，ボスフォロスのアジア側にあった。Schrumberuger, *Nicéphore*, p.644.

　145）「ずきんをかぶらなければならない」sed teristratum incedere. teristratum は，「軽い夏の衣服」を意味するギリシア語 θερίστριον からの派生語転写形である。ここでは，「帽子」pilleus に対応するので，「薄い生地をかぶる」程度の意味になろう。

の国の習慣を保つことを許すからです。彼らは，我々のもとにあるときにも，長い袖と帯，留め金が付き，長い髪にくるぶしまで垂れ下がるチュニックを身に付けて，騎乗し，歩き，食卓に座ります。そして，我々の国民のすべてがとりわけ恥ずべきことと考えること，つまり我らの皇帝に頭を覆って口づけをするのです。そのようなことをするのは，彼らだけです。」そして私は，ひそかに自分自身にこう付け加えました。「神がこのことをもはやお許しにならないことを」と。——「さあ，あなたは戻りなさい」彼はそう言いました。

38　皇帝とともに公園に赴く。オナゲルなる動物を見る

　馬に乗って戻る途中で，私は，山羊が混ざっていましたが，彼らが「オナゲル」と呼ぶ動物に何頭か出会いました。しかし，私は陛下にご質問します。それがどのような種類の野生の獣でありましょうか？　それは，クレモナでの家畜のロバのようです。それらは，同じ色，同じ形をしています。同じような耳をし，いななくときにも同じ声でいななきます。大きさも似ていなくもありません。進む速度もまったく同じですし，狼にとって魅力的な餌食となっています。それを見たとき，私は，隣で騎乗していたギリシア人に言いました。「私はこのようなものをサクソニアで見たことがない」と。彼は答えました。「あなたの主人が，神聖なる皇帝陛下がお望みのことを汲んで気に入られたなら，陛下は，これと同じものをたくさんお与えになられるだろう。それが彼に与える威光は小さくはない。なぜなら，彼は，彼の高貴な祖先たちが誰一人見たこともないものを所有することになるのだから」と。しかし，尊厳なるご主人方よ，どうか私の言うことをお信じ下さい。私の

兄弟であり同僚である司教アントニウスは[146]，それとまっ
たく遜色のない動物を生ませることができるのです。クレ
モナで立つ市がそれを証明します。そして，彼の生み出す
ものは，何も背負わずにぶらぶらしているオナゲルではな
く，荷物を運ぶ飼い慣らされたロバなのです。

　私と同行していたかの者が，上で記しました私の言葉を
伝えたものですから，ニケフォロスは2頭の羊を贈ってき
ました。そして，公園を離れる許可を与えました。翌日，
彼はシリアに向けて出立しました。

39　ビザンツ皇帝の東方遠征に関する理由①『ダニエルの幻視』

　さてここで，陛下は，彼がなぜまさにこの時期にアシュ
リア人に対して軍隊を向けたのか，その理由にご注意い
ただきたく思います。ギリシア人もサラセン人も，『ダ
ニエルの幻視』ὁράσεις / visiones Danielis と呼ばれる書
物をもっていました。私はこれを『シビュラの預言書』
Sibylline と呼びます[147]。これらの書物では，各皇帝がどれ

---

　146)　アントニウス Antonius は，952年の段階でブレシア司教
であり，969年に死去した。ベレンガリウス2世による彼の異例の起
用は，リウトプランドにより『報復の書』第5書第29章で言及され
ている。cf. G.Schwartz, *Die Besetzung der Bistümer Reichitaliens unter
den Sächsichen und Salischen Kaisern.* Leipzig/ Berlin, 1913. p.105.

　147)　「『シビュラの預言書』Sibylline」。予言者ダニエルとは，
旧約聖書第27番目の書『ダニエル書』中の主人公である。ダニエル
書は，シリア王アンティオコス・エピファス4世の迫害下に苦しむユ
ダヤ人を激励するために書かれた。全2部から成り，第1部はダニエル
とその3人の友人をめぐる物語り，第2部はダニエルの体験した
様々な幻から構成される。主人公ダニエルがバビロン捕囚中に書いた
ともされたが，一般には，後世アンティオコス・エピファスの迫害時
にダニエルの名を借りて書かれたとされている。ダニエルは，ユダ貴
族の出身で，エホヤキム王第3年の最初の捕囚のときバビロニアに移
され，他の3人の友人とともに王宮に仕えた。異教の地にあって，終

ほど長く生きるのか，皇帝の治世にどれほどの時間が過ぎ
るのか，平和になるのか戦争になるのか，また，運はサラ
セン人に向くのか，あるいは反するのか，に関する予言が
見出されるのです。これらの書物は，このニケフォロスの
治世中に，アシュリア人たちがギリシア人に刃向かうはず
はないこと，ニケフォロス自身は7年間統治するだろ
う[148]，と述べています。彼の死後，戦争向きでなく彼より
劣った皇帝が登る運命にあるのでした。もっとも，私は，
ニケフォロスより劣る皇帝が見付けられるかどうか心配で
はありますが！　この（悪い）皇帝のときに，アシュリア
人たちが優勢になり，カルケドンまでの領域を力づくで獲
ることになっているのです。カルケドンはコンスタンティ

始母国イスラエルの回復を願い，ユダヤ教の伝統を死守して異教権力
の圧力に抗して敢然と闘ったとされる人物である。優れた才知と予言
能力を有し，諸王の夢を解読して，終末的神の国の勝利を予言するさ
まざまな幻を見た。諸王の野獣的勢力を象徴する獣の幻は，7-8章に
登場する。これら幻にもとづく予言は初期中世において人気を博した
ようである。アラブ世界では，バグダットの著述家である ad-Dniyali
によって捏造された『ダニエルの予言書』があった。イヴン・ハル
ドゥーン Ibn Khaldun は，予言書の様々な収集について説明する中で，
それらが政治的な主題を扱うものの，決して詳細な記述ではないと述
べている。西方キリスト教世界では，ダニエルの予言書のいくつかの
ギリシア原文が出回っていた。それは第40節でリウトプランドが展
開するライオンと子ライオンについての言説に非常によく似た諸節を
含んでいる。そのうち，リウトプランドの文章にもっとも近いものは
以下のものである。

「神がイシュマエル（アラブ人）をローマ人の手に渡す。その後，
彼（ローマ人の王，すなわちビザンツ人の皇帝）は黄色い髪の人々の
もとに外交使節を送り，彼らは協力してイシュマエルたちを追い出す
という彼らの予言が達成されるだろう。」

148）「ニケフォロス自身は7年間統治するだろう」huncque
septennio tantum vivere. ニケフォロスの統治は，963年8月16日から
969年12月11日だった。

70　　　　　　　コンスタンティノープル使節記

ノープルからほど近くです[149]。かくしていずれの側も，時間のことを気にしています。同じ一つの理由によって，ギリシア人は奮い立ち攻撃に向かい，他方でまた，サラセン人は意気消沈し，直ちに抵抗することができないのです。しかし，彼らが攻撃を仕掛け，ギリシア人が彼らに対抗できなくなるときが間もなくやってくるのでした。

40　『ダニエルの幻視』をめぐるシチリア司教ヒッポリュトゥスとの討論

　しかし，ヒッポリュトゥスというシチリア司教が[150]，同

---

　149)　「カルケドン」Chalcedoniam. プロポンティス Propontis のアジア側カルケドンの宮殿については，Janin, *Constantinople byzantine*. p.147. および付地図 xiii を参照。

　150)　「ヒッポリュトゥスというシチリア司教が」Hippolytus quidam Siciliensis episcopus。ヒッポリュトゥスは，160（170）頃生-235 年没のローマの教会著作家，対立教皇。東方出身と推定され，サルディニアに没した。初期の生涯についてはほとんど知られないが，早くからローマ教皇のなかでも出色の存在とされ，教皇カリストゥス 1 世と対立，追従者たちから対立教皇に推挙された。その後マクシミヌス・トラクス帝（在位 173 頃 -238 年）の迫害で捕らえられ，ポンティアーヌスとともにサルディニアに流刑された。後代彼らの遺体がローマに持ち帰られたことから，彼は死去する前にローマ派と和解したとも考えられている。すでに，255 年頃作成された「リベリウス表」は，ヒッポリュトゥスをカトリック教会の殉教者とし，司祭として扱っている。祝日は東方で 1 月 30 日，西方では 8 月 13 日。スコットによれば，リウトプランドは，細部においてヒッポリュトゥスの生涯を思い違いしている。ヒッポリュトゥスはローマ管区を統括しそこで執筆活動を展開したが，一般にはローマ教皇とは認識されなかった。彼は皇帝マクシミアヌスの迫害時の 235 年，サルディニアにではなくシチリアに亡命した。ここでリウトプランドは，ヒッポリュトゥスの著述『アンチキリストについて』に言及しているようだ。G.N.Bonwetsch & H.Achelis, *Griechischer Christlichen Schriftsteller der ersten drei Jahrhunderten*. Leipzig, 1897. p.7-12. この著述の中でヒッポリュトゥスは，その第 6 章から第 15 章において，アンチキリストをライオンになぞらえている。そしてライオンの子はユダヤの民，ない

様の筆致で，陛下の帝国と我々の人民[151]——私は陛下の支配のもとに生きる者すべてのことを考えています——について書きました。私は，彼が現在について書いたことが真実であることを望みます。私は，これらの書物の内容を知っている者たちから聞きました。彼が書いたものは，これまではすべてまさに彼が記したとおりになった，というのです。私は彼の多くの発言のうちの一つをお聞かせしましょう。彼は，この間に書きつつある『ライオンと子が共に野生の獣を打倒する』Λέων καὶ σκίμνος ὁμοδιώξουσιν ὄναγρον という書物を完成させる，と言いました。これはギリシア語です。ラテン語では，"Leo et catulus simul exterminabunt onagrum" となります。ギリシア人たちは，これを，「ライオン」（ローマ人ないしギリシア人の皇帝）とその「子供」（フランク人たちの王）が，我々の時代にともに野生の獣，つまりサラセン人のアフリカの王を打倒するのだ，と解釈するのでした。

　この解釈は，不正確であると思われます。というのも，ライオンとライオンの子は大きさが違うとはいうものの，一つの性格，姿，習慣をもっているからです。私の理解では，ライオンがギリシア人たちの皇帝であったとしても，

し，ダン族を表している。しかし，ライオンに追いかけられる野生のロバに関する言及は見られない。これを要するに，リウトプランドはヒッポリュトゥスのシンボリズムを知っていたと思われるが，予言の引用は第39節でも引かれたギリシア語テキストから行っていると考えられるのである。

　151）「陛下の帝国と我々の人民について」de impero vestro et gente nostra。この表現は，王の身近な顧問であり宮廷人であったリウトプランドに，オットーの帝国がどう見えていたかをかいま見させてくれる。すでに長らくアルプス以南の地に棲み，その土地に溶け込んでいた広義のゲルマン族の人びとがあった。リウトプランドは，自らも所属するゴート人が，広義のゲルマン族に含まれ，オットーの帝国を構成する要素だ，と書いているわけである。

フランク人たちの王が子になるということにはなりません。というのも、ライオンとライオンの子が両方とも動物であるのとまったく同じく、2人とも人間でありますが、性格上の相違は相当大きいからです。私は、ある動物種とほかの動物種の間の違いだけを言っているのではありません。理性的な存在と理性をもたないものとの違いをも申しているのです。

ライオンの子は、年齢の点を除いては、ライオンと変わることはありません。同じ容貌であり、同じ獰猛さ、同じ吼え声なのです。しかし、ギリシア人の王は、髪が長く、袖の長いチュニックを着ています。そして女性用の頭飾り[152]をつけ、うそつきで、人を欺き、狡猾で、非情で、狐のようであり、偽りの謙遜の風を装った傲慢な者であり、けちで貪欲です。彼は、ニンニクと玉ねぎとねぎを食らい[153]、風呂の水を飲むのです[154]。他方、フランク人の王は、髪を優美に刈っています。かの方の装いは、女性のものとは全く対極にあり、帽子をかぶります。かの方は真

───────────

152) 「女性用の頭飾り」teristratus. 女性用の頭巾。第37節を参照。

153) 「玉ねぎとねぎを食らい」cepe et porris vescens. ユウェナーリスからの引用。Juvenalis, Satire, XV.9: porrum et caepe nefas violare et frangere morsu.

154) 「風呂の水を飲むのです」balnea bibens.「風呂の水」とはレツィーナ、あるいは湯を混ぜて飲まれたワインのことと推定される。第1節、また後段第63節、65節でも同じ表現が登場する。ドイツ人学者ケーラーは、これをローマの calda/ calida（温湯）のことと推定した。Köhler, Beiträge zur Textkritik Liudprands von Cremona. *Neues Archiv der Gesellschaft für ältere deutsche Geschichtskunde* VIII (1883) 他方、ドゥ・カンジュは、この言葉の使用例を列挙し、それがワインと温湯と蜂蜜を混ぜた飲み物であると示唆している。ドゥ・カンジュが想定する論拠は『マタイ伝』にある記事である。つまり、洗礼者ヨハネは、荒地での生活にあって蝗と蜂蜜（野蜜）の食事を採っていた（マタイ3章4節）。

実の人であり，嘘をつくことはなく，求める方向が一緒ならば十分にあわれみ深く，厳しさが求められるときには厳しく，常に心底謙虚で，卑しいところがないのです。フランク人の王は，動物を救うためにニンニクや玉ねぎ，ねぎを食して生きているのではありません。ですから，かの方は，動物を食べるよりも，それを売ってお金を節約することができるのです。陛下は（2人の支配者のあいだの）違いについてお聞きになりました。この（ギリシア人の）解釈をお受け入れになりませんように。それは未来に関係することであり，まったくもって真実ではないのです。彼らが誤って言ったように，ニケフォロスがライオンで，オットー陛下がライオンの子となり，2人が誰かを打倒するために結び付くというのは，不可能です。なぜなら，ニケフォロスとオットー陛下が友情を結び互いに同盟を締結するより前に，あなた方はお互いの国境を行き交っているのですし，流浪するパルティア人はサオーネの水を飲み，ゲルマニア人もまたティグリス川の水を飲むだろうからです[155]。

41 『ダニエルの幻視』についてのリウトプランドの解釈

　陛下は，ギリシア人たちの解釈をお聞きになりました。さてここで，クレモナの司教リウドプランドの解釈をお聞

155）「流浪するパルティア人はサオーネの水を飲み，ゲルマニア人もまたティグリス川の水を飲むだろ」Ante enim pererratis amborum finibus exsul aut Ararim Parthus bibet aut Germania Tygrim. ウェルギリウス Virgilius, Eclogue I. 61, 2「パルティア人がアラル川の水を呑み，ゲルマニア人がティグリス川の水を呑むだろう」を踏まえた文言である。サオーネはソーヌ川のこと。ウェルギリウスは，不可能事の象徴としてこの表現を用いた。同文言は，ノトケルス『カロルス大帝業績録』Gesta Karoli 第2巻9でも引用されている。国原訳，129頁。

き下さい。実際に私は主張したのですが，こう申したのです。この記述がただいま完成されるなら，ライオンと子は，父と子であり，年齢の点を除けば何らも変わることない 2 人のオットーは，ここで直ちに「オナゲル」，つまり野獣であるニケフォロスを打倒するために合力するだろう，と。まさにニケフォロスは，その虚栄と空しい自慢のゆえに，また自身の女主人と淫らな関係を結んだ点で，野獣になぞらえられるに相応しいのです[156]。もし，かの野獣がここにおらず，我らのライオン父子，つまり尊厳なるローマ皇帝であらせられる両オットー陛下がこれを直ちにお倒しにならないとすれば，ヒッポリュトゥスが記したことは偽りとなります。上述のギリシア人の解釈は破棄されなければなりません。しかし，ああ，よきイエスよ，永遠なる神よ，師父の言葉よ，声で話しかけられるに相応しくない我らに，声ではなく霊感によって語りかけられる方々よ，どうかこの記述に関して，私の解釈以外のものをお望みになられませぬように。ライオンと子が，この生きた野獣を倒し，地に落とすことを命じられますように。かくし

156）「ニケフォロスは，その虚栄と空しい自慢のゆえに，また自身の女主人と淫らな関係を結んだ点で，野獣になぞらえられるに相応しいのです」id est silvestrem asinum Nicephorum, qui non incongrue silvestri asino comparatur ob vanam et inanem gloriam incestumque dominae et commatris suae coniugium. テオファノは，ニケフォロス・フォーカスの前帝ロマノス 2 世の妻だった。テオファノもニケフォロスも初婚ではなかったので，贖罪することなく再婚はできなかった。しかし，正教会がこれよりもいっそう問題視したのは，ニケフォロスが，皇后の 2 人の子供の代父となったことだった。これは，教会法の規定からすれば，ニケフォロスがテオファノと「精神的絆」を持つことを意味し，両者の結婚の阻止要因と見られたのである。ニケフォロスは，教会勢力の猛烈な反対を受け，教会人，俗人を召集しなければならなかった。最終的には，この聖俗の助言者たちは，ニケフォロスとテオファノの結婚に反対する意見が依拠する法の無効を決した。なお，commater とは「代母」の意である。

て，彼が正気に戻り，自身の主人である皇帝バシレイオス
とコンスタンティノスにかしずいて[157]，神の審判の日に救
われますように[158]。

42 『ダニエルの幻視』をめぐる占星術師らの見解

ところが，驚くことを申し上げますが，占星術師た
ち[159]は陛下方とニケフォロス（に降りかかること）につい
て，まったく同じことを予告したのです。陛下！ 私は，
陛下と陛下の御同名の御子様のご風貌とご性格を正確に申
し述べた占星術師のある者に話しかけました。すると彼
は，まるでその場その時に居合わせたかのように，私の身
の上にそれまでに起こった事柄をすべて申したのです[160]。

---

157) 「自身の主人である皇帝バシレイオスとコンスタンティノ
スにかしずいて」dominisque suis Basilio et Constantino imperatoribus
subditus. ロマノス2世とテオファノの息子たちであるバシレイオス
（後の2世）とコンスタンティノス（後の8世）は，いわゆるマケド
ニア朝の正統な後継者であり，ニケフォロスは，リウトプランドの理
屈の上ではこの2人の摂政だった。リウトプランドは，ここでもまた
ニケフォロスの皇位正統性を疑い，彼が皇位「簒奪者」であると示唆
しているのである。

158) 「神の審判の日に救われますよう」in die Domini spiritus sit
salvus.『コリント人への第1の手紙』5-5からの引用である。原文は，
ut spiritus salvus sit in die Domini Iuse（その霊は主の日に救われるよ
うになるために）。

159) 「占星術師たち」astronomo. ビザンツ社会における「占星術
師」の存在は，その初期段階（4世紀以降）から認められる。た
だその存在が史料上顕在化するのは，ある種の「危機」の時代に集
中している。例えば，6世紀初頭から中頃にかけて，ユスティニアヌ
ス治世に大地震，飢饉が頻発した。そのとき「占星術師」たちが市
井において種々の「予言」をしたという。例えばママラス『年代記』
18章，『ユスティニアヌス帝の治世について』Περὶ τῆς Ἰουστινιανοῦ
βασιλείας 第5巻など。拙稿「ビザンツ人の終末論──古代末期にお
ける世界年代記と同時代認識」甚野尚志・益田朋幸編『中世の時間意
識』知泉書館，2012年4月，5-25頁を参照。

160) 「すべて申したのです」nec praeteriit. 文字通りには「話し

かの者がその行動，風貌，性格について言いそこね，私が問いただすことになるような者は，私の友人また（出会った）敵のなかで一人としておりませんでした。この者は，今回の旅で私に降りかかる災難のすべてをも予言しました。しかし，陛下がニケフォロスに対してなされると，かの者が申したことが真実となる以外は，すべてが過ちでありますよう。陛下がニケフォロスに対してなされることは，実際にそうなりますように。必ずやそうなりますように。そうなりましたなら，私は，これまで蒙ってきたことのすべてを無かったものと感じましょう。

43 『ダニエルの幻視』をめぐるヒッポリュトゥスの見解と現実の戦況について

　前述のヒッポリュトゥスはまた，サラセン人を倒す定めにあるのはフランク人であってギリシア人ではない，とも書いています[161]。サラセン人たちはこの記述に励まされて，3年前に，ニケフォロスの甥パトリキオス位の[162]マヌ

漏らすことがなかった」である。

161）「前述のヒッポリュトゥスは……とも書いています」scribit etiam praefatus Hippolytus. 第40節注1を参照。3世紀の著述家ヒッポリュトゥスの予言書にフランク人に関する言及はない。第39節で触れられるダニエルの予言書にも，フランク人を明示する言及はない。もっとも，そこで出てくる「黄毛人」という分類に，フランク人は括られることになるのだろう。

162）「ニケフォロスの甥パトリキオス位のマヌエル」Manuele patricio Nicephori nepote. マヌエルと，宦官でマヌエルと同じくパトリキオス位であったニケタスは，シチリア島のキリスト教徒の最後の前哨基地ラメッタ Rametta を支援するため，964年派遣された。ビザンツ軍は同地の城門下で壊滅的な敗北を喫し，シチリア全島はアラブ人の支配するところとなった。この間，ビザンツ艦隊は，メッシナ海峡でやはり大敗していた。リウトプランドは，iuxta Scyllam et Charybdin という詩的表現でこの海戦の行われたメッシナ海峡を示している。宦官ニケタスは，プロートヴェスティアリオス

エルと，シチリア海のスキュラとカリュブディス[163]近く
で交戦しました。マヌエルの大軍を蹴散らした彼らは，マ
ヌエルを捕らえて斬首し，指導者を失った軍隊を立ち往生
させたのでした。彼らはまたマヌエルの同僚将軍をも捕ら
えました。しかし，この者は宦官——男でもなければ女で
もない——でしたので，彼らはこの者を殺すのは自身の品
位を汚すものとしてしませんでした。彼らはこの者を鎖に
つなぎ，長く投獄してやつれ果てた後でこの者を，まとも
な感覚ではこの種の人間に対する対価としては誰も思いも
及ばない額で売ったのでした。この予言に元気づいたサラ
セン人たちは，同じ士気をもって，上記の戦いのすぐ後
にもマギステル位のエクサコンタス[164]とも対戦しました。
彼らは，エクサコンタスを遁走させ，軍隊を徹底的に破滅
させたのでした。

---

portovestiariosu 位のミカエルの兄弟だった。ニケフォロスは，このミ
カエルととりわけ親密な関係にあったようだ。cf. Guilland, *Recherches*
I. p.172. and notes.

163) 「スキュラとカリュブディス」Scylla et Charybdis. スキュ
ラとカリュブディスは，イタリアとシチリアの間にある 2 つの岩の名
称である（カリュブディスは渦巻きだとする説もあり，古典期の用法
についての解釈としてはこちらが一般的なようである）。近接するそ
の 2 つの岩は，ホメロスでも言及されており，イタリアに近い方の岩
には，クラタエイス Crataeis の娘であるスキュラが棲んでいるとされ
る。スキュラは，12 本の足と 6 つの首と顔をもち，それぞれの顔に 3
段の鋭い歯をもつ恐ろしい怪物で，犬のように吠えるとされている。
他方，カリュブディスは，スキュラに比べてはるかに高さが低い。巨
大なイチジクの木が生えており，日に 3 度海の水を飲み，また 3 度
吐き出すと信じられている。どちらの岩も，その間を通らなければな
らない船にとって恐ろしいものとされる。今日でも「進退窮まる」こ
とを言い表す英語の文語的表現として "between Scylla and Charybdis"
という。*Dictionary of Greek and Roman Biography and Mithology*. AMS
Press, 1967.

164) 「マギステル位のエクサコンタス」magistro Exacontae. こ
の人物についてはほかに情報は得られない。

44 ビザンツ皇帝の東方遠征に関する理由②帝国全土での飢饉

ニケフォロスがまさにいまアシュリア人に向け軍隊を率いて赴くことについては，もう一つ理由があります。それは，近頃，神の思し召しにより，ギリシア全土で飢饉が猛威をふるったからです[165]。この飢饉の過酷さたるや，金貨1枚が小麦2パピエンシス・セクスタリウス[166]にも相当しないというありさまでした。しかしそれも，ふだんの収穫高が優れている地域での話しです。野ねずみによって食い荒らされて輪をかけてひどいものとなったこの災禍を，ニケフォロスは，小麦が見出せる場所という場所でこれを収

165）「近頃，神の思し召しにより，ギリシア全土で飢饉が猛威をふるったからです」Argorum enim omnem regionem instans tempus Deo iubente eo usque fames attrivit. この飢饉については，ビザンツ史家たちの記事が残されている。Leon Deaconus, *Historia* VI, 8. ed. C.B.Hase. CSHB. Bonn, 1828. p.103; Cedrenus, *Historiarum Compendia*. ed. J.Becker. Corpus Scriptorum Historiae Byzantinae. Bonn, 1839. II, p.372-3; Georgios. Hamartolos VI, 6. p.862. レオン・ディアコノスは，970年のくだりでこの飢饉に触れ，それは3年にわたり続いている，と伝えている。本節に見られるように，リュトブランドは，ニケフォロスがこの飢饉を利用して小麦価格を恣意的につり上げたと主張するが，ニケフォロスに総じて好意的なレオンの記述には，同帝への非難は見られない。他方，ケドレノスには，リュトブランドと同様のニケフォロス批判が見られる。シュランベルジェによれば，小麦価格の高騰は，ニケフォロスの貨幣改鋳に結び付けて考えられるべきという。Schlumberger, *Nicéphore Phocas*. p.538. ニケフォロスは，金含有量を低くした新貨幣を発行し，租税納入に際しては，この新貨幣での納付を禁じたのだった。他方，E・バッハは，この飢饉がニケフォロスの失墜に影響したと論じている。E.Bach, Les Lois agraires byzantines du Xe siècle. *Classica et Medievalia* 5 (1942) p.85.

166）「小麦2パピエンシス・セクスタリウス」tritici duo Papienses sextarii. セクスタリウス sextarius（複数形 sextarii）は，ローマ帝国以来の重量単位である。基本単位コンギウス congius の6分の1に相当する。1コンギウスが約3キログラムだったので，1セクスタリウスは約500グラムである。

穫期にかき集めることで，さらに押し広げました。しかも
ニケフォロスは哀れな地主たちに底値の対価しか与えな
かったのです。彼は，これをメソポタミアの国境地域[167]
でやりました。そこはねずみはおらず，収穫が豊富にあっ
たのです。そこで彼は，海の砂と同じほどたくさんの小麦
をかき集めたのでした。このようにして，この恥知らずな
振る舞いのおかげで，飢饉が至る所で猛威をふるうなか，
ニケフォロスは軍事遠征を口実に８万人の人間を召集しま
した。そして続く１か月のあいだ，ニケフォロスは，自
身が金貨１枚で得た小麦を，彼らに金貨２枚で売ったの
でした。

　陛下。以上が，ニケフォロスがこの時期アシュリア人に
向けて軍隊を率いなければならなかった理由です。しか
し，陛下，それがどんな軍隊なのか，と私は思います。彼
らは実のところ，人間，いや，その口がかくも傲慢であり
ながら「右手が戦いにおいて凍りつく」（＝戦いの場で
怖じ気づいて役に立たない）[168]人間めいた何者かなのです。

　167）「メソポタミアの国境地域」iuxta Mesopotamiam. ビザンツ
帝国の行政管区としてのテマ・メソポタミアは，小アジア地方の東部
中ほどにあった。その領域の大半は，ユーフラテス川上流およびその
支流が作り出す湾曲部に位置した。この地域はムラト Murat と呼ばれ，
現在は大半がトルコ共和国のエラツィク Elâzig 州に含まれる。ここ
は，通常我々がメソポタミアと呼ぶ地域の北西にあたり，また，ニケ
フォロスが実際に軍隊を展開させたアンティオキア地域の北になる。
この事実について，スコットは，リウトプランドがメソポタミアの正
確な所在を混同したか，この地域名を単に「東方」一般の意味で用い
ている可能性があるとしている。Scott, p.84. なお，この地域は当時シ
リアにあったハムダン朝との国境地帯であり，領有権をめぐって「国
境」が動いていた土地柄であり，当時ビザンツ領に復して間もなくの
ことだった。cf. A.Toynbee, *Constantine Porphyrogenitus and his World*.
p.408.

　168）「右手が戦いにおいて凍りつく」frigida bello dextera. ウェ
ルギリウスからの引用である。Virgilius, Aeneid XI. 338, 339. "largus

80   コンスタンティノープル使節記

この軍隊を召集したニケフォロスは，質にではなく量に対する眼識をもっていたというわけです。彼は，それが何と危険な作戦であるか悟るでしょう。そして自らの愚かさを悔やむでしょうが，そのときには時すでに遅しです。数ばかりで戦いに向いていない彼の軍隊は，人数の多さだけで士気を保っていますが，少数ながら戦いの仕方を知り，戦闘に飢えている我らの兵士によって蹴散らされることでしょう。

45 オットー1世のバーリ攻囲中の出来事

　陛下がバーリを攻囲されているときに，たった300人のハンガリー人がテッサロニケ近くで500人のギリシア人を捕らえ，ハンガリーへと連行するということがありました[169]。この奇襲の成功に刺激されて，コンスタンティ

---

opum, lingua melior, sed frigida bello/ dextera". 「右手」は古典記の用法では武勇を象徴するので，「戦いの場で怖じ気づいて役に立たない」の意になると考えられる。なお，ウェルギリウスのこの句は，リウトプランド『報復の書』でも引用されている。Antapodosis, Liver I, 35.

　169）「たった300人のハンガリー人がテッサロニケ近くで500人のギリシア人を捕らえ，ハンガリーへと連行しました」trecenti tantummodo Ungari iuxta Thessalonicam quingentos Graecos comprehenderunt et in Ungariam duxerunt. ハンガリー（マジャール）人は，確認されるだけでも，934年，943年，959年，961年，967年，968年の6回にわたって，コンスタンティノープル付近への侵略を行った。cf. G.Moravcsik, Hungary and Byzantium. *Cambridge Medieval History IV-i*, Cambridge, 1966. Chap.13. esp. p.571; R.Lüttich, *Ungarnzüge im 10. Jahrhundert*. Berlin, 1910. p.143. ハンガリー人の帝国領侵入は，コンスタンティノス7世時（944-959年）に一時小康状態に入ったものの，その後に再び活発化し，ここで言及される967年の事態に際しては，ニケフォロス2世がブルガリアのツァール，ペテロに，ハンガリー人のビザンツ領侵入を阻止する措置を講ずるよう公式に依頼している。Kedrenos = Scylitzes, *Synopsis Historiarum.*, ed. Bonn. II, p.372, l.9; Zonaras, *Epitome Historiarum* XVI. 27. = ed. M.Pinder (CSHB), Libri III. p.512, l.13f. = ed. L.Dindorf (Teubner), t.IV, p.87, l.9f.;

ノープルからほど遠くないマケドニアでも，200 人のハンガリー人が同じことをしましたが，このハンガリー人集団は不用意にも隘路を通って戻ったものですから，そのうちの 40 人がビザンツ側に捕らえられてしまいました。ニケフォロスは，いまやこの者たちを囚われの身から解放し，およそこの上なく贅沢な衣服で着飾らせて，自身の護衛隊としました。そしてこの者たちを伴ってニケフォロスはアシュリアに向かったのです。しかし陛下，これがどのような軍隊であるか，お分かりになられるでしょうか。と申しますのも，その実，部隊を率いていたのはヴェネツィア人とアマルフィ人だったのですから[170]。

46　ウンヴリア宮殿でニケフォロスから帰還許可を得る
　　（7 月 27 日）

　さて陛下，ここで，これらのことを脇に置いて，私に降りかかった災難についてお聞き下さい。7 月 27 日，私は，コンスタンティノープル市外のウンヴリア[171]で，陛下のもとに戻る許可をニケフォロスから得ました。コンスタンティノープルに戻りますと，そこでニケフォロスの代理人として振る舞いまっていた[172]パトリキオス位のクリスト

Dölger, Regesten, No.710.

　　170）　「部隊を率いていたのはヴェネツィア人とアマルフィ人だった」qui ceteris praestant Venetici sunt et Amalfitani. ビザンツ海軍では傭兵が多用された。これについては，H.Ahrweiler, *Byzance et la mer*. Paris, 1966. p.110. に詳しい。ただし，ヴェネツィア人，アマルフィ人が傭兵として登場するのは史料上まれである。彼らの多くはもとより海に生きる人びとだったが，名目上はビザンツ皇帝の臣民として扱われるからである。

　　171）　「ウンブリア」Umbria. 第 36 節注 137 を参照。

　　172）　「そこでニケフォロスの代理人として振る舞いまっていた」Nichephori vicem eodem gerit. コンスタンティノープルの宮廷には，プラエポシートス praepositos と呼ばれる，皇帝不在のときに摂政として振る舞う者がいた。Guilland, *Recherches* I, p.347-348. 通常は宦官で

82　　　　　コンスタンティノープル使節記

フォロスという宦官が私に申しました。今は帰ることはで
きない，なぜならサラセン人が制海権を握り，ハンガリー
人が陸上を支配しているから，と。そして，サラセン人，
ハンガリー人の勢力が引くまで私は待たねばならない，
と。しかし，これらのことは両方とも嘘でした。以後，私
と私の随行者たちが館から離れないように，監視が付けら
れました。施しを求めて私に会いに来たラテン語を話す哀
れな者たちは[173]，捕らえられ，むち打たれ，投獄されまし

───────────────

パトリキオスの爵位を帯びていた。

　173）「施しを求めて私に会いに来たラテン語を話す哀れな者
たち」Latinae linguae pauperes, qui me elemosinarum gratia adierunt. こ
の「ラテン語を話す者たち」の実体をめぐってスコットが興味深い考
察をしている。Scott, p.84-85. 彼は，それが商業活動に伴ってコンス
タンティノープルに来訪し在留していたヴェネツィア人ないし他の
イタリア人コミュニティーのメンバーだったと考えるのが妥当とし
ながらも，トラキア地方のヴラフ人（ブラフとも表記する），ヴラフ
語 Vlakhs の存在に注意を向けるのである。ロマンス語系のヴラフ人
は，ピンドゥス，テッサリア両地方を本拠地とした村落居住民で，現
在も同地方を中心に居住している。リウトプランドの時代，彼らが本
拠地を離れてコンスタンティノープルにやってきたとは考えにくく，
スコットも，たとえ実際にやってきたとしても，リウトプランドがヴ
ラフ語をラテン語からの派生語と認識したかは疑わしいとする。しか
し，現在まで続くヴラフの存在は，ここでの問題を離れても注意され
るべきである。なお，10 世紀のヴラフについては，すでに A・トイ
ンビーの考察がある。A.Toynbee, *Constantine Porphyrogenitus and his
Woirld*. Part iv, chapter 2, section vii "East Roman Latin", esp. p.561-563.
また，現在のヴラフ人，ヴラフ語の事情については，T.J.Winnifrith,
The Vlachs. London, 1988; Asterios I. Koukoudis, *The Vlachs: Metropolis
and Diaspora*, Thessaloniki, 2003. などがある。今日のヴラフ人は，中
央ヨーロッパや南東ヨーロッパのほぼ全ての国に少数民族として暮ら
している。その居住地域は，ハンガリー，ウクライナ，セルビア，ク
ロアチア，マケドニア，アルバニア，ボスニア・ヘルツェゴビナ，ギ
リシア，ブルガリアなどである。他方，ポーランドやチェコ，スロバ
キア，モンテネグロでは，周辺のスラヴ人に同化してヴラフは見られ
なくなったとされる。また，ルーマニアとモルドバでは，「ダコ＝ルー
マニア人」，あるいは単に「ルーマニア人」と呼ばれるヴラフ人が民

46 ウンヴリア宮殿でニケフォロスから帰還許可を得る　83

た。監視人たちは，私のギリシア語通訳 graecolonon [174]，つまりギリシア語に精通する者が，必要なものを買いに出掛けることさえ許しませんでした。ただ，ギリシア語を知らないコックだけが外出を許されただけでした。この者は，買い物をするのに，意味のある言葉でではなく，ただ指を動かし首を振るだけで売り子と意志の疎通をするだけだったのです。この者は，ギリシア語通訳が 1 ヌンムス [175] で買い物するところを，4 ヌンミーかけてきました
友人の一人が私に香水やパン，ワイン，果物を贈ってきましたが，監視人たちはそのすべてを地に投げ捨てました。そしてそれらを持参してきた使いを殴りつけて追い払ったのでした。神の御慈悲が「私を苛む者に」食卓を与えたま

――――――――――
族的に多数派を形成している。

　174)　「私のギリシア語通訳」Graecolonon meum. Graecolonon という語は，訳者の使える範囲にあるラテン語辞書（Du Cange, Lewis and Short, Niermeyer, R.E.Latham, etc.）に見られない。ここでは先行諸研究に従って「ギリシア語通訳」の訳語をあてる。J・コーダーは，それがギリシア語 Γραικόλογος の不正確なラテン語転記であるとの見解を示しているが，特に大きな支持を得ているわけでもない。J.Koder, p.42.

　175)　「1 ヌンムス」nummus. ギリシア語の νόμος に由来し「貨幣」を意味するラテン語。294 年，ディオクレティアヌス帝治世に幣制改革があり，直径 30mm，重さ 10g ほどの銅貨が打造されるようになった。フォリス follis 貨の通称で呼ばれるが，その正式名称は nummus だったことが知られている。その後，498 年にアナスタシオス 1 世が，538/9 年にユスティニアヌス 1 世が量目の変更を行い，1 枚のヌンムス貨は段階的に軽量化し，10 世紀後半においては，おそらくコンスタンス 1 世（在位 641-668 年）時に改鋳された 1 フォリス（ヌンムス）＝ 3g の銅貨が流通していた。11 世紀までの全時代を通じて規準となっていた 1 ソリドゥス貨（＝ 4.528g）との比較でいえば，その 6,000 分の 1 の価値を有していたという。ちなみに現代の貨幣価値に置き換えれば，金 1 グラムが約 4,900 円であるから（2018 年 12 月末時点）1 ソリドゥス貨は約 22,200 円，これを規準に計算すると，1 ヌンムス貨は約 3.7 円の価値に相当する。ビザンツ世界では，いずれ「小銭」という意味で使われていたようである。

わなければ，私はこの者たちが用意した死を受け入れたで
しょう[176]。しかし，神は私に生き延びることをお許しにな
られ，慈悲深くこの事態を堪え忍ぶことをお与えになられ
ました[177]。こういった艱難辛苦は，コンスタンティノープ
ルに居りました7月4日から10月2日までの120日間，
私を苛んだのでした。

47 マリア被昇天の祝日（8月15日）に教皇ヨハネスの
使節到来，オットーとの和解を勧告する書簡

しかし，私の危うい状況をさらに悪化させたのは，聖
処女聖母マリアの被昇天の祝日に[178]，使徒の後継者にして
全教会の首長であられる教皇ヨハネス猊下からの使節[179]

176）「神の御慈悲が「私を苛む者に」食卓を与えたまわなけれ
ば，私はこの者たちが用意した死を受け入れたでしょう」nisi divina
pietas parasset in conspectu meo mensam adversus eos qui tribulant me,
una mihi parata mors foret accepta.『詩編』22-5（欽定訳版23-5）を踏
まえての表現と考えられる。『詩編』同所（22-1—5）を引用しておく
（フェデリコ・バルバロ訳）。

1　私の神よ，私の神よ，なぜ私を見捨てたもうたのか。私のうめ
きの声も救いからまだ遠いのか。

2　神よ，私は日中も呼びかけている，だが，あなたの答えはない。
夜も休まず呼びかける。

3　あなたは尊い者，イスラエルの賛美の上に座する者。

4　われらの祖先はあなたを信頼し，よりたのみ，そして救われた。

5　彼らはあたなに呼びかけて救いを得，あなたに信頼して恥を受
けなかった。

177）「神は私に生き延びることをお許しになられ，慈悲深く
この事態を堪え忍ぶことをお与えになられました」Sed qui permisit
temptari, dedit tunc misericorditer pati.『ヘブライ人への手紙』21-8（in
eo enim, in quo passus est ipse temptatus, potens est eis qui temptantur
auxiliari.）を下敷きにしている。

178）「聖処女聖母マリアの被昇天の祝日に」in assumptione
sanctae Dei genitricis et virginis Mairiae. 8月15日のことである。

179）「使徒の後継者にして全教会の首長であられる教皇ヨハ
ネス猊下からの使節」domini apostolici et universalis papae Iohannis

47 マリア被昇天の祝日に教皇ヨハネスの使節到来，　85

が，書簡を携え（コンスタンティノープルに）到着したことでした。それは，私にとっては不吉な事件だったのです。その書簡は，「ギリシア人の皇帝」ニケフォロスに，教皇猊下の親愛なる精神的息子であられる「ローマ人の皇帝」オットー陛下と，婚姻によって友愛の結び付きを持つよう要請するものでした。この言葉と上書きはギリシア人にはたいへん不快で尊大に見えました。なぜそれが，書簡を持参した使節に死の報いとならなかったのか，書簡が読まれるより前に使節が死に至らされなかったのか，私は申しますまい。ほかのことではしばしばお喋り好き supermologus で饒舌 mulutisonus に見られる私ですが，ことこの件については魚のように口をつぐみましょう。ギリシア人たちは，海に抗議し，波に悪態をつき，その使節がかかる罪ある書状を運ぶことができたこと，そして渦巻

───────────────────
nunntii. ヨハネス 13 世（在位 965 年 10 月 1 日―972 年 9 月 6 日）のこと。彼はローマ貴族クレシェンツィ家の出身で，前任者レオ 8 世（在位 963-965 年）の死去を受けてローマ司教（教皇）に就いた。この就任は，レオ 8 世同様オットー 1 世の承諾を得ているので，皇帝とローマ貴族との融合を物語るが，オットーの支援を得たことでローマ貴族らからは嫌われたようである。リウトプランドが伝えるこの箇所でのヨハネス像は，あきらかにオットーの側近としてビザンツ宮廷に応対していた親皇帝派としてのローマ教皇像である。彼は，オットー 1 世の要請を受けて，マグデブルク大司教座を創設している。同大司教座は，ザクセンの地に新設されてマインツ大司教の権益を侵すかたちで設定されたことで知られる（ハルバーシュタット司教区から独立して設定された）。ザクセン朝のオットー諸帝にとって，マグデブルクが重要な政治的意味をもった。オットーの墓所も，同地の聖マウリトス聖堂に置かれた。ヨハネスは，また南イタリアのロンゴバルディア，カラーブリアにおけるいくつかの司教区，例えばベネベント司教区を大司教区に格上げした。これは，ビザンツ帝国＝コンスタンティノープル教会の影響を排除しようとする措置だった。なお，オットー 2 世を同 1 世の共同皇帝として都市ローマで戴冠したのもヨハネス 13 世だった。また，オットー 2 世とビザンツ皇女テオファノの婚儀を執り行ったのも彼だった。

86 コンスタンティノープル使節記

く海がそれを運ぶ船を飲み込めなかったことを，ことさら
大げさに驚いてみせるのでした。彼らはこう申しました。
「ローマ人の，世界に冠たる尊厳，偉大なる比類なきニケ
フォロス陛下を「ギリシア人の皇帝」と呼び[180]，卑小にし
て野蛮，あの哀れなる者を「ローマ人の皇帝」と呼ぶ[181]
とは，許しがたいことだ。おお，天よ，地よ，海よ！[182]

　これら忌々しい罪人たちをどうしたらよいものだろう
か。彼らは哀れだ。この者たちを殺せば，我々の手は相応
しくない血で汚されよう。彼らはぼろ切れで身をまとい，

---

　180) 「ローマ人の，世界に冠たる尊厳，偉大なる比類なき
ニケフォロス陛下を「ギリシア人の皇帝」と呼び」Imperatorem
universalem Romanorum, augustum, magnum, solum Nicephorum
scripsisse Graecorum。同様の史料所言として，865 年 9 月 28 日付け
のローマ司教（教皇）ニコラウス 1 世からビザンツ皇帝ミカエル 3 世
宛の書簡で「ラテン語を解さない者をローマ皇帝と呼ぶのは」がある。
MG, Epistola VI, 459, 19f.

　181) 「卑小にして野蛮，あの哀れなる者を「ローマ人の皇
帝」と呼ぶとは，許しがたいことだ」hominem quendam barbarum,
pauperem Romanorum non piguit。ビザンツの皇帝が帯びる「ローマ
人（たち）の皇帝」の称号に対する西方キリスト教世界からの異議
は，もちろん以前から見られる。例えば，皇帝ミカエル 3 世（在位
842-867 年）には，コンスタンティノープル教会とローマ教会との間
でシスマが生じた（フォティオスのシスマ）。その渦中で発せられた，
ミカエル 3 世宛てローマ教皇聖ニコラス 1 世（在位 858-867 年）の
865 年 9 月 28 日付け書簡にも以下の文言が見られる。MG. Epist. VI,
459, 19f.「けだし，あなた（ミカエル 3 世）はラテン語を野蛮なもの
とおっしゃるならば──それを解さないが故にそうおっしゃるのです
が──，あなたは，自らをローマ人の皇帝と呼びながら，ローマの言
葉をご存じないことがどれほど滑稽であるかを考えられるべきです。
……かくして，あなたは「ローマ人の皇帝」と称することを止められ
るべきです。あなたがその皇帝であるともおっしゃる蛮族こそが，あ
なた方の言葉に従っているのですから。」cf. Becker, p.201.

　182) 「おお，天よ，地よ，海よ！」o caelum! o terra! o mare!.
テレンティウス『兄弟』からの引用である。Terentius, Adelphi V.3.4.
v.790: o caelum, o terra, o maria Neptuni... 第 51 節注 194 を参照のこと。

48 承前：教皇ヨハネスの使節が貧相であること，　87

奴隷で田舎者だ。もし彼らを鞭打てば，名誉を汚すことに
なるのは，彼らではなく我々自身の方になるだろう。なぜ
なら，彼らは，黄金で鍍金されたローマの束桿[183]やこの
種の罰に値するほどの者たちではないからだ。ああ，この
者たちの中に一人だけでも司教か侯がいたならば！　その
者たちをまずは鞭で打ちのめし，髭と髪を引き抜いて，袋
に入れ，結わえて海の中に沈めたものを。しかして，ロー
マ人の至聖なる皇帝であられるニケフォロス陛下がかかる
侮辱をお知りになられるまで，この者たちを生かして厳し
い拘留のもと拷問させたものを。」

48　承前：教皇ヨハネスの使節が貧相であること，自身
が豪奢であること

　私がこのことを知ったとき，彼ら使節は哀れであるが
ゆえに幸運だったと思いました。私はといえば，贅沢な
身なりをしていたがゆえに不幸でした。故郷にいるとき
には，何かを欲しても貧困を口実とするのを常としていま
したが，コンスタンティノープルにいる間，私はクロイソ
ス[184]のように贅沢でした。これまで私には，貧困は苦痛

---

　183)　「黄金で鍍金されたローマの束桿」Romana scutica deaurata.
リウトプランドは，この刑罰道具を扱う役人を「ギリシア人」という
曖昧な呼称で代表させている。L・ブレイエは，この束桿と，ローマ
のリクトル（fasces と呼ばれる束桿を携えて執政官の先駆となり，犯
人の捕縛などに当たった官吏）の保有したそれとの関連を示唆する。
cf. Bréhier, Les institutions. p.134. ブレイエによれば，ビザンツ時代の
束桿を保持した役人は manglavites といい，彼らは皇帝の通路を確保
するための「マングラヴィオン」μαγκλάβιον なる束桿，ないし鞭を
もち，また，ローマ時代のリクトルの役目を部分的に継承していたと
いう。
　184)　「クロイソス」Croesus（ギリシア語表記 Κροῖσος）は，
リュディア王国最後の王（紀元前 595-547 頃，在位紀元前 560/1-547
頃）である。その莫大な富で知られ，ヘロドトス『歴史』1.51，パウ
サニアス『ギリシア案内記』10.13.5 は，デルフィにあったクロイソ

88 コンスタンティノープル使節記

に思えていましたが、いまや、甘受しうる、むしろ歓迎すべき軽い重荷に見えます。と申しますのも、貧しさにある者には死も鞭打ちも与えられないからです。コンスタンティノープルでは、貧しさだけがそのもとにある者を護るのです。故に、それだけが望まれるのです。

49 教皇使節の手紙がメソポタミアに滞在中のニケフォロスに送られた

かくして、教皇の使節は監獄に繋ぎ止められ、その異端の手紙[185]はメソポタミアにいるニケフォロスのもとに送られました。9月12日までは[186]、返事をもってそこか

スの奉納品について言及している。クセノフォン『キュロスの教育』7.1 にも記事が見られる。ギリシア語とペルシア語では「クロイソス」の名前は「富裕者」と同義語になった。現代ヨーロッパ諸語でも、クロイソスは大金持ちの代名詞となっている。リュディア王国は、世界史上、初めて通貨体系と貨幣制度を発明したとされるが、クロイソス王の事績と言われることが多い。リュディア王国はペルシア軍に敗れ滅亡したが、クロイソスがいつ亡くなったかは不明である。

185)「その異端の手紙」publicana illa epistola。publicana なる語は、パウロ派(別名パウリキアノイ派)を指すことばとして用いられたラテン語である。この語は、例えば Gesta Francorum (ed. Rosalind Hill, Oxford, 1972. p.20.) にも見られ、ビザンツの立場から「異端」の趣旨で用いられている。パウロ派は、アルメニアで発生し、当初「キリスト養子説」を取った一団だった。「キリスト養子説」とは、イエスが30歳時にバプテスマを受けたとき神の養子となったとする説であり、キリストの神性を否定した。当然ながら三位一体説を否定する。7世紀に帝国東方諸州に広まった頃には、マニ教的二元論を奉じていたようである。Garsoïan, Nina G., *The Paulician heresy: a study of the origin and development of Paulicianism in Armenia and the Eastern Provinces of the Byzantine empire*. The Hague, 1967. なお、8世紀初頭にパウロ派の一部が、トラキア地方に辺境守備隊として移住させられた。これが、ボコミール派になったとされる。

186)「9月12日までは」biduum Idus Septembris。9月の Idus は13日で、その日を含めて2日前ということ。ただし、カニシウスのテキストでは quintum とある。スコットは、II (biduum) が V (quintum)

ら戻る者はありませんでした。はたして返事は到着しましたが、それは私のもとには届けられませんでした。それから2日後の9月14日、私は、懇願し賄賂を握らせたおかげで、どうにか木製の十字架を礼拝することを許されました[187]。それは見る者に生命を与え、救いをもたらすものでした。そこで誰かが、たいへんな群衆のなか私に近寄ってきて、密やかな会話の中で私の陰鬱な気持ちを高めてくれましたが[188]、私の護衛たちはそのことに気付かずにおりました。

50　宮殿に召喚され、パトリキオス位の宦官クリストフォロスらと会談。ローマ教皇がニケフォロスを「ギリシア人の皇帝」と呼んだ件を論難される（9月17日）

　9月17日、私は生と死のあいだをさまよっていましたが、宮殿に呼ばれました。宦官でありながらパトリキオス位を帯びたクリストフォロスの面前に進むと[189]、彼は、他

──────────

に誤記された可能性を指摘しつつカニシウスに従うが、ここでは前後の脈絡からベッカー等にならう。

187）　9月14日は、「十字架挙栄祭」Exaltation の祝日である。この祝祭とは、本来、正教会と東方諸教会において祝われる祭の一つであった。正教会では12大祭の一つとなっている。亜使徒でもある大帝コンスタンティヌス1世の母エレナによって、イェルサレムでイエスが磔刑に処せられた聖十字架が発見されたことと、また聖十字架にまつわる諸事を記念する祭である。正教会、東方諸教会では9月27日（修正ユリウス暦使用教会では9月14日）に祝われるが、カトリック教会では「十字架称賛祭」として9月14日に祝われる。

188）　「誰かが、たいへんな群衆のなか私に近寄ってきて、密やかな会話の中で私の陰鬱な気持ちを高めてくれました」ubi tanto in tumultu populi clam quidam me adierunt, qui mentem meam lugubrem furtivis sermonibus hilarem reddiderunt. 祝祭の最中にリウトプランドに好意的であるか、ニケフォロスに反感を持つ人物が近寄り接触を持った、と読める。

189）　「宦官でありながらパトリキオス位を帯びたクリストフォロスの面前に進むと」ad Christophori patricii eunuchi praesentiam

90 コンスタンティノープル使節記

の3名とともに立ち上がりながら私を愛想よく迎え入れました。彼らとの会話は，次のように始まりました。「あなたの顔からなかなか消えない蒼白，身体全体に見られるやつれ[190]，長く伸びた髪，ぼさぼさの髭，そのどれもが，あなたの心中に潜む大きな悲しみを表している。なぜあなたが悲嘆に暮れているかといえば，ご主人のもとに帰る日が延期されているからだ。しかし，神聖なる皇帝陛下や我々に腹を立てないようにお願いしたい。なぜあなたの帰還の日程が遅れているかの理由を聞いてもらいたい。ローマの教皇は——仮に教皇と呼ぶとしてだが——，反逆者にして姦通者，瀆聖者であるアルベリクスの息子と結び彼に協力した人物であるが[191]，神聖なる我らが皇帝陛下に，陛下に相応しくない書簡を送ってきた[192]。それは，差出人にも相

---

venire. 第46節を参照。

190) 「あなたの顔からなかなか消えない蒼白，身体全体に見られるやつれ」pallor in ore sedens, macies in corpore toto. オヴィディウスからの引用である。Ovidius, Metamorphoses II. 775: pallor in ore sedet, macies in corpore toto.

191) 「ローマの教皇は，……反逆者にして姦通者，瀆聖者であるアルベリクスの息子と結び彼に協力した人物であるが」Papa Romanus... Alberici filio apostatae, adultero, sacrilego communicavit, comministravit. アルベリクスの息子であるオクタヴィアヌスは，父が帯びていたスポレートとローマの公位を継いだが，955年，18歳にしてローマ教皇ヨハネス12世となった。そしてその後963年に廃位され，964年5月に没している。ここで話題となっている書簡の送り主は，このオクタヴィアヌスことヨハネス12世ではなく，同13世（在位965-972年）である。ヨハネス13世は，ナルニ Narni 司教セルギウスであったときに（962-965年に在任），ヨハネス12世主宰のシュノドス（公会議）に参加していた。

192) 「神聖なる我らが皇帝陛下に，陛下に相応しくない書簡を送ってきた」litteras nostro sanctissimo imperatori se dignas illoque indignas misit. 校訂者ベッカーの示唆によれば，この文言はテレンティウス『ポルミオ』の表現を下敷きにしている。Terentius, Phormio II. 3. 29 (376): te indignas seque dignas contumelias...

応しからぬものだった。彼は，ニケフォロス陛下を「ロー
マ人の皇帝」とではなく「ギリシア人の皇帝」と呼んだの
だ。これは，疑う余地なく，あなたの主人の差し金による
ことだ[193]。」

51　承前：「ローマ」について議論

　「今聞いたことばは何だろう。」私は自問しました。「さ
あ困ったぞ！　間違いなく，私は直ちに法廷に連れて行
かれるだろう[194]。」彼らは言いました。「しかし聞いても

　193）「これは，疑う余地なく，あなたの主人の差し金によるこ
とだ」Quod tui domini consilio actum esse non est ἀμφίσβητον この
ギリシア語（疑うべき）は dubitandum と同意。教皇がドイツの影響
のもとにビザンツの利益と相容れない立場にあったことは事実のよ
うである。この点については，古いが Norden, W., *Das Papsttum und
Byzanz. Berlin*, 1903. p.14f. がある。
　194）「私は直ちに法廷に連れて行かれるだろう」quin in
praetorium recta proficiscar via. テレンティウス Publius Terentius Afer
の喜劇『アンドロス島の女』からの引用。Terentius (Publius Terentius
Afer: c.195/90-159 B.C.), Andria III. 4. 21 (600): quod causaest quin hinc
in pistrinum recta proficiscar via ?. ed. R.Kauer/ W.M.Lindsay. 2nd ed.
Oxford, 1959; ed. J.Marouzeau. Paris, 1942-49. コンスタンティノープ
ルにおいて「プラエトリウム」praetorium という語は，首都行政を
管轄した「長官」としてのプラエトル praetor，また「牢獄」とい
う2重の意味をもっていた。10世紀時点で，ビザンツの牢獄は，独
立した建物に置かれていたが，なおプラエトルと呼ばれていた。cf.
Guilland, *Topographie II.* p.36-37. リュトプランドは，テレンティウス
の6つの喜劇（『兄弟』Adelphoe,『アンドロス島の女』Andria,『宦
官』Eunuchus,『自虐者』Heauton Timorumenos,『義母』Hecyra,『ポ
ルミオ』Phormio）を了解しており，本節で正確に引用している。テ
レンティウスは，自然で読みやすいラテン語で著述をしたので，多く
の写本が残っている。クラウディア・ヴァッラは 800 年以降に筆写
された写本の数を 650 冊と見積もっている。Claudia Valla, Terentius
im Mittelalter und im Humanismus. *Lexikon des Mittelalters. Bd.8*, 1997.
p.549f. したがって，リュトプランドも比較的容易にこれらの喜劇作品
に接することができたのだろう。ともあれこの引用によって彼は，「長
官」と「監獄」を掛けて，事態を喜劇化しているのである。

92   コンスタンティノープル使節記

らいたい。教皇がこの上なく馬鹿な人間である，とあなた
が言おうとしていることは，我々も承知している。それは
我々も言いたいことだ。」しかし私は「そんなことを言っ
ていない」と言いました。「それでは聞いてもらいたい。
この愚かで大馬鹿者の教皇は[195]，神聖なるコンスタンティ
ヌス皇帝が，帝権を，元老院とローマの全軍団と共にこ
の地に移したことを承知していないのだ[196]。つまり，ロー
マには権威のない臣民，つまり漁師 piscatores，菓子屋
cupedinarios[197]，家禽屋 aucupes，非合法の者 nothos，下賤
の者 plebeios，奴隷 servos だけを残したことを分かってい
ないのだ[198]。教皇は，あなたの王の教唆によってでなけれ

---

195) 「この愚かで大馬鹿者の教皇は」papa fatuus, insulsus. テレ
ンティウス『宦官』からの引用。Terentius, Eunuchus V. 9.49 (1079):
fatuos est insulsu' tardu'. この教皇は，第 47 節注 179 で言及したヨハネ
ス 13 世（在位 965 年 10 月 1 日 -972 年 9 月 6 日）のことである。

196) 「神聖なるコンスタンティヌス皇帝が，帝権を，元老院と
ローマの全軍団と共にこの地に移し」Constantinum sanctum imperialia
sceptra huc transvexisse, senatum omnem cunctamque Romanam militiam.
本節で言及されるコンスタンティヌス帝の東方への遷都は，正しく言
えば，前帝ディオクレティアヌス（在位 284-305 年）による 4 分統治
Tetrarchia による東の正帝 Augustus の座所ニコメディア（現在のトル
コ共和国イズミット）の設定を挟んでのことである。325 年にコンス
タンティヌス帝は，統一的な帝都としてボスポロス海峡の南端にあっ
た古邑ビュザンティオンに「遷都」した。ここでリウトプランドは，
いわゆる「コンスタンティヌスの寄進状」Constitutum Constantini を
知らない。この偽作文書は，840 年頃ランス周辺で作成されたとされ
るが，100 年後のオットー 1 世の周辺また北イタリアの聖職者集団に
は，なお未知だったと推論しなければならない。なお，同種の記事は
『モヌメンタ・ゲルマーヌム』に見られる。MG. Poetae III, 555. また
「新ローマ」の名称は，Antapodosis, 11. でも言及されている。

197) 「ローマには漁師，菓子屋」Romae vero vilia mancipia,
piscatores scilicet, cupedinarios. テレンティウス『宦官』からの引用
である。Terentius, Eunuchus II. 2.25 (256): concurrunt laeti mi obviam
cuppedenarii... piscatores.

198) 同様の話題は，第 12 節でも言及されていた。なお，校訂

ば，これを書くことはなかっただろう。近い将来，彼らが正気に戻らなければ，これがいかに危険な行為であるか，明らかとなろう」と。

「しかし教皇は」と私は答えました。「教皇は自身の単純さをよく承知しておられ，これを書きながら，皇帝陛下を喜ばせているのであって侮辱しているのではないと考えたでしょう。ローマ皇帝であったコンスタンティヌスは，ローマの軍団と共にこの地にやってきました。そして自身の名を付けたこの街を建設されました。そのことを我々は承知しています。しかし，あなた方はことばと慣習と衣服を替えられた。そのために，教皇猊下は，ローマ人の名を，その衣服同様あなた方のお気に召さないものと判断されたのです。このことは，今後教皇猊下が，命ある限り書かれるであろう書簡のいずれからも明らかとなりましょう。それら書簡の冒頭で猊下はこう書き始められることでしょう。「ローマ教皇ヨハネスから，ローマ人の偉大にして尊厳なる皇帝陛下方ニケフォロス，コンスタンティノス，バシレイオス殿へ」と。」なぜ私がこのように申したか，お聞きいただきたく存じます。

52 ニケフォロスの皇帝就任の不正について，皇帝位がローマ教皇の配慮のもとにあるとの主張

ニケフォロスは，偽誓と密通によって支配の冠を手に入れました。そして，すべてのキリスト教徒の救いはローマ

者ベッカーは，リウトプランドの主著『報復の書』Antapodosis, I, 26. に見られる詩との関連を指摘する。『報復の書』の当該箇所には「ブリタニア生まれの母（ヘレナ）から生まれた息子（コンスタンティヌス）が，ローマにいた真なる息子たち（勇者）のすべてを，彼が建設した新都，東方に連れて行った」Indolis huius enim summos deduxit ad Argos, Protulit in lucem quem sancta Britannica mater との文言がある（訳文は F.A.Wright の解釈を含む英訳に基づいた）。

教皇の配慮のもとに留保されていますから，主なる教皇猊下はニケフォロスに書簡を送りました。この書簡は，墳墓のようなもので，外側はすべて白いものの中身は死人の骨で満たされているのでした[199]。その書簡で，教皇猊下は，ニケフォロスがその正当なる主人たちの頭越しに，偽誓と密通によっていかに冠を手に入れたかを厳しく非難されたのです。猊下はニケフォロスをシュノドゥスに招きました。そして，彼が来なければ，破門が待っているのです。手紙の書き出しが上のようでなかったとしても，それは彼のもとには届けられないでしょう。

53 和解についての議論，禁制品のこと

　さて，私の説明に戻ります。前述の高位者たちは，いま私が申し上げた手紙の書き出しについての約束を聞いていましたが，それに何の偽りもないと考えて，こう言いました。「ああ，司教殿よ，我々はあなたに感謝する。かかる大事に仲介者となりうるのは，あなたのような智恵ある方だけだからだ。あなただけが，いまやすべてのフランク人の中で我々の評価に値する人だ。しかし，あなたの助言によって彼らが現在の具合の悪い事態を正してくれるなら，彼らも我々の友人になるであろうに。そして，次回あなたが我々のもとに来られるときには，手ぶらで帰られることもないだろう[200]。」私は内心でこう言いました。「今度自

　199）「この書簡は，墳墓のようなもので，外側はすべて白いものの中身は死人の骨で一杯なのでした」epistolam sepulchris omnino similem, quae foris dealbata, intus plena sunt ossibus mortuorum.『マタイ伝』23-27 に「のろわれよ，偽善者の律法学士，ファリサイ人よ。あなたたち白く塗った墓のようだ。外はきれいでも内は死人の骨とさまざまな汚れに満ちている」とある。この「白い墳墓」を踏まえた一文と想定される。

　200）「次回あなたが我々のもとに来られるときには，手ぶらで帰られることもないだろう」tuque iterum ad nos cum veneris, non

53 和解についての議論，禁制品のこと　　95

分の意思でここに戻ってくる日には，ニケフォロスは，私に黄金の冠と笏をくれるだろう」と。

「しかし言ってもらいたい」と彼らは言いました。「あなたの至聖なる主人は，皇帝陛下と婚姻による同盟を結ぶことを望んでいるだろうか？」私は答えました。「私がここに来た時点では，我が主人はそれを望んでおられました。しかし私がここにいるあいだ，主人は私からの書状を一通も受け取りませんでした。かくして，あなた方が「スファルマ」つまり妨害をし[201]，私が捕らえられている，と考えているでしょう。あの方の精神は，ライオンの母親が我が子を取り上げられたときのように全くもって熱く燃えたぎっています[202]。その燃え立ったお気持ちは，苛烈を込めた復讐を行い，婚姻同盟を破棄し，あなた方に対する怒りを晴らすまでは，収まらないでしょう。」

「彼がそうし始めたならば」と彼らは応えました。「イタリアだけでなく，彼が生まれた土地，貧相で獣の皮を身に

---

indonatus abibis. ウェルギリウスからの引用。Virgilius, Aeneid V. 305: nemo... non donatus abibit.（わが賜るもの受けないで，ここを去ることはないであろう）

201）「あなた方が「スファルマ」つまり妨害をし」σφάλμα, id est vitium, a vobis. この文脈におけるこの語は，ローマ宗教用語に見られる vitium と同義と考えられる。Scott, p.87. この用語は，儀式や犠牲奉納が正しく進行するのを妨げる「躓きの石」のことである。

202）「あの方の精神は，ライオンの母親が我が子を取り上げられたときのように全くもって熱く燃えたぎっています」aestuatque animus eius totus, ut leanae catulis raptis. 聖書中の文言2か所が引用されている。『サムエル記下』17-8：veluti si ursa, raptis catulis, in saltu saeviat.（子を奪われた野の雌ぐまや，怒り狂っている野のいのししのように彼らは激怒しています），『ホセア書』13-7/8：Et ego ero eis quasi leaena... Occurram eis quasi ursa, raptis datulis.（そこで，私は，彼らに向かって，ししのようになり，道ばたの，ひょうのように待ち伏せよう。子をとられた雌ぐまのように，私は，彼らに襲いかかり，その心の皮を引き裂き，犬にその肉を食わせ，野の獣にかみ裂かせよう）。

96   コンスタンティノープル使節記

まとった住民のいるサクソニア²⁰³⁾もまた，彼にとって安
全な場所にはならないと言おう。我々は，すべての富を
もって，すべての種族 omnes natioes を彼にけしかけ，彼
を，陶器のように²⁰⁴⁾，つまり一度壊れたら回復不能な土製
の壺のように粉砕してくれようぞ。

　さてそして，あなたは彼を着飾らせようと生地を何枚か
買い求めたことと思うから²⁰⁵⁾，それらをいまここで我々の

---

　203)　「貧相で獣の皮を身にまとった住民のいるサクソニア」
pauper et gunnata, id est pellicea, Saxonia。gunna (pl. gunnata) は，中世
ギリシア語の gouna「皮，皮のまといもの」のラテン語転記である。
ビザンツ人は外国君主，大使を侮蔑的に gounara と呼ぶことがあった
ようである。cf. Zampelios, N.348.

　204)　「陶器のように」quasi keramicum。『エレミア書』19-11 か
らの引用とされる。同書にはこうある「万軍の主は言われる。つぼ
つくりのつぼが，ふたたびつぎ合わせられないほど割れてしまうよう
に，私は，この民とこの町を砕く。そうなると，トフェトでさえも，
人が葬られることになる，葬りの場所がなくなるからである」。なお，
keramicum は，ギリシア語 κεραμιχός のラテン語転記である。

　205)　「彼を着飾らせようと外套を何枚か買い求めたことと思う
から」quoniam te in decorem suum quaedam pallia emisse putamus. コ
ンスタンティノープルにおける絹織物業に関する古典的研究は，い
まなお Lopez, R.S., The Silk Industry in the Byzantine Empire. *Speculum*
20 (1945) p.1-46. である。また，近業として Kaplan, Michel, Du cocon
au vêtement de soie: concurrence et concentration dans l'artisanat de la
soie à Constantinople aux Xe-XIe siècles, *EUPSYCHIA, Mélanges offerts
à Ahrweiler*, Paris 1998 (Byzantina Sorbonensia 16), p.313-327. がある。
この帝都での絹 metaxa の生産と輸出は，首都長官 praefectus urbi の
管轄下にあって，国家によって厳密に統制されていた。最高級品は，
国家の直接の監督下に置かれたギルド団体によって製造されていた。
それは，皇帝の使用に供されるものだったが，時に皇帝からその友人，
高官，外国の君主などに贈与された。それ以外の，等級の落ちる品物
は，首都長官の間接的監督下にあって独立の活動をした製造業者によ
り製造，販売されていた。それらは，コンスタンティノープルに居住
する一般市民も購入することができた。これら等級の低い絹製品でも，
外国人が購入し輸出できる量は，厳密に規制されていた。それは，国
境を越える前に，首都長官配下の官吏たちによって検品されてはじめ

面前に出すよう命ずる。あなたが持ち帰るに適当なものについては，鉛の印章を付してそれに徴し付けよう。それらについては持ち帰ってもよろしい。しかし，禁制品 κωλυόμενα については，我々ローマ人以外のいかなる種族にもその保持は禁じられている[206]。したがって，それについては代金を償還の上没収することとする。」

54 禁制品（紫色の生地）を没収される

この検品は行われました。そして，もっとも高価な紫色の生地5枚が取り上げられました。彼らは，陛下方ばかりでなく，あらゆるイタリア人，サクソン人，フランク人，バヴァリア人，シュワーベン人，いやすべての種族 nationes がそのような衣服を身に纏うことを相応しからずと判断したのでした。嘘吐き，宦官，臆病者であり，長い袖と女性の頭飾りを身に付け女のように軟弱な者たち[207]

て，持ち出しが許可された。本節で述べられるリウトプランドの経験も，この通常の検閲の枠内にあったと考えられる。cf. Schlumberger, *Sigillographie de l'empire byzantin.* Paris, 1884. p.11. リウトプランドの説明からは，ニケフォロス・フォーカスが，外国人には禁じられていた通常等級の絹製品の購入と国外持ち出しを，リウトプランドに許可し，また，リウトプランドが，通常皇帝よりの贈与によってのみしか手に入らない高級品＝「禁制品」をなぜか入手していたことになる。このランクの製品は，通常の外交状態にあれば，ニケフォロスからオットーに贈られたはずのものである。

206) 「しかし，禁制品 κωλυόμενα については，我々ローマ人以外のいかなる種族にもその保持は禁じられている」κωλυόμενα (koluomena)。この受動態現在分詞は，受動態過去完了形 κεκολυόμενα (kekoluomena) の代用である。ビザンツの輸出管理については，Heyd, *Geschichte des Levantehandels im Mittelalter* I, p.63f; Vogt, A., *Basile I*, p.388. でも言及されているが，いずれもリウトプランドの当該記事（緋色の絹）の紹介である。

207) 「長い袖と女性の頭飾りを身に付け女のように軟弱な者たち」molles, effoeminatos, manicatos, tiaratos, teristratos. 第37節，第40節を参照。

が，かかる紫色の衣服を身につけることができ，戦いに長
けた勇敢な英雄たち，高潔で敬虔さに満ち溢れ，神に献身
し，あらゆる徳に溢れた者たちが，それを身に付けるべき
でないとは，なんと不当で無礼なことでしょう。これが侮
辱でないとしたら，いったい何でしょうか[208]。

「しかし」と私は尋ねました。「しかし，皇帝の言葉はど
こにあるのですか？ 皇帝の約束はどうしてしまったので
しょう？ あの方にお別れを申し上げたとき，私が教会を
飾るためどれほどの額の生地を買い求めることを許して下
さるか尋ねました[209]。そのとき皇帝はおっしゃられた。「あ
なたの望むだけ買われたらよい」と。陛下は，$\pi οιότητα$
$καὶ ποσότητα$ つまり品質と量の区別はされましたが，
「あれやこれを除外する」などと言って何らかの区別をさ
れることはありませんでした。皇帝陛下の弟君，コロパラ
テスのレオン殿[210]がこの場面の証人です。通詞のエヴォ
ディシウス，ヨハネス，ロマヌスもまた証人です[211]。私自

---

208) 「これが侮辱でないとしたら，いったい何でしょうか」
quid est, si non haec contumelia est。テレンティウスからの引用である。
Terentius, Andria 1.5.2 (237): Quid est, si haec non contumeliast ?
209) 「私が教会を飾るためどれほどの額の生地を買い求める
ことを許して下さるか尋ねました」rogavi, ut in ecclesiae honorem
quantivis pretii me permitteret pallia emere. ビザンツにおける布地（絹）
の専売については，すでに6世紀のプロコピオスの証言がある。
Prokopius, Anecdota（『秘史』Secret History）XXV, 13-25. Loeb Library,
Vol.6, p.296-301.
210) 「コロパラテスのレオン殿」Leon coropalates. 第2節注11
を参照。
211) 「通詞のエヴォディシウス，ヨハネス，ロマヌスもまた証
人です」testis est et interpres Eudisius, Iohannes, Romanus. 当時のビザ
ンツ帝国の外交関係全般を取り仕切ったのは，ロゴテテース・トゥー・
ドゥロムー Lotgothetes tou dromou と呼ばれる官職者だった。その配
下に通訳集団がいた。cf. Guilland, Les Logothètes. *Revue des Etudes
byzantines* 29 (1971) p.37. 第2節注11を参照。

身もまた証人です。なぜなら，皇帝陛下が言われたことを，私は通詞が臨席していなくとも理解したからです。

「しかしそれらは禁制品 κωλυόμενα，禁じられている」と彼らは言いました。「皇帝陛下が，あなたが主張するようにそうおっしゃったとしても，少なくとも陛下は，あなたが夢見がちに想像したほどには考えておられなかったのだ。けだし，我々は，富と智恵の点で他の種族よりも秀でているのだから，服装においてもそうでなければならないからだ。諸々の徳によって抜きん出ている我々は，衣服の美しさにおいても卓越しているべきなのだ。」

55　没収された紫色の生地について

私は申しました。「この衣服は卓越しているとは言いがたいものです。なぜなら，私の国では，娼婦 obolariae mulieres [212] と居候たち mandrogerontes [213] がそれを着てい

---

212)　「娼婦」obolariae mulieres. 字義通りには「1 オボルスの女たち」という意味である。obolus は，古代ギリシアにおける貨幣単位で，1 ドラクマの 6 分の 1 に相当した。F・ケーラーは，8 世紀のランゴバルド人著述家パウロス・ディアコノス（720 頃 -799 年）による以下の記述を指摘する。Köhler, p.70. Paulus Diaconus, Festus. ed. W.M.Lindsay, Leipzig, Teubner, 1913, p.65: Diobolares meretrices dicuntur, quae duobus obolis ducuntur.

213)　「居候たち」mandrogerontes. 4 世紀末にラテン語で書かれた喜劇作品『クェロルス』Querolus に見られる居候マンドロゲルス Mandrogerus のこと。ここでは複数形で使われている。『クェロルス』は，400 年頃にガリア地方で書かれたとされる。字義的には「不平不満者」の意。作者不詳のこの作品は，古代末期にラテン語で書かれた喜劇で唯一伝来しているものであり，ラテン語喜劇としては，古典期まで含めてプラウトゥスおよびテレンティウス以外で唯一確認される作品である。Cf. ed. G.Randstrand. *Querolus sive Aulularia, Incerti Auctoris Comoedia una cum Indice Verborum*. Göteborg, 1951; English transl. by Duckworth, G.E. *The Complete Roman Drama* (New York: Random House) 1952, vol. II p. 891-952; German transl. By W.Emrich, 1965. プラウトゥスの『アウルラリア』Aulularia を手本としていると

るからです。」「どこからあなた方はそれを手に入れている
のか」と彼らは聞いてきました。私は答えました。「ヴェ
ネツィアとアマルフィの商人たちからです[214]。彼らはそれ
を我々の国にもってきて、我々が与える食糧を糧としてい
るのです。」彼らは言いました。「これ以後は彼らはそうい
うことをしないだろう。徹底的に調査のうえ、かかる活動
が発見されれば、関係者は罰せられて鞭打ちと剃髪をされ
るだろうから[215]。」

　私は答えました。「幸福なる追憶の中のコンスタンティ
ノス帝（7世ポリフュロゲニトス）の御代に、私はここに
やってきました。そのときには私は司教ではなく助祭でし
た。そして、皇帝や王によって派遣されたのではなく、侯
であるベレンガリウス殿によって派遣されたのでした[216]。

見られるが、上演された痕跡はない。リウトプランドは、この喜劇中
の登場人物をもって「不誠実でずる賢い下役」を言い表している。

　214)　「ヴェネツィアとアマルフィの商人たちからです」A
Veneticis et Amelfitanis institoribus. Heyd, p.112. 123f. A.Schulte,
*Geschichte des mittelalterlichen Handels und Verkehrs zwischen
Westdeutschland und Italien* 1. p.75f. L.M.Hartmann, Die wirtschaftlichen
Anfänge Venedigs, *Vierteljahrschrift für Sozial- und Wirtschaftsgeschichte*
2 (1904) p.440. Hartmann, *Zur Wirtschaftsgeschichte Italiens im frühen
Mittelalter.* Gotha, 1904. p.78. Gay, p.582p. Romano, p.601f.

　215)　「関係者は罰せられて鞭打ちと剃髪をされるだろう」
verberibus caesus, crine tonsus poenas dabit.「鞭打ち」verber と「剃髪」
tonsus は、絹輸出に関する法を犯した際の罰則だったようである。cf.
Lopez, p.28.

　216)　「侯であるベレンガリウス殿によって派遣されたのでした」
a Berengario marchione missus. リウトプランドがイヴリア侯ベレンガ
リウス 2 世 Berengarius II, Eporegiae (= Ivriae) civitatis marchio（966
年没）の使節として赴いたのは、949 年 8 月 17 日 -950 年 3 月のこと
だった。このとき彼は、皇帝コンスタンティノス 7 世ポルフィロゲニ
トス（在位 913-959 年）の知遇を得て歓待を受けてた。「世界」情勢
や有職故実に関心の深かった同帝のために、リウトプランドはイタリ
ア情勢について情報を提供さえしている。コンスタンティノス 7 世編

55 没収された紫色の生地について 101

私は，はるかに多くのローブを買い求め，それははるかに
高い品質のものでした。これらはあなた方ギリシア人から
検査も受けなければ見向きもされず，印章を付されること
もありませんでした。ところが，今や私は，神の思し召し
により司教で，傑出した皇帝であらせられるオットー父子
両陛下からの使者であるのに，まるでヴェネツィア人のそ
れのように衣服に印を付けられ，私が一任されている教会
の使用のために持ちだそうとしている段になって，価値あ
ると見られるものはどれも取り上げられるという辱めを受
けているのです。あなた方はいい加減，私，と言うより私
を通して私のご主人方を侮辱することに飽きないのです
か。私を監禁し，飢えと渇きで苦しめ，これまで拘留して
主人方のところに戻らせないことに加えて，さらに私の所
有物を奪って，私の主人方を侮辱しようというのですか。
よろしい，私が買ったものを奪われるがよい。だたし，友
人たちから贈られたものは，私の手許に残していただきた
い。」

「コンスタンティノス帝は」と彼らは言いました。「コ
ンスタンティノス帝は穏やかな方で，いつも宮殿にい
て，その類の贈り物を与えては外国からの友好を得て
いたのだ[217]。しかし，ニケフォロス陛下は「やり手」

纂の『帝国の統治について』第 26 章，第 27 章のイタリア情勢に関す
る記述は，このときリウトプランドが提供した情報を多く含んでいる
と考えられる。Constantine Porphyrogenitus, *De Administrando Imperio.
Vol. I: Text.* Revised Ed. by Gy.Moravcsik, tr. R.J.H.Jenkins. Washington,
D.C., 1967. p.108-119. 他方，リウトプランドは，この訪問について
『報復の書』第 6 巻で記している。Antapodosis, VI, 3f.
　217)　「コンスタンティノス帝は穏やかな方で，いつも宮殿に
いて，その類の贈り物を与えては外国からの友好を得ていたのだ」
Constantinus imperator, homo lenis, in palatio manens perpetuo huiusmodi
rebus amicas sibi nationes effecerat. 大きな成功を収めることはでき
なかったものの，コンスタンティノス 7 世もまた，10 世紀の諸皇

帝同様アラブ人との戦いに配慮した。cf. Ostrogorsky, p.282-3; Henri Grégoire, *Cambridge Medieval History* IV. i, 1966. p.143. 実 際 に は、フォーカス家などの有力門閥の助力のもとに軍事遠征を行っていた。949年のクレタへの遠征は司令官コンスタンティノス・ゴンギュラス Constantinos Gongylas の拙劣のために失敗に終わったが、ヨハネス・クルクアス Johannes Curcuas 麾下の軍団は949年にゲルマニキア Germanikeia を占領、952年にはユーフラテス川を越えた。その後、サイーフ・アル・ダウラ Sayf Al-Dawla に敗退しているが、ニケフォロス・フォーカス麾下の軍団が、954年から957年にハダット Hadat を占領し、958年にはヨハネス・ツィミスケスがサモサタ Samosata を占領している。コンスタンティノス7世期は、また活発な外交活動によっても特徴付けられる。957年秋には、キリスト教の洗礼を受けたばかりのキエフ公妃オルガ Olga がコンスタンティノープルを訪れた（このときの模様は De cerimoniis, p.594f. に詳しく記されている）。しかし、オルガの来訪にもかかわらず、コンスタンティノープルとルーシとの強い同盟関係が結ばれたのは約30年後であった（988年春のヴァランギ隊の派遣、キエフ公ウラジミールの受洗、バシレイオス2世の妹アンナの降嫁）。他方、コンスタンティノスは、知識の体系化に多大な貢献をし、いわゆるマケドニア朝ルネサンスを推進した。自ら、幾多の百科全書的な編纂事業を行った。『エクスケルプタ』Excerpta de legationibus (ed. C. De Boor, 2 parts. Berlin, 1903.) や『ゲオポニカ』Geoponika, περὶ γεωργίας ἐκλογαι(ed. H.Beckh. Leipzig, 1895; with corr. and add. Eu.Fehrle, Richtulinien zur Textgestaltung der griechischen Geoponica. Heidelberg, 1920; Russ.tr. E.Lipsic. Moscow, 1960.) はその成果である。また、帝国の統治システムや外国との関係に関する幾つかの書物の執筆にも携わった。『帝国の統治について』De Administrando Imperio、『テマについて』De Thematibus、『儀式について』De Ceremoniis が代表作である。これらはコンスタンティノス自身も筆を執ったとされ、その名のもとに伝来している。コンスタンティノスは、ほかに多くの演説や書簡、儀礼的詩編を残した。一連の著述物によってコンスタンティノスは、いわゆるマケドニア朝ルネサンスの指導者であった。その評価は、彼の編纂による『続テオファネス記』の「序文」prooimion にもとづいている (Theophanus Continuatus, 3.15- 4.1)。そこでは、皇帝は、時の経過とともに失われてしまっていたものに、「新しい生命」palinzoia と「再生」palingenesia をもたらした、と述べられている。同書は、コンスタンティノスの「正確な」描画と、石工、大工、金銀の細工師など

ταχύχειρ[218]，つまり戦いに身を捧げた人なのだ。陛下は，
伝染病がお嫌いなのと同じく宮殿がお嫌いなのであり，陛
下について我々は，本当に闘争と議論がお好きな方なのだ
と申し上げよう。陛下は，金銭で他の民族を味方に付ける
ようなことはせず，恐怖と剣とによって彼らをご自身の意
志に従わせるのである。あなたの主人である王たちを我々
がどれほど高く見ているか，それをあなたに分かってもら
うために，あなたがもっているこの色の品物はすべて，そ
れが買われたにしろ贈られたにしろ，同じルートによって
我々のもとに戻されなければならないのだ」と。

56 手交された黄金印璽付きの皇帝文書を嘲笑する

　こう言って没収が行われると，彼らは私に黄金印璽付き
の皇帝文書 χρυσοβούλιον を与えました[219]。それは，黄金

───────────────

の「批判者」としての役割を述べており（450.12-20），多くの作品が
彼の手になるものとされている（447.1-450.11）。リウトプランドもま
た，『報復の書』第3巻の中で，コンスタンティノスが zografia つま
り画家として活動したことを伝えている（Antapodosis 3.37）。コンス
タンティノス7世に関説する記事としては，Theopanes Continnuatus
De Const. Porph. c.16, p.448, c.54, p.468; Leon Diaconus, Historia. V, 8.
p.89; Georgios. Hamartolos, VI, 2. p.860. 等がある。また同帝に関する
古典的研究として，Toynbee, Arnold, *Constantine Porphyrogenitus and
his World*. Oxford, 1973. A.Rambaud, *L'empire grec au dixième siècle,
Constantin Porphyrogénète*. Paris, 1879. rp. New York, 1963. P.Lemerle,
Humanism, p.309-346. がある。

　218）「やり手」ταχύχειρ。行動が速い，という意。ただしコー
ダーは，リウトプランドが「冷酷な，圧制的」を意味する παχύχειρ
を聞き間違えた可能性があると指摘する。Koder, *Liudprand von
Cremona*. p.80.

　219）「黄金印璽付きの皇帝文書」χρυσοβούλιον。chrysoboulion
のことである。ビザンツの chrysoboullos logos は，通常，種々の特権
や贈与物を与える際に発給された皇帝文書であるが，外国の支配者
との通信手段としても使われた。その名は，皇帝に専有される黄金製
の印璽による印章を付されたことに由来する。書状の外形線には金

の文字で書かれ黄金の印璽で封印されていましたが，この書状も陛下の御威光にははるかに及ばないと思います。とまれ，彼らはそれを陛下のもとにもっていかせようとしたのです。彼らはまた，もう一通，銀の印璽で封印された書状[220]をもってきました。彼らはこう言ったものです。「我々は，あなた方の教皇が皇帝陛下の書状を受け取ることを不適切と判断した。その代わりに，皇帝陛下の弟君，クーロパラテス殿が，彼に，彼のみすぼらしい使者の手によってではなく，あなたを通じて彼に相応しい書状を送られる。この書状は，もし彼が正気に戻ることがなければ，完全に身の破滅を見る，という趣旨のものである」と。

57　ニケフォロスへの遺恨を机に刻む

　私が手紙を受け取ると，彼らは私にさよならを言いながら，何度も何度も甘い親愛のキスを浴びせて私を帰路に着かせました。私が出発しようとしますと，彼らは，私には似つかわしくない，しかし彼らにはまったく似つかわしい使いを寄こしました。彼らは，私と私の従者に馬をあて

が用いられ，羊皮紙は赤紫色に染色されていた。支配者が臣下に宛てる書状の形式には，「創造主がこの世の全体に与え給うている調和ある運動」（『儀式について』序文）を地上において実現する役目を負う皇帝と，あるべき「帝国」秩序に関する政治神学的世界観が投影されていると考えられる。クリュソブーロスの外形的，内容的概要については，Dölger, Franz, *Byzanz und die europäische Staatenwelt*. Ettal, 1953. p.15. id., *Byzantinische Diplomatik*. Ettal, 1956. また F.Dölger/Karayannopoulos, Byzantinische Urkundenlehre. München, 1968. p.117-125. を参照。

　　220）「もう1通，銀の印璽で封印された書状」alias litteras argento signatas. 同種の書状としては，12世紀半ば以降にビザンツ皇帝が教皇に宛てた書簡が若干数残存する。cf. Dölger und Karayannopoulos, *Byzantinische Urkundenlehre*. p.90. それらの中には，現状では印璽の状態が確定できないものの，かつて黄金印璽を付されていたと推測されるものも含まれる。

がったのです。しかし、荷物には馬はあてがわれませんでした。かくして、私は、実に不快に思いながら――それは当然のことでしょう――、ディアソステスつまり私の案内人に[221]、金貨50枚にも相当する品物を与えたのでした。そのとき、ニケフォロスの悪行に対する仕返しとして、以下の詩を、忌むべき館の壁と木製のテーブルの上に書き記したのでした。私にはそうするよりほかなかったのです。

　　アルゴス人[222]はまったく信用ならない。ラテンの人々
　　　　よ、彼らに近づくな。
　　注意されよ。彼らのことばに耳を貸されるな。肝に銘じ
　　　　られよ！
　　相手を打ち負かせるとあれば、アルゴス人は如何に神聖
　　　　に仲間への誓いを破ることか！
　　とりどりの大理石で出来た、巨大な窓をもつこの堂々と
　　　　した館、
　　水の通っていない、収監者だけにしか開かれていない
　　　　館、
　　冬の寒さを抱き込み、夏の激しい暑さを払うことのない
　　　　この館の中で、
　　都市クレモナの司教である私リウドプランドは、イタリ
　　　　アから[223]

　　221）「ディアソステスつまり私の案内人に」διασώστης, id est ductori meo. この案内人 diasostes は、第65節にも登場し、ミカエルという名だった。
　　222）「アルゴス人」Argoli.「古代」においてギリシア人を表したギリシア語。なお、不平不満に満ちたこの六歩格詩は、多分にウェルギリウスの影響を受けている。以下、ベッカー、スコット等の指摘により関連箇所を挙げる。
　　223）「イタリアから」ab Ausonia. アウソニア Ausonia とは、イタリアの古名である。南部イタリア（マグナ・グラエキア）のアウソネス人 (Ausones) が暮らしていた地域を、古代のギリシア人が指して

106   コンスタンティノープル使節記

平和を求める気持ちに導かれhere ここコンスタンティノープ
    ルにやってきて,

夏の4か月間というもの監禁されていた。

それというのも,皇帝オットー陛下がバーリの城壁をは
    がし[224],

火と殺戮によってその地を従わせようとされていたから
    だ。

陛下は勝利しておられたが,私の懇願に動かされてロー
    マの諸都市に引き戻られた[225]。

うそつきギリシアは,彼に義理の娘(嫁)を与えると約
    束した[226]。

彼女が生まれていなかったなら,私がここに来る苦痛を
    舐めはしなかったろうし,

ニケフォロスよ,汝の狂気を測り知ることはできなかっ
    ただろう。

汝は,自分のまま娘を私の主人の息子と結婚させること

言ったことに由来する。それは,現在のレッジョ・カラブリア県とカ
タンザーロ県付近(カラーブリア州南部)に当たる。南部カラーブリ
ア一帯を指して呼ぶこともあるが,イタリア全土を指す雅称としても
用いられる。

224)「皇帝オットー」。ここでは,Induperator enim Bareas
conscenderat Otto, と表現されている。この Induperator なる用語は,
Juvenalis IV, 29. X, 138. また Gesta Berengarii I, 8. にも見られる。

225)「陛下は勝利しかけておられたが,私の懇願に動かされて
そこからローマの諸都市へと引き返されていた」sed precibus remeat
Romanas victor ad urbes. Vergirius, Aeneas II, 95: remessaem victor ad
Argos.

226)「うそつきギリシアは,彼に義理の娘(嫁)を与えると約
束した」Inde meis. Nurum promisit Graecia mendax. ユウェナーリス
を下敷きにしている。Juvenalis X, 174: Graecia mendax. また,Rather
の翻訳を参照。S.Metronis 2. Opera ed. Ballerini. p.304. Migne, Patr.
Lat.136, 454: mendax... Graecia.

を阻止している[227]。

　さあ見たことか！　すさまじい狂気に突き動かされて，
ゼウス神が阻止しない限り，軍神マルスが荒々しく地の
果てまで暴れ回るだろう[228]。

　汝の罪ゆえに，すべての者が望む平和は息をひそめるこ
とだろう！

58　イタリアへの帰還の旅路，ナウパクトゥスに到着

　この詩編を書きおわり，10月2日の10時に[229]，私は，
かつて豊かで繁栄していたものの，いまや飢えに打ちひし
がれ，偽りと欺瞞に満ち溢れ，狡猾で強欲で利己心が強
く，吝嗇で虚栄心に満ちたこの町をあとにしました。私
は，案内人とともに船に乗り，49日間，ロバの背に揺ら
れ，歩き，馬に乗り，飢えと乾きに苦しみ，嘆息し，涙
を流し，慟哭した末に，ニコポリスの町ナウパクトゥス
に到着しました[230]。この町で，私の案内人は私を見放し，

　227）「汝は，自分のまま娘を私の主人の息子と結婚させること
を阻止している」privignam prohibes qui nato iungere herili. ここでは，
ニケフォロス・フォーカスが後見人をつとめるバシレイオス（のちの
皇帝同2世），コンスタンティノス（のちの皇帝同8世）兄弟の妹が，
オットー2世の花嫁候補として挙がっていたことが示唆されている。
第15節中の文言「ポルフュロゲニートスの娘であるポルフュロゲニー
タ，つまり緋室生まれの皇帝の，緋室生まれの娘」を参照。
　228）「ゼウス神が阻止しない限り，軍神マルスが荒々しく地の
果てまで暴れ回るだろう」Ni Deus avertat, toto Mars saeviet orbe. ウェ
ルギリウスからの引用である。Virgilius, Georgics I. 511: saevit toto
Mars impius orbe.
　229）「10月2日の10時に」sexto Nonas Octobris hora decima.
現在の時間感覚では，同日の午後4時頃である。ビザンツにおける時
刻計算法については，第2節注10を参照。
　230）「ニコポリスの町ナウパクトゥスに到着しました」
Naupactum veni, quae est Nicopoleos civitas. 到着日は，10月2日から
49日後，つまり11月10日である。ナウパクトゥスは，コリント湾
を挟んでパトラスとほぼ反対側にある北岸の町で，現在の Navpaktos

我々を2隻の小船に乗せると，2名の伝令吏の手に委ねました[231]。この2名の伝令吏は，私を海を越えヒュドゥルントゥムまで連れていきました[232]。しかし，彼らが持参していたエントリナ，つまり命令書は[233]，彼らに土地のギリシア人有力者からの徴発権限を与えるものではなかったので，至る所で拒絶されました。結局のところ，我々が彼らから食糧などをあてがわれるのではなく，我々が彼らを扶持することになったのです。テレンティウスのあの一節を，私が何度憤りながら思い出したことでしょう。「汝が我らの守護者として寄こした者たちこそが保護を必要としている[234]。」

である。また，ニコポリスはエピロス地方プレヴェザ近郊にあった町の名でもあるが，ここでは同名のテマを指すと考えられる（なお，ニコポリスは，その名「勝利の町」が示すように，アクティウムの海戦での勝利を記念するためにアウグストゥスにより建設された町だった。10世紀，この町は同名テマの中心都市であった）。ナウパクトゥスは，テマ・ニコポリスの南端に位置していた（地図参照）。cf. Constantino Porfirogenito, *De Thematibus*. ed. A.Pertusi. Studi e Testi 160. Rome, 1952. 巻末地図。Oikonomides, *Les Listes de préséance byzantines des IXe et Xe siècles*. Paris, 1972.

231) 「我々を2隻の小船に乗せると，2名の伝令吏の手に委ねました」duabus parvis impositum navibus duobus me mandatoribus. 2隻の小船に乗せられたのは me で示されるリウトプランドだけでなく，当然その一行である。mandatores とは，外国人の監督一般，また外国活動を任務とする国家官吏で，ロゴテテース・テース・ドゥロムーに責任を負った役人であった。D.A.Miller, The Logothete of the Drome. *Byzantion* 36 (1966) p.447.

232) 「この2名の伝令吏は，私を海を越えヒュドゥルントゥムまで連れていきました」qui Hydruntem me per mare conucerent. ヒュドゥルントゥムは，現在のイタリア半島南部アプーリア地方のオトラントのこと。半島の踵の先に位置するこの町は，ギリシアにもっとも近いイタリア沿岸都市である。

233) 「エントリナ，つまり命令書」entolina, id est praeceptum. 第26節注107を参照。

234) 「汝が我らの守護者として寄こした者こそが保護を

59 ナウパクトゥス出発, オフィダリス川到着, パトラス遠望 (11月23日)

　我々は, 11月23日, ナウパクトゥスをあとにしました。そして2日後に, オフィダリス川に到着しました[235]。この間, 私の従者たちはずっと船に同乗せず, 沿岸を歩いておりました。というのも, 船が彼らを収容しきれなかったからです。オフィダリス川の岸からは, 海の対岸の, 18ミリアの距離にあるパトラスが望めました[236]。この受難の地には[237], 私たちはコンスタンティノープルに向かう途上

必要としている」Tutore opus est, quos defensore paras. テレンティウス『宦官』からの引用である。Terentius, Eunuchus IV. 6. 32 (770): huic ipsist opus patrono, quem defensorem paro.

　235)　「2日後に, オフィダリス川に到着しました」biduo ad Offidarim fluvium usque perveni. コリント湾にそそぎ込むこの川は, 今日エヴィノス川 Evinos の別名をもつ, フィドゥハリス川 Fidharis である。

　236)　「海の対岸の, 18ミリアの距離にあるパトラスが望めました」Patras alio maris in litore decem et octo miliaribus distare prospeximus. 距離単位としての milia (単数形 milion) は, 元来ローマ社会における 1000 passus (or stathmos, semeion) の距離に相当した。ビザンツ期の1ミリオンは, 7スタディアから7.5スタディア, すなわち約1,312-1,404メートルであった。Schilbach, Metrologie, p.32-36. つまり, この場合, パトラスまでの距離は23.60-25.27キロメートルだったことになる。スコットは, 対岸のパトラスまでがこの距離となる場所まで, ナウパクトゥスから2日間で来られたかどうか疑問であるとする。Scott, p.92.

　237)　「この受難の地には」Quem apostolicae passionis locum. 伝承によれば, パトラスは, 聖ペテロの兄弟である聖アンドレア (アンドレアス) 殉教の故地である。アンドレアは, カッパドキア, ガラティア, ビテュニア, トラキア, スキュティア (現在のルーマニアに相当) を宣教ののち, 南下して再びトラキアを経て, マケドニア, テッサリア, アカイアに至ったと考えられている。1世紀の末, このアカイア地方のパトラスで捕らえられ, X型の十字 (この型の十字をアンドレア十字と呼ぶのはこれ以後のことである) に磔になり殉教した。Eusebius, Hist. Eccles. III, 1. 【磔刑に処せられたアンドレアの頭部は, パトラスに残され, 遺体は南イタリアのアマルフィに移されたと

110   コンスタンティノープル使節記

で訪れ参拝しましたが，今回は——過ちを告白します！
——そこへの訪問と参拝を控えました。尊厳なるご主人方
よ，そうしましたのは，ひとえに陛下方の許に戻ること，
陛下方のお目に掛かることへの言い表せぬ熱望のゆえにで
す。そして，もしほかに理由があったなら，私は永遠に偽
りの誓いをしたことになる，と思います。

60 聖アンドレアの日（11月30日）の嵐

私は無知でした。南風が吹き上がり，海を奥深くから撹
乱させながら，そんな私に向かって戦いを挑んできたの
です[238]。この嵐が，11月30日，つまり（聖アンドレアの）

いう。1460年春，オスマントルコがモレア公国を占領したとき，ビ
ザンツの最後の皇帝トマス・パライオロゴスはかろうじて難を逃れ，
聖遺物であるアンドレアの頭部を携えイタリア半島に亡命した。同年
冬，この聖遺物はアンコナに到着，ナルニの教皇要塞に安置された。
それから2年後，1462年の聖週間にこの聖遺物をローマに移動する
計画が立てられ，同年四月，ベッサリオン枢機卿らがその任を遂行し
た。同年11月から2日間ミルウィウス橋において教皇への献呈式が
執り行われた。この式典において聖アンドレアの頭部は，ベッサリオ
ンから教皇に手渡された。当時，この聖遺物は，亡命ギリシア人の象
徴であり，トルコの脅威のシンボルでもあったようだ。献呈式は，あ
たかも東方正教会の合同反対派に対するローマ教会側の意思表示の場
であったという。カルロ・ギンズブルグ（森尾総夫訳）『ピエロ・デッ
ラ・フランチェスカの謎』みすず書房，238頁，訳注3-（二七）。】な
お，本節は，第65節中のコルフとともに，リウトプランドがコンス
タンティノープルを往復した際の順路を示唆する唯二つの証言のうち
の一つである。推測しうる経路としては，ドナウ川に沿ってコンスタ
ンティノープルまで行く道筋もありえたが，10世紀当時はハンガリー
人の脅威があったと考えられるので，往復ともコルフ，パトラスを経
由する海上通路がとられたと考えるのが，もっとも妥当である。
238）「南風が吹き上がり，海を奥深くから撹乱させながら，
そんな私に向かって戦いを挑んできたのです」Pugnavit contra me
insensatum auster mare flatibus ab imis turbans sedibus.『知恵の書』
5-21：et pugnabit cum illo orbis terrarium contra insensatos.（宇宙は，
神とともに，愚か者に向かって戦いを進める）を下敷きにしている。

60 聖アンドレアの日（11月30日）の嵐　　111

受難のまさにその日まで昼夜を問わず荒れ狂ったとき[239]，
私は，これがパトラス訪問をしなかった私への仕打ちであ
る，と悟りました。艱難辛苦だけが，その意味を問うて知
る機会を与えるものです[240]。と言いますのも，我々は食料
のひどい欠乏に喘いでいたからです。地元住民たちは心の
底で我々を殺そうと考えており，我々の持ち物を奪い去り
ました。海は波が砕け散り，我々はそれから逃れることが
出来ませんでした。そこで，見付けた聖堂に向かい，嘆き
悲しみながらこう申しました。「聖なる使徒アンドレアよ，
私はあなたの漁師仲間にして兄，共なる使徒であらせられ
るシモン・ペトロの従者です。私はあなたの殉教の地を軽
く見たのではありませんし，傲慢になって訪問を避けたの
でもありません。皇帝陛下のご命令により，そしてまた皇
帝陛下への愛によって，故郷に戻る気持ちに熱く燃えてい
るのです[241]。もし，私の過ちがあなたの怒りを買ったのな
ら，あなたの気持ちを鎮めるために，私の皇帝陛下方の功
績をお知りになれば同情いただけましょう。あなたは，あ
なたのお兄さんに与えるものを何も持たれていない。すべ
てをご存じのあの方（神）に信頼を置くことであなたのお
兄さんを愛しておられる皇帝陛下方に，何をか与えられん
ことを。あなたは，陛下方が，あなたのお兄さんである使

239）　11月30日は，聖アンドレア殉教の日である。

240）　「艱難辛苦だけが，その意味を問う識る機会を与えるも
のです」Sola vexatio intellectum dedit auditui.『イザヤ書』28-19：et
tantummodo sola vexatio intellectum dabit auditui.（ただ苦難だけが汝に
知恵を与えることとなろう）を踏まえた表現と考えられる。

241）　「皇帝陛下のご命令により，そしてまた皇帝陛下への愛に
よって，故郷に戻る気持ちに熱く燃えているのです」urit me domum
redeundi augustalis iussio, augustalis amor. リウトプランドのオットー
父子への忠誠を示唆する文言と読める。オットーによる教皇庁の後見
のくだりは，アンドレアへの祈りというよりも，明らかにオットーを
はじめとする「読者」へのアピールであろう。

徒ペトロのローマ教会を，いかなる努力と苦労をもって，
またどれほどの徹夜の祈りと支出によって，不敬なる者た
ちの手から救い出されて，豊かにされ，顕彰し，高めら
れ，本来の状態に回復されたかをご存じのはずだ。もし，
私の所業が私を破滅させることになるとしても，陛下方の
功績によって私が救われますように。信仰上でも血縁上も
あなたのお兄さんであられる使徒の首座ペトロが，その他
のことについては愛でられ，繁栄を望まれている方々を，
このこと，つまりご自身で派遣なさった私のことで，悲し
ませることがないように，どうかお願いします！」

61 嵐が収まりレフカスに向けて出立（12月2日）

　私のご主人にして尊厳なる両陛下，私はけっして嘘を申
しません。これは陛下方へのお追従でもありません。私は
「武具の下に当て物を縫いつけ」てはおりません[242]。これ
は大まじめな真実なのです。2日後（12月2日），陛下の
ご功績のおかげをもって，嵐はまったくもって鎮まったの
でした。漕ぎ手たちは，我々を見捨てて逃げてしまってい
ましたが，我々は，助けもない中で自身で船を漕ぎ，140
ミリアの距離にあるレフカスまで進みました[243]。その間，
アケロース河口[244]に入る時に若干感じた以外には，何の

　242）「私は「武具の下に当て物を縫いつけ」てはおりません」
nec consuo nuc pulvillos sub cubito manus.『エゼキエル書』13.18：Vae
quae consuunt pulvillos sub omni cubito manus.（どんな手の節にも合わ
せられるひもを縫い上げる女たちは災いである）を踏まえた一文と想
定される。

　243）「我々は，助けもない中で自身で船を漕ぎ，140ミリアの
距離にあるレヴカスまで進みました」ipsi Leucaten usque navigaremus,
miliaribus scilicet centum et quadraginta. 今日のレフカス島 Levkas であ
る。聖マウラの別名をもつこの島は，イオニア諸島中最北端に位置す
る。

　244）「アケロース河」Acheloi. ギリシア西部を流れイオニア海

危険も何の悲嘆もありませんでした。ここは，海の波が，
川の力強い流れを妨げているのでした。

62 南イタリアにおけるギリシア教会問題について

　さてそして，全能にして尊厳なる陛下方，神が両陛下を
通じて私にお与えになった恩顧に対し，いかなる返礼をな
さいますでしょうか[245]。神が望まれておられること，求め
ておられることを申し上げましょう。神は陛下方がおられ
なくてもそれを為されることができます。しかし，神は，
陛下方にこの件についてフュプルゴス，つまり助手[246]に
なっていただきたいと願っておられるのです。けだし，神
は，神に差し出されるものをお与えになります。神は，
我々から求められるものを，その事業の完遂のために保護
されます。ご注意いただきたいと思います。ニケフォロス
は，あらゆる教会を軽視している男であり[247]，陛下方に浴

に注ぐ川。ピンドス山脈中のラクモス山 Lakmos に源流があり，全
長 217 キロメートル，ギリシアで二番目に長い川である。アヘロオス
川（古代ギリシア語：Αχελῷος）とも呼ばれる。古代ギリシアの時代
には，アカルナニアとアイトーリアとの国境となっており，河神アケ
ロースとして崇拝された。古来力強い流れをもっており，ヘロドトス
は海岸線をも変えるほどのこの川の力をナイルに比して「アケロース
川は，エキナデス諸島の半分を既に本土に変えてしまった」と紹介し
ている（『歴史』2.10）。現在の名は Akhelöös/ Aspropótamos である。
冬の雨季にとりわけ濁流になったと推測される。

　　245）「全能にして尊厳なる陛下方，……いかなる返礼をなさ
いますでしょうか」Quid.. retribuetis Domino.『詩編』115.12：Quid
retribuam Domino pro omnibus quæ retribuit mihi?（私に与えられた主
の恵美に，何をもって報いようか）を踏まえた表現である。

　　246）「フュプルゴス，つまり助手」hypurgos, id est ministros。
Liddell and Scott, *Greek - English Dictionary*. Oxford. によれば，
ὑπουργός とは rendering service, a servant, assistant の意である。ここ
ではラテン語 hypurgus の複数形対格で使われている。

　　247）「ニケフォロスは，あらゆる教会を軽視している男であ
り」Nicephorus cum omnibus ecclesiis homo sit impius. ニケフォロスが

114 コンスタンティノープル使節記

びせた悪意をもって，コンスタンティノープル総主教に以
下のように命じたのです。つまり，ヒュドゥルントゥムの
教会を大司教座の位格に引き上げること[248]，また，アプー

教会に敵対していたことを伝える記事は，Cedrenos, Historia, II, 368.
に見られる。これは，964 年に発布した新法 Nicephoros II Phocas,
Novella XIX, de monasteriis) (963/4): Zachariae, *JGR*. III. p.292-296;
Zepos, I, p.249-252; Rhalles, G.A. & Potles, M., Σύνταγμα τῶν Θείων
καὶ ἱερῶν κανόνων. V (Athens, 1855), p.261-265; Svoronos, p.151-161;
Dölger, *Regesten,* No.699. 渡邊『研究』437-442 頁）後のニケフォロ
ス像である。しかし，ニケフォロスが，修道生活への軽視や信仰心の
欠如からこの新法を発布したのでなかったことは法文を一読すれば容
易に理解される。ニケフォロスは，信心深く敬虔で，禁欲的で生涯
を通じて隠遁生活に憧れたと伝えられ，事実，アトス山のラウラ修
道院の創設者アタナシオスの友人でもあり，その修道院設立を支援
している。Athanasios, Typikon. ed. Meyer, Philipp, *Die Haupturkunden
für die Geschichte der Athoskloster*. Leipzig, 1894, p.107. Schlumberger,
Gustave, *L'Épopée byzantine à la fin du dixième siècle, I*. Paris, 1896.
p.252. Charanis, Monastic Properties, p.58. この新法でのニケフォロス
は，修道生活の改革や阻止を目指してはいない。その序文が明快に
示すように，この法令によって修道生活に安寧がもたらされること
が彼の望みであった。彼の意図は，修道生活そのものの規制ではな
く，何よりも，修道施設や慈善諸施設の新規建設の抑制であり，寄
進による教会・修道院の土地・所領獲得の禁止であった。この序文に
よれば，今や修道院数が過剰で，それらが余りにも多くの土地を所有
していた。ところが，修道院に耕作手段がないが故に，これらの土地
の大半が休耕中だ，というのである。P・カラニスによれば，ニケ
フォロスは，帝国全体の経済力の向上のために，そして国庫収入の
増加のために，これらの休耕地を耕作に向けさせようとしたのだっ
た。Charanis, Peter, Monastic Properties and the State in the Byzantine
Empire. *Dumbarton Oaks Paper* 4 (1948) p58. 詳しくは，大月『帝国と
慈善　ビザンツ』第 7 章「財政問題のなかの修道院」を参照。
　　248）「ヒュドゥルントゥムの教会を大司教座の位格に引き上げ
ること，また，アプーリア，カラーブリアの全地域を通じて以後ラテ
ン語による秘跡を行ってはならず，ギリシア語典礼を為すこと，と
したのです」Hydrontinam ecclesiam in archiepiscopatus honorem dilatet
nec permittat in omni Apulia seu Calabria Latine amplius, sed Grece
divina mysteria celebrare。南イタリア地域でもっともギリシアの影響

リア，カラーブリアの全地域を通じて以後ラテン語による秘跡を行ってはならず，ギリシア語典礼を為すこと，としたのです。ニケフォロスは，これまでの教皇猊下は商人であり，聖霊を売っていたと言うのです。――あらゆる事物がこれにより生かされ支配され，世界を満たし，ことばの智恵を知る聖霊[249]。神と父と子なるイエス・キリストとともに永遠であり，これらと同一であり，始まりもなければ終わりもなく，永遠に真実であり，その価値は金額で計ることができず，ただ相応しいと考えられる額で心の純粋さによって買われる聖霊を，歴代教皇猊下が売り飛ばしていたというのです。

　かくして，コンスタンティノープルの総主教ポリエウク

が色濃く残るヒュドゥルントゥム（＝オトラント）は，レオン6世時以来大主教座 ἀρχιεπίσκοπος ではあったが，属主教区をもっていなかった。Gay, L'Italie méridionale, p.190. 本節の記述は，ニケフォロス2世がラテン司教区をそのもとに取り込もうとしたことを伝える。この968年に発布されたとされる勅令は，アプーリア南部および今日のカラーブリアを構成する大半の地域をギリシア語圏に取り込もうとするものだった。しかし，どうもラテン教会とラテン式典礼は，その後もアプーリアの大半の地域において残ったようである。ゲイもファルケンハウゼンも，このビザンツ皇帝の勅令に関する唯一の記事が，内容を正しく伝えているかという点を疑う。Gay, L'Italie méridionale, p.352. Vera von Falkenhausen, Untersuchungen. p.151. 南イタリア地域におけるニケフォロス2世の教会政策については，ほかに以下を参照。Schlumberger, Nicéphore, p.678f. Ménager, L.R., La "Byzantinisation" religieuse de l'Italie méridionale. Revue d'Histoire Ecclésiastique 53 (1958) p.5-7. なお，ビザンツ教会に関する限り「主教」と呼ぶべきだが，ここではリウトプランドの「発言」として「司教」の訳語を充てた。

　249）「あらゆる事物がこれにより生かされ支配され，世界を満たし，ことばの智恵を知る聖霊」Spiritum Sanctum vendidisse, quo vivificantur et reguntur omnia, qui replet orbem terrarum, qui scientiam habet vocis, ...。『知恵の書』1.7：quoniam spiritus Domini replevit orbem terrarum, et hoc quod continet omnia scientiam habet vocis.（実に，主の霊は，宇宙を満たし，すべてを抱きよせ，人間のことばを聞いている）を踏まえている。

トスは[250]，ヒュドゥルントゥム司教のために，彼自身の権威によって，同司教がアキレンティラやトゥルキコ，グラヴィナ，マケリア，トゥリカリオにおける司教たちの聖別の権限を持つという趣旨の特許状をしたためました[251]。これらの町に対しては，教皇猊下がすでに聖別の権限をもっておられたのにです。しかし，コンスタンティノープル教会が正統の（カトリックの）使徒ローマ教会に従うにちがいない時に，なぜ私はわざわざこのようなことを言うべきなのでしょうか。コンスタンティノープル司教が，我らが聖なる父である教皇猊下の許しをもって以外は，肩衣を用いないということを，我々は知っています。我々はこの目で見て，そのことを知っているのです。

さて，この上なく不敬な人物であったアルベリクスは，強欲が滴としてではなく奔流となってこの者を満たしていましたので，ローマの町を簒奪し[252]，教皇猊下をまるで

---

250)「ポリエウクトス」Polyeuctos Constantinopolitanus patriarcha. 在位956年4月3日―970年2月5日。第21節注88を参照。

251)「ヒュドゥルントゥム司教のために，彼自身の権威によって，同司教がアキレンティラやトゥルキコ，グラヴィナ，マケリア，トゥリカリオにおける司教たちの聖別の権限を持つという趣旨の特許状をしたためました」privilegium Hydrontino episcopo, quatinus sua auctoritate habeat licentiam episcopos consecrandi in Acirentila, Turcico, Gravina, Maceria, Tricario, ...。ヒュドゥルントゥム（オトラント）は，注248の通りレオン6世時以来大主教座である。したがって，ここでのリウトプランドの記述は，誤記か，故意による。Gay, L'Italie méridionale. p.352f.

252)「この上なく不敬な人物であったアルベリクスは……ローマの町を簒奪し」Verum cum impiissimus Albericus, ... Romanam civitatem sibi usurparet. ここでリウトプランドは，932-954年の都市ローマおよびイタリアの政治事情を語っている。その間の状況は『報復の書』Antapodosis, III, 45-46. にも記されている。アルベリクスについては，付論I（149-154頁）を参照。ここで最低限触れておけば，イタリアは，フリウリ侯ベレンガリウス一世が死去した924年から，

自分の家の奴隷のように扱っていました[253]。そのような
とき，皇帝ロマノス（1世）が自身の息子である宦官テオ
フィラクトスを教皇としました[254]。アルベリクスの強欲は
あからさまでしたから，彼（ロマノス1世）は教皇に莫大
な贈り物をし，首尾よく教皇の名で総主教テオフィラクト

オットー1世が皇帝となる962年2月まで，名目上も実質上も「皇帝」
不在の状況だった。ベレンガリウス1世没後，スポレート公アルベ
リクスが都市ローマの実権を掌握したが，彼はテオフュラクトゥス家
出身のマロツィアの息子で，932年にイタリア王位をめぐって競って
いたアルル伯フゴ Hugh, Arelatensium seu Provincialium comes, rex を
排除して実権を掌握した。その後，954年に死去するまでの22年間，
都市ローマの事実上の主人として振る舞った。弟でもあったヨハネス
11世には純粋に司祭のみ行わせたようである。

253)「教皇猊下をまるで自分の家の奴隷のように扱っていまし
た」dominumque apostolicum quasi servum proprium in conclavi teneret.
ローマ司教（教皇）ヨハネス11世（スポレート公アルベリクス1世
とマロツィアの息子とされるが，実父はローマ教皇セルギウス3世
（在位904-911年）と『ローマ教皇列伝』およびリウトプランドの『報
復の書』が伝える）は，兄弟であるアルベリクスによってその地位
に就いた（932年12月末）。アルベリクスが都市ローマ，またローマ
教皇座をその影響下において専横していたことは，『ベネディクトゥ
ス年代記』にも記事が見られる。cf. Benedicti Sancti Andreae monachi
Chronicon, c.32. (MGH, SS. III, p.716.)。後者の記事にいわく「すべ
てのローマ人民のプリンケプスたるアルベリクスは，輝けるその風
貌でローマの主人のように，またいにしえの長老のように振る舞っ
た。かくして彼は，誠に恐ろしい存在だった。ローマの秩序に，聖
なる使徒の座に対してもくびきを掛けた」Albericus princeps omnium
romanorum vultum nitentem sicut pater eius, grandevs virtus eius. Erat
enim terribilis nimis, et aggrabatum est iugum super Romanos et in sancte
sedis apostolice。ここでの記事によれば，アルベリクスはハンサム
vultum nitentem だったようである。

254)「そのようなとき，皇帝ロマノス（1世）が自身の息子，
宦官であるテオフィラクトスを教皇としました」Romanus imperator
filium suum Theophylactum eunuchum patriarcham constituit. ロマノス1
世レカペノス（在位920-944年）は，自分の息子の一人で宦官だった
テオフィラクトスを，933年2月2日にコンスタンティノープル総主
教に就任させた。

ス宛の書簡を手にしたのでした[255]。それは，以後，彼と彼
の後継者たちが，歴代教皇猊下のご許可なしでも肩衣を用
いられることを許可する書状でした[256]。この浅ましい取引

　　　255)　「彼（テオフィラクトス）は教皇に莫大な贈り物をし，首
尾よく教皇の名で総主教テオフィラクトス宛の書簡を手にしたの
でした」missis ei muneribus satis magnis effecit, ut ex papae nomine
Theophylacto patriarchae literae mitterentur. ローマとビザンツとの関
係については，以下の史料で言及がある。Tehophanes continuatus,
De Romano Lecapeno, c.34, p.422; Symeon Magistros, De Constantino
Porphyrogenito et Romano, c.43, p.745; Gerogios Mon., De Constantino
Porphyrogenito et Romano, c.45, p.913; Benedicti Sancti Andreae
monachi Chronicon, c.34. (MGH, SS. III, p.717) これらの記事によれば，
当時，ロマノス1世とアルベリクスとの関係は比較的良好だったよう
である。テオフィラクトスの総主教就任後にロマノス1世が教皇ヨハ
ネス11世に宛てて書き送った書簡，および教皇からの返信は，ピトゥ
ラ Pitra によって刊行された。Analecta novissima I, p.469.
　　　256)　「以後，彼と彼の後継者たちが，歴代教皇猊下のご許可な
しでも肩衣を用いられることを許可する書状」quarum auctoritate cum
ipse tum successores eius absque paparum permissu palliis uterentur. 西
方教会において，教皇自身が身に付けそれより贈られる羊毛地の肩
衣 pallium は，大司教の権威の象徴として機能していた。カロリング
期以来，大司教は，ローマに肩衣を請願しそれが送り届けられるま
で，本来の権能を行使することが出来なかった。このことから，肩衣
は，大司教を司教から分ける重要な象徴となった。ギリシア教会にも
肩衣は存在したが，それはローマ教皇から贈られるものではなかっ
た。したがって，ローマの認可なしにそれを用いることが，近時の簒
奪，ないしアルベリクスの完全な支配のもとにおかれていた教皇権
から引き出された特権だとするリウトプランドの説明は，誤解か故
意の捏造ということになる。しかし他方，注255で挙げた諸史料の
語るところでは，ロマノス1世とアルベリクスとの関係は比較的良
好だった。したがって，W・ノーデンのように，この時期に，アル
ベリクスの意向のもとで，あるいはビザンツ側からの見返りを伴っ
て，教皇より何らかの特権や伝統的諸権利の譲渡がなされた，と推
測することは，大いに考えられることではある。Norden, Walter, *Das
Papsttum und Byzanz. Die Trennung der beiden Mächte und das Problem
ihrer Wiedervereinigung bis zum Untergange des byzantinischen Reichs
(1453)*. Berlin, 1903. p.13-14. しかしベッカーは，教皇よりかかる許可

のうち、恥ずべき慣習が根付き、総主教ばかりでなく、ギリシア全域の主教たちが肩衣を身に付けるようになったのでした。それがどれほど非常識であるかは、改めてお調べになるまでもありません。

神聖なる会議を持たれてポリエウクトスを召喚なされるよう、ご助言申し上げます。もし彼が来ず、自らのスファルマタ σφάλματα つまり上述の過失を教会法に則って糺そうとしないならば、至聖なる教会法の諸規定が執行されるようになさるのです。その間に、力強く尊厳なる陛下方が、かつてお始めになられた時のように活動をなされて下さい。もしニケフォロスが――まさに我々が教会法に則って罪を暴こうとしているのは彼ですが――我らに従おうとしなくとも、彼は結局は陛下方に従うようになさって下さい。彼の屍骸のような軍隊[257]は、陛下方の軍団に敢えて刃を交えることはないでしょう。これは、申し上げますが、我らの使徒と主、そして我らが軍団兵士たちがそうするのを望んでおることなのです。ローマは、コンスタンティヌス帝が離れたという理由でギリシア人たちから軽視されることがあってはなりません。むしろ、いっそう懐かしまれ、尊重され、崇敬される都市であらねばなりません。なぜなら、聖なる使徒であり師であるペトロとパウロがこの地に来られたのですから。さて、神の御慈悲と至聖

状が発せられたとは考えにくいとの見解を示している。p.210, n.2. それは、上述のようにコンスタンティノープル総主教には、すでに独自の肩衣があったからだった。いずれにせよ、ここでのリウトプランドのこだわりからは、肩衣の譲渡がローマ教皇からの権能の移譲を示す重要なモメントと考えられたことが示されていると言ってよいだろう。Hergenröther, Photius III, p.706; Hinschius, Kirchenrecht II, p.24f; Sickel, p.123, n.1.

257) 「彼の屍骸のような軍隊」cadaverosus. テレンティウスの1節を踏まえている可能性がある。Terentius, Hecyra III, 4, 27 (441): cadaverosa facie.

120   コンスタンティノープル使節記

なる使徒たちの祈りによって，私がギリシア人の手から引
き離され陛下方のもとに立ち戻れるときまで，この件につ
いて私が書き記したことでよしとされて下さい[258]。今ここ
で書くのが不快であることも，帰国後にお話し申し上げる
のであれば厭にはなりますまい。さてまた本題に戻りま
しょう。

63　レフカス島到着（12月6日）

　12月6日，我々はレフカス島にやってきました。そこ
で我々は宦官である司教の手から，他の場所で他の司教た
ちの手から得たと同じ，無礼きわまりない歓迎と待遇を受
けました。真実をありのままに申し上げますと――陛下に
嘘は申しません――，ギリシア全土において，私は一人と
して親切な司教に会うことはありませんでした[259]。彼らは

　258）　ここでの記述は，帰路に関する記述をリウトプランドが
まだビザンツ領内にいる間に書き記した印象を与える。しかし，諸家
はその可能性を否定する。リンツェルは，その可能性はまったくない
と断じ，スコットは，それを記述に臨場感を与えるためのレトリック
とする。Lintzel, M., *Studien über Liudprand von Cremona.* Berlin, 1933,
p.52. Scott, p.94. 記述を額面通り受け取るとしても，少なくとも，ビ
ザンツの皇帝や総主教らを侮辱するこの記述が，ビザンツ側官憲の目
を潜り抜けて，オットーのもとに届けられうる地点までリウトプラン
ドがやってきていたのでなければならない。

　259）　「ギリシア全土において，私は一人として親切な司教に
会うことはありませんでした」In omni Grecia, ... non reperi hospitales
episcopos. リウトプランドはここで，故意に，あるいは無意識のうち
に偏見をもって，ギリシア主教たちの暮らし向きとホスピタリティー
に歪んだ理解を示している。ビザンツの主教たちは，単純な暮らしを
し，節制ある食事をし，また従者を伴わぬ生活をしていた。それは，
西方の教会に慣れたリウトプランドの目には，貧相でしみったれた光
景に映ったにちがいない。ひとりで生きることなく，多くの従者をし
たがえていた西方の司教の目には，その職務を担う適格性が欠落して
いることだったにちがいない。この箇所に言及するヴェーバーは，コ
ルフ到着時，当地の主教が待降節のさなかで断食をしていた点を指摘

63 レフカス島到着（12月6日） 121

富んでいながら，貧しくもあります。金貨で満ちた金箱を
脇に置いて賭事をするほど富んでいながら[260]，従者と生活
用具がなく貧しいのです。彼らは，一人でむき出しの小
さなテーブルに座り，自ら僅かばかりの堅パン[261]を給し，
極小のグラスで「風呂の水」[262]を飲むというより啜るので
す。彼らは自ら売り買いをします。自ら扉の開け閉めをし
ます。彼らは自身の配膳係であり，厩番であり，またカ
ポネス capones なのです。――ああ！　本当はカウポネス
caupones と書くつもりでいたのですが，事実が私の意に
反してこう書かせてしまいました。先に申し上げましたよ
うに，彼らはカポネス，つまり教会法の規則に反して宦官
なのです。そしてまた彼らは，カウポネス，つまりこれま
た教会法の規則に反して宿屋の主人でもあるのです。
　彼らの貪欲な夕食はレタスで始まりレタスで終わる。
　それは我らの父祖の夕食の締めくくりだったものだ[263]。
　彼らは貧しいのですが，それがキリストの貧しさを真似

している。Koder und Weber, *Liudprand von Cremona in Konstantinopel*,
p.92.

260）「金貨で満ちた金箱を脇に置いて賭事をするほど富んでい
る」divites aureis, quibus plena luditur arca. ユウェナーリスからの引用
（Juvenalis, Satire I, 90: posita sed luditur arca.「金箱を脇に置いて遊ぶ」）
である。

261）「堅パン」paximacium。ギリシア語の παξαμάτιον（省
略形παξαμάς）。Niermeyer, *Mediae Latinitatis Lexicon Minus*. p.779.
"paxamadium" によれば，παξαμάδιον のかたちも見られる。

262）「風呂の水」balneaque. 松ヤニ入りの濁ったワイン，レ
ツィーナのこと。侮蔑的含意での同様の表現は，第1節，第40節で
も見られた。

263）　マルティアリス（Marcus Valerius Martialis. A.D. c.40-102
最大のラテン寸鉄詩作家）からの借用である。Martialis, Epigrams
XIII (Xenia) 14 (ed. W.Heraeus. Teubner, 1925): Cludere quae cenas
lactuca solebat avorum, dic mihi, cur nostras inchoat illa dapes ?「言って
くれ，我らの祖父たちの代には晩餐の最後を締めくくっていたレタス
が，どうして最初の皿になるのだ？」とマルティアリスにはある。

122   コンスタンティノープル使節記

ているのであれば，それは幸いでありましょう！　しかし
この貧困は，あさましい金銭欲[264]であり，金へのよこし
まな渇き[265]なのです。神よ，彼らを救い給え！　私の思
いますところ，彼らがこのようにしているのは，彼らの
教会が献納を課されているからなのです[266]。と言いますの
も，レフカス司教が私に申しますには，彼の教会は毎年金
貨100枚をニケフォロスに献納しなければならないとい
うのです。そして他の教会もまた同様に，その資産規模に

---

264)　「あさましい金銭欲」asper nummus. ペルシウス（Aulus
Persius Flaccus. A.D.34-62.）『風刺詩』からの引用である。Persius,
Saturae III. 69: quid asper utile nummus habet, patriae carisque propinquis
quantum elargiri deceat.（祖国や愛すべき近親者に対し，惜しみなく与
えるにふさわしい金額はどれくらいか）ペルシウスは，ルキリウス，
ホラティウスの影響を受けた六歩格詩を残した。ed. A.Cartault, Paris,
1929. ed. O.Seel, Tusculum, 1974.

265)　「金へのよこしまな渇き」auri sacra fames. ウェルギリウス
からの引用である。Vergilius, Aeneides III. 56, 57: ... quid non mortalia
pectora cogis, quri sacra fames ?

266)　「彼らの教会が献納を課されている」ニケフォロス・フォー
カスの地方聖職者に対する態度については，Schlumberger, Nicéphore,
p.535f. にも言及があるが，以下の日本語論文を参照されたい。渡辺
金一「十世紀のビザンツ帝国の農村構造」『ビザンツ社会経済史研究』
岩波書店，1964年，第9論文，大月康弘『帝国と慈善　ビザンツ』
創文社，2005年，第7論文（拙稿ではシュランベルジェの立論につ
いても批判的検討を加えている）。アトス山ラヴラ修道院の開祖アナ
スタシオスの友人でもあったニケフォロスは，武人の側面と同時に，
敬虔な修道士の生活態度をもっていた。カッパドキア出身の無骨な武
人は，簡素な生活への憧憬を抱き続けていたようである。964年に彼
は一新法を発布し，新規の教会施設・修道院の建設を禁じた。ビザン
ツ学界では，これがビザンツ修道制，ひいては大土地所有者としての
修道院への打撃，と解されてきた（渡辺論文参照）。しかしそれは，
広く行われていた聖職者の奢侈を非難する内容だった。いわく「彼ら
は，日々全身全霊を，計り知れない広さの土地，豪華な館，数え切れ
ないほどの馬，牛，駱駝，その他の家畜を手に入れることに向けてき
た。それは，無益な没頭によって修道士の生活を俗人の生活と変わり
ないものとしている」。

64 レフカス島を出立（12月14日），コルフ島到着，123

応じて多寡はあれ，献納をしているのでした。これがいか
に不正なことであるかは，至聖なるヨセフスの行為に照ら
して明らかとなりましょう。ヨセフスは，全エジプトに
ファラオへの献納を課していましたが，飢饉に際して，司
祭の管理する土地についてその献納を免じたのでした[267]。

64 レフカス島を出立（12月14日），コルフ島到着，
　　地震に遭遇（12月18日），同地で日蝕に遭遇
　　（12月22日）

12月14日[268]，我々はレフカスを，自分たち自身で船を
漕いで発ちました。と言いますのも，前述のように漕ぎ
手たちが我々を見捨てたからです。我々は，12月18日に
コルフにやってきました。そこで，上陸する前に，ミカエ
ル・ケルソニテスという名のあるストラテーゴスの面会を
受けました[269]。彼の名は，その生地ケルソンにちなんでい

267）「ヨセフスは，全エジプトにファラオへの献納を課して
いましたが，飢饉に際して，司祭の管理する土地についてその献納
を免じたのでした」cum Aegyptum totam famis tempore tributariam
Pharaonis faceret, sacerdotum terram a tributo liberam esse permisit. この
逸話は，『創世記』47.22 に見られるものである。同所には「ヨセフ
（ヨセフス）は祭司の土地だけを買い上げなかった。祭司はファラオ
から決まった給与を受けており，そのファラオの給与で生きていたか
ら，土地を売らなかったのである」とある。飢饉が長引きエジプトの
民たちがファラオの所有する穀物を買い求めたが，それだけでは足り
ず，ファラオに自所有農地を売りに出し始めた。ヨセフスは，ファラ
オの信認を得てエジプトの宰相として事態を取り切った。そのくだ
りでのエピソードである。

268）「12月14日」decimo nono Kalendas Ianuarii. ペルツはカニ
シウスのテキストに従って Ianuarii を Decembris として校訂したが，
これは誤りである。前節の記述が12月6日であるから，符丁が合わ
ない。

269）「ミカエル・ケルソニテスという名のあるストラテーゴス
の面会を受けました」ubi ante navis egressionem occurrit nobis strategos
quidam, Michael nomine, Chersionitis. ストラテーゴスは，テマと呼ば

ました。彼は，白髪で，愛想の良い表情をし，快活な話っ
ぶりでいつも陽気に笑っていました。しかし，のちに判っ
たように，その心は悪魔だったのです。私の心のみがこの
ことを理解できたとすれば，神が明らかな予兆でそのこと
を私に示されたのでした。と言いますのも，彼が私に平和
のキスをしますと——心の中では平和など微塵も持ち合わ
せていなかったのですが——コルフ島の全体が，大きな島
であったにもかかわらず揺れたのです[270]。一度だけではあ

れたビザンツ属州の軍民政を統括した官職である。テマとは，7世紀
以降に，それまでの属州 Provincia 制度に代えて設定された地方統治
の単位だった（第 25 節注 104 をも参照）。7 世紀初頭まであった属州
のいくつかを束ね，軍民両権を合わせもたせた長官（ストラテーゴ
ス）が置かれた。いずれストラテーゴスは，知事相当する高位官職者
である。そのような者がリウトプランドに面会に来ることは，本書の
他の箇所で登場するビザンツ側役人の態度から考えて異例のことで
あったと言わなければならない。この点についてスコットは，以前に
R・モリスが彼に，このミカエルなる人物が，この地以外のどこか別
のテマの元長官で，当時コルフに隠棲していたのではないか，と示唆
した，と記している。しかし，彼女の以下の著述では，このストラ
テーゴスが，コルフを含むテマ・ケファレニアのストラテーゴスだっ
たとしている。Morris, Rosemary, 'O Michaeles, Michaeles...' A problem
of Identification in Liudprand's Legatio. *Byzantion* 51 (1981) p.248-254.
なお，綽名のケルソニテスは，この者がクリミア半島のギリシア植民
市ケルソン出身であったことを示唆する。

270) この 968 年に起こった地震と日蝕については，レオン・
ディアコノスの記事で伝えられる。地震は，Leon Diakonos, IV, 9. ed.
C.B.Hase, Bonn, 1828, p.68. 日蝕は，IV, 11. id., p.72. ディアコノスの
記事でも，地震は日蝕よりも少し前に起こっている。しかし，地震は
ガラティア地方クラウディオポリスでの出来事となっている。諸史料
を博捜してビザンツ『年代記』をまとめたグリューメルは，このリウ
トプランドの記事を唯一の根拠として，コルフの地震を採録してい
る。V.Grumel, *Traité d'études byzantines, I. La Chronologie.* Paris, 1958.
p.480. 日蝕は 968 年 12 月 22 日に起こった。これはコルフにおいても
確実に観察されたはずである。この日の日蝕は，アドリア海からダル
マティア地方沿岸にかけて，アンコーナからコルフ島までの約 400 キ
ロメートルにわたって見られた。正午における皆既帯は，東経 38 度，

りません。その同じ日に，大きな振動が少なくとも 3 度はありました。さらに，4 日後の 12 月 22 日[271]，テーブルに着席して，私の上に踵を上げた者のパンを食べていますと[272]，太陽が，その光に相応しくない罪を恥じて，光線を隠してしまいました。日蝕が起こったのです。これはミカエルを怯えさせましたが，彼を変えさせることはありませんでした。

65 コルフで出会った長官ミカエルについて

　次に，私が友情のために彼に何をしたか，また彼からどんな見返りを受けたかについて申し上げたいと存じます。

北緯 34 度の地点に到達しており，コルフは，東経 19 度 55 分，北緯 39 度 38 分の位置にあるから，十分に観測されたと推定される。ヨーロッパ・ビザンツ世界で書かれた諸史料に確認できる日蝕に関する記事は，D.J.Schove & A.Fletcher, *Chlonology of Eclipses and Comets AD 1-1000*. Woodbridge, Suffolk, 1987. p.234-236. を参照。また，近年構築された NASA によるデータベースでも，この日の日蝕について情報が得られる。それによれば，最大日蝕時間は，世界標準時（グリニッジ標準時）の午前 11 時 29 分 16 秒からの 2 分 28 秒間だったとされる。http://xjubier.free.fr/en/site_pages/solar_eclipses/5MCSE/xSE_Five_Millennium_Canon.html

　　271）「4 日後の 12 月 22 日」Post quatriduum autem, undecimo scilicet Kalendas Ianuarii. これはペルツ校訂版のテキストである。カニシウス版では，Postq. Triduum autem decimoquinto scilicet Calendas Decembris（3 日後の 11 月 18 日に）とある。カニシウスは Ianuarii を Decembris と読み違えて筆写したのでは，と推定される。仮にそうであれば，カニシウスの見たテキストは「3 日後の 12 月 19 日に」となる。リウトブランドが記しているように，彼は 12 月 18 日 decimo quinto にコルフに到着しており，日蝕が起こったのも今日では同月 22 日と特定されているので，いずれにせよ齟齬をきたすことになる。ここでは合理的な推定をしているペルツ以下の研究者の見解をとる。

　　272）「私の上に踵を上げた者のパンを食べていますと」qui ampliabat super me calcaneum suum. ヨハネ伝 13.18：「私のパンを食べる者が，私に対して踵をあげるでしょう」qui manducat mecum panem levabit contra me calcaneum suum.

コンスタンティノープルに向けて発つ際に，陛下からいただいた，あのこの上なく高価な盾を私は彼の息子に与えていました。尊厳なるご主人方よ，陛下方が他の贈り物とともに，ギリシアでの私の友人たちに与えるよう[273]私にご恵与くださった，あの美しく装飾され金色に輝く盾をです。そして今，コンスタンティノープルから戻る途上で，私は彼の父親にこの上なく高価なローブを与えました。ところが，これら親愛の行為すべての見返りに私が得たものは，以下のような感謝でした。

　ニケフォロスは，私がいつ到着したとしても，到着次第ただちに私を海軍の艦船に留め置き，侍従長レオン[274]のもとに送致するよう，指令を書き送っていました。しかしミカエルは，私を20日間も拘留したものの，これを実際には行いませんでした。拘留は，上述の侍従長レオンから私の監禁を叱る使者がやってくるまで続きました。しかもこれは，彼の費用負担によるのではなく，私の出費によっていたのです。ところが，彼は，私の不満や悲しみ，嘆息に耐えられずに，私をある人物に残して去っていってしまいました。私を託されたこの人物は，敵意に満ち最悪の人物でした。その邪悪さたるや，私から銀1リブラの価値に相当する釜を贈られるまで，食糧といえども求めることを許さぬほどでした。それから20日後，この場を立ち去る段になって，私が釜を贈ったこの者は，船主に，船がアク

---

　273)　「ギリシアでの私の友人たちに与えるよう」amicis meis Grecis darem. この文言は，リウトプランドがコンスタンティノープルほかでビザンツ人と接触したことを示唆する。ニケフォロス2世に反感をもつ者たちがリウトプランドに好意をしめしたのかもしれない。
　274)　「侍従長レオン」Leoni kitonitae。kitonitas は，ギリシア語 κοιτωνίτης のラテン転記である。字義通りには「寝室係」であり，皇帝の側用人だったが，実際には，皇帝の代理人として特定の職務を担う重責者だった。

ロテリア，つまり岬[275]をまわったところで私を置き去りにし，飢え死にさせるよう命じたのです。この命令を船主は実行しました。なぜなら，この船主は，私の衣類をひっくり返し，その中に隠匿された紫色の衣服[276]がないかどうか調べようとしたからです。彼は，もしあれば一枚欲したのでしたが，ありませんでした。

　汝ミカエルたちよ！　私は，これほど多くのミカエルたち，汝らのようなミカエルたちに一気に同時に会ったことが，ほかのどこかであっただろうか？　コンスタンティノープルでの私の監視兵であったあのミカエルは[277]，ライヴァルのミカエルに私の面倒を見させました。このミカエルは悪い男で，私をもう一人の悪魔の男である別のミカエルに引き渡し，この者もまた同様に引き渡しました。私の案内人 diasostes もまたミカエルと言いました。このミカエルは単純な男で，彼の気高い単純さは，私にとっては他のミカエルたちの邪悪さとほとんど変わらず有害でした。しかし，これらしがないミカエルたちのもとから逃げ出し，私は，汝の手元に戻ってきたのです。偉大なるミカエルよ，半隠遁者で，半修道士である者よ[278]。私は汝にも

―――――――――

　275）「アクロテリア，つまり岬」acroteria, id est promontorium. ギリシア語で「岬」は ἀκρωτήριον という。

　276）「隠匿された紫色の衣服」purpuras absconditas. 第53節注205を参照。リウトプランドは帰国の最終段階においても「禁制品」κωλυόμενα 所持の検閲を受けたのだろうか。あるいは，「船主」が検閲を口実に私欲を満たそうとしたのか。この文言からは，そのいずれであったかは判然としない。

　277）「コンスタンティノープルでの私の監視兵であったあのミカエルは」Custos meus ille Constantinopolitanus Michaeli. 第1節で登場するコンスタンティノープルでの監視人の名は第57節と本節でようやく登場する。

　278）「偉大なるミカエルよ，半隠遁者で，半修道士である者よ」Michaelem magnum, semiheremitam, semimonachum. 本節で登場する複数のミカエルは，最後に言及されるこの「偉大なるミカエル」を

の申す。汝に真実を申す。汝が汝の先覚者であるヨハネの健康を祝ってたゆまず飲んでいる「風呂の水」[279] は，汝にとって何らよい効果を持つことはない。なぜなら，誤った見せかけのもとに神を求める者には，神を見出す資格が金輪際ないからだ。……

除いてほぼ同定することができる。ただ，この「偉大なるミカエル」をめぐっては，研究者間で見解が分かれている。シュランベルジェは，これを大天使ミカエルと同定した。Schlumberger, G., *Nicéphore Phocas*. p.706, note. 他方，モリスは以下のような興味深い見解を提出した。すなわち「半隠遁者で，半修道士である偉大なるミカエル」は，聖ミカエル・マレイノスだというのである。この聖人は，920-4年頃に生まれ，ニケフォロス 2 世の叔父だった。Morris, Rosemary, 'O Michaeles, Michaeles...' A problem of Identification in Liudprand's Legatio. *Byzantion* 51 (1981) p.248-254. この聖ミカエル・マレイノスは，ラヴラ式の修道生活に強く結びつけられる人物である。ラヴラ式修道生活とは，基本的には日々を単独で祈り，暮らし，週に 1 回ミサのために集う生活の有り様だった。このことが，リウトブランドの記す「半隠遁者で，半修道士」のあり方に沿う，というのである。あり得ることではあるが，もとより論拠に乏しい。

279) 「風呂の水」balneum. ギリシアワイン，レツィーナを表すこの表現は，このほかにも第 1 節，第 40 節，第 63 節に見られた。

付論 I

『使節記』の目的と齟齬

——中世キリスト教世界における「ローマ皇帝」問題——

---

1 リウトプランドの苛立ち ——何が問題だったのか

　　［第 1 節］私は，陛下の皇帝位の名称について大議論を行い，疲れました。と言うのも，彼〔皇弟レオン〕は陛下のことを皇帝，つまり彼らの言葉でバシレウスとは呼ばずに，不本意なレーガ，つまりわれわれの言葉で王と呼んだのです。私が彼に——たとえ意味することが異なっているとしても——その意味される内容は同一であると述べると，彼は，私が和平のためにではなく争いのためにやってきたと言うのです。

　968 年 6 月 6 日，クレモナ司教リウトプランド Liudprand, sanctae Cremonensis ecclesiae episcopus は，主人オットー 1 世（在位 936 年 -973 年 5 月）の名代としてコンスタンティノープルの宮殿内に居た。五旬節最初のこの土曜日，リウトプランドはビザンツ側代表（皇弟レオンと高官たち）と，第 1 回目となる会談をもっていた。話題は自ずと，主人オットーが 962 年 2 月 2 日以来帯びていた「皇帝」タイトルの使用をめぐるものとなった。それは，上に見られるように激しい議論の応酬の場となったよ

うである。通詞を介して行われたギリシア語での会話は、使節団が日常用いるラテン語と齟齬をきたす可能性を少なからず含んでいたにちがいない。白熱した異国での議論の渦中にあって、了解内容に微妙なズレが生ずるのは、ある意味で仕方ないかもしれない。しかし今回のミッションの場合、使節団とビザンツ宮廷側とのあいだに歩み寄りの姿勢は希薄だった。むしろポレミックな舌鋒の方がきわだって見える。

使節団の境遇は冒頭から波乱含みだった。一行がコンスタンティノープルに到着したのは、これより2日前の6月4日のことである。このとき、帝都はあいにくの雨模様であった。その雨空のなか、大宮殿近くのカレア門に辿り着いたリウトプランド一行を待っていたのは、ビザンツ側の「冷遇」だった。

[第2節] 尋常ならざる雨のなか、私たちは11時（現在の時間感覚では午後6時頃）[1]までずっと馬とともに待ったのでした。実に11時になって、ニケフォロスは、われわれが陛下のご配慮により馬を備えていたのに、騎乗することは分に添わないと考え、徒歩でやってくるように命じてきました。そしてわれわれは、大理石で出来た、忌むべき、水の通っていない、あの広い宮殿まで連れて行かれたのです。

一行は雨のなか2時間半も待たされ、これによりリウトプランドは体調を崩す。ところが、連れて行かれた「忌むべき広い宮殿」は、開けっぴろげで「寒さを防ぐこともなければ暑さを逃すこともなく」、「武装した兵士たちが監視役として配置され」、「使節団の者が外出したり、他の者

---

1) 第2節注10参照。

付論 I　『使節記』の目的と齟齬　　131

が来訪したりすることも禁じられる」というあり様だった。監視役兵士は，「ありとあらゆる禍い calamitas，強奪 rapina，損害 dispendium，悲しみ luctus，苦難 miseria」を彼ら使節団に浴びせた，という。リウトプランドによれば，120 日間にわたる滞在中，「ただの 1 日として，われわれに悲嘆と悲しみを与えずに通り過ぎていった日はなかった」（第 1 節）。

　使節団は，結局 10 月 2 日までコンスタンティノープルに滞在することとなった。リウトプランドは，帰国後，滞在中の諸事を主人オットーへの報告書の体裁をとって『コンスタンティノープル使節記』Relatio de Legatione Constantinopolitana（『使節記』）を書き残した。

　それを通覧すると，彼はこのミッションを通じて終始苛立っていた，と見える。その論調は，憤りと皮肉に満ちているといっても過言ではない。リウトプランドは，この『報告記』のなかで，自らが見聞したビザンツ人の思考と行動のいちいちを嘲笑，罵倒し，シニカルかつ臨場感溢れる筆致でときのビザンツ皇帝ニケフォロス 2 世フォーカス（在位 963-969 年）を嘲罵している。彼は，その宮廷事情から，皇帝歓呼礼 Acclamatio，五旬祭 Pentecosta をはじめとする儀式の進行次第，宮廷晩餐会の模様，またビザンツでの日常生活，出会った人物たちについて皮肉たっぷりに記した。

　一行が帝都に到着してから 3 日後，最初の会談が行われた日の翌 6 月 7 日は，五旬節の聖なる祝祭日だった。この日，リウトプランドは，さっそく皇帝ニケフォロスと最初の会談をもつこととなった。「ステファナと呼ばれる宮殿すなわちコロナリア[2]のなか，ニケフォロスの前に連れて行かれた」リウトプランドは，そこでニケフォロスから

_____

2)　第 3 節注 15 参照。

次のような冷淡な言葉を浴びせられたという。

　　[第4節] われわれは，貴殿方を好意的に麗々しく迎
　　えなければならなかったし，無論そうしたかった。し
　　かし，貴殿方の主人の為したたちの悪い行いがそうは
　　させないのだ。かの者は，かように敵対的な侵略に
　　よってローマを我がものとし，ベレンガリウスとアー
　　デルベルトゥスから，法と道理に反して，力によって
　　領土を横領した。彼は，ローマ人のある者たちを剣
　　で，ある者たちを絞首刑で排除し，ある者たちについ
　　ては眼を奪い，ある者たちは追放刑によって追い出し
　　た。そしてこれに加えて，我が帝国の都市の数々を殺
　　戮と火炎によって自らに従わせんと企てた。と言うの
　　も，彼の邪悪な欲望は成功しえておらず，今，彼の悪
　　意を助長し，また扇動する者としての貴殿を，和平交
　　渉と見せかけて，カタスコポンつまりスパイのように
　　私たちのもとに差し向けたからだ。

　ニケフォロスのこの発言は，オットー麾下の軍隊が残忍
な行動をとった，と伝える貴重な証言である。オットー
は，都市ローマの市民を，あるいは剣で死に追いやり，あ
るいは絞首刑に処した。また，ある者たちの眼を奪い，あ
る者たちを追放刑に遭わせたという。オットーは，ビザン
ツ帝国支配下の諸都市を「殺戮と火炎によって自らに従わ
せんと」した，というのである。リウトプランドは，この
場でも激しく反論を試みた（後述）。「私の主人は，ローマ
の都市に力や圧制によって侵入したのではありません。そ
うではなくて，圧政者，けだし複数の圧政者たちのくびき
から（都市ローマを）解放したのです」。そう反論するリ
ウトプランドの舌鋒はさぞ熱を帯びたにちがいない。

　『使節記』には，このときの議論の応酬ばかりでなく，

以後数度にわたってもたれたビザンツ皇帝，高官たちとの会見の模様がヴィヴィドに語られている。それは，リアルな筆使いで読む者の関心を喚起してやまない。リウトプランドの筆致は，一貫して苛立ちと皮肉に彩られており，両者のあいだに深い溝があったことを窺わせるに十分な迫力をもっている。リウトプランドとビザンツ宮廷側とのあいだで，いったい何が障碍となっていたのか。論争の主題と核心は何だったのか。

　小論では，『使節記』そのものを中心素材として，オットーとビザンツ側との間にあった「問題」の指摘を行っておきたい。リウトプランドの使節派遣の意味と目標は何であったのか。この点を検討することで，オットーの皇帝戴冠に象徴される 10 世紀後半のキリスト教世界の政治動向と，その歴史的意義を考察するための一つの基礎作業となることを目的としたい。その際，私は両陣営における事態への対応のあり方にも顧慮したいと思う。なぜなら，以上で紹介した 2 度の会談を含めて，実のところリウトプランド自身による記事のほかには，これら「激論」の存在を示す証言が存在しないからである。『使節記』記事だけが，それら「論争」を伝える唯一の証言なのである。ビザンツ側のギリシア語残存史料には，リウトプランドがコンスタンティノープルに来訪し，滞在したことを示す痕跡すら見あたらない。両者におけるこの温度差は，いったい何なのだろう。リウトプランドのコンスタンティノープル訪問記事そのものが捏造とも思えない以上，われわれはリウトプランドを迎えたビザンツ側の無視ないし冷遇の意味についても考慮せざるをえないだろう。

2 使節派遣への視角
── リウトプランドの著述と足跡

　リウトプランドの著述を通して彼のコンスタンティノープル滞在の意味を考察しようとする場合，彼の作品の性格，またそこに看取される著者の個性や人柄を把握することがまずもって不可欠な作業となろう。もとよりここで彼の著述すべての網羅的検討はできないので，先行研究を参考にしつつ一定の見通しを述べておきたい。

　リウトプランドは，パヴィアのランゴバルド系の裕福な家柄に920年頃生まれ，おそらく973年5月5日以前に没した[3]。パヴィアの宮廷学校で教育を受け，文芸面で優れた教養を蓄えた彼は，養父の誇りとなった[4]。ラテン語ばかりでなく，ギリシア語能力にも優れた才能を発揮したことは，『使節記』の文章そのものからもうかがわれる。イタリア王フゴ（アルル伯フゴ）Hugo, Arelatensium seu Provincialium comes, rex（王在位 927-947 年）の宮廷に出仕して故郷パヴィアの助祭を勤めた後，イヴリア侯ベレンガリウス 2 世 Berengarius II, Eporegiae (=Ivriae) civitatis marchio, rex（† 966）の尚書院に出仕したが，その後この主人と仲違いをしてオットー 1 世のもとに逃亡。その聖堂に勤務したのちに，オットーのイタリア政策に従いイタリアに戻り，962年までにはクレモナ司教に任ぜられていた。

　史料所言から観察される限り，リウトプランドは一貫してオットーに影響を与え続けた有力な助言者だったと推

――――――――――
　　3)　生没年については，異説もあるが，これが現在の標準的な理解である。*The Oxford Dictionary of Byzantium*. Oxford. U. P., 1991. p. 1241-42.

　　4)　Antapodosis, IV, 1.

付論 I 『使節記』の目的と齟齬 135

　測される。側近としてしばしばオットーに同行し，962 年
2 月 2 日にオットーが「皇帝」に推戴された場にも臨席し
ていた。963 年には，オットーの特使としてミンデンのラ
ンドヴァルド Landohardus Mimendensis とともに，反抗
的な教皇ヨハネス 12 世のもとに赴き，彼を更迭した教会
会議では主人の代理として活躍している[5]。『オットー史』
Historia Ottonis によると，965 年リウトプランドはシュパ
イエル司教オトガルとともに，オットーの代理として再び
ローマに赴いており，それは新教皇が選出されつつあった
ときだった。リウトプランドが署名したり，彼のことに
言及する文書類の存在は，966 年から 967 年にかけて彼が
オットーの側近であったことを示している[6]。

　リウトプランドは，これまでは 3 つの著作によって知ら
れてきた。すなわち，(1)『報復の書』Antapodosis , (2)
『オットー史』Historia Ottonis , (3)『使節記』によってで
ある。リウトプランドの足跡を伝える資料としては，この
ほかに，教皇からの特権賦与状，特許状 diploma，また彼
に言及するオットー 1 世の書簡などがある[7]。

———————————

　5)　Hist.Ottonis, VII, XI.

　6)　Ed. Becker, Einleitung, p.x.

　7)　以上 3 作品のほかに，いまや第 4 の著述，復活祭ミサ用の
説教が加わった。かねてより，フライジング司教アブラハム（在位
957-993/4 年）が『報復の書』と『オットー史』の写本を所有してい
たことは知られてきた。現在ミュンヘンに保存されるこのフライジン
グ写本（Munich, clm 6388）は，10 世紀にイタリアで手書きされたと
推定され，かつてペルツによってリウトプランドの自筆と誤認された
ものでもあった。このミュンヘン本は，両テキストの伝承における 1
つの重要な枝路であり，初期伝播の系統の 1 つになったものである。
cf. Daniel, N., *Handschriften des zehnten Jahrhunderts aus der Freisinger
Dombibliothek - Münchener Beiträge zur Mediävistik und Renaissance-
Forschung, xi, Arbeo- Gesellschaft*. München, 1973. p.105-106; Koder,
J., Liutprand von Cremona und die Griechische Sprache. in Koder, J. u.
Weber, Th., *Liutprand von Cremona in Konstantinopel. Untersuchungen*

136   コンスタンティノープル使節記

『報復の書』は，958 年にフランクフルトで書き始めら

*zum griechischen Sprachschatz und zu realienkundlichen Aussagen in
seinen Werken.* [Byzantina Vindobonensia, 13] Wien, 1980., p.62-65. ベッ
カー校訂の第 3 版の両テキストも，このミュンヘン本を底本とし，現
存諸マニュスクリプトをすべて引照した上で成っている。他方，フ
ライジング司教アブラハムは，写本 Munich, clm 6426 をも所有して
いた。これは司教のための教本で，説教，教会法の断片，信仰告白
文 formulae，祝福，また古スラヴ語による諸テキストを含む。この写
本に，リウトプランドによる復活祭ミサ用の説教が含まれていた。こ
の史料断片は，ビショーフ Bernhard Bischoff によって発見され，彼
の手で校訂された。ビショーフは，説教を含む冊子がリウトプランド
自身の手で書かれ，リウトプランドがこの冊子にギリシア語の上書
きを与えたことを示すことに成功した。Bischoff, B., Eine Osterpredigt
Liudprands von Cremona (um 960). in id., *Anecdota Novissima Texte des
vierten bis sechzehnten Jahrhunderts, Quellen und Untersuchungen zur
Lateinischen Philologie des Mittelalters, VII.* Stuttgart, 1984. p.20-34. リ
ウトプランドはここで自分を「助祭」deacon と呼び，ビショーフ
はその作成年代を 960 年と比定している。なお，教皇による特権状
は，Papsturkunden 896-1046, I, ed. Zimmermann, H., *Österreichische
Akademie der Wissenschaften Philosophisch-Historische Klasse
Denkschriften, 174 Veröffentlichungen der Historischen Kommission,* III.
Wien, 1984. Nos. 179, 185, 186, 187. マイセンへの spurium は，no.197.
を参照。これらはすべて 967-969 年のものである。リウトプランド
が 967 年 4 月にラヴェンナで開催された帝国裁判集会に参加していた
ことについては，Manaresi, C., *I placiti del "Regnum Italiae", II, i, Fonti
per la storia d'Italia.* Rome, 1957, No.155, p.51. また，967 年 6 月のモ
ンテ・ヴェルトライオ Monte Veltraio での集会についての No.156,
p.56. を参照。ここでは彼は Hliuto episcopus interfui と記名している。
967 年 4 月 29 日のオットー 1 世のディプロマの中で，リウトプラン
ドは教皇アキレイアのロダルド Rodald of Aquilea の代理として調停
している。*MGH, Diplomatum Regum et Imperatorum Germaniae Tomus
I. Conradi I. Heinrici I. et Ottonis I. Diplomata.* Hannover, 1879-84.
No.341. リウトプランドは，969 年にミラノで開催された教会会議に
おいてオットー 1 世の代理として指導的な役割を果たした。cf. I placiti,
II, i, No.206, p.242-244. 970 年には，「皇帝より派遣されたる」ヘッキ
コ伯 Count Heccico とともに，フェラーラ Ferrara 訴訟を司った。cf. I
placiti, No.164, p.97-99. 最後の 2 つの文書は，968 年の使節派遣後に
もリウトプランドがオットー 1 世に重用され厚い信頼を得ていたこと

付論 I　『使節記』の目的と齟齬　　137

れたリウトプランドの主著と目される作品である。それ
は，全6巻から成る大著で，888年から948年にわたるビ
ザンツ・ドイツ・イタリア間の歴史を扱うが，オットーが
教皇ヨハネス12世によって962年2月に戴冠された以後
も書き継がれた[8]。他方，『オットー史』は，短編ではある
が，オットー父子治世のいわば正史と位置付けられる著述
である。964/5年に書かれ，「略奪者」invasor として教皇
ベネディクトゥス5世が退位させられた記事とともに突
然中断されている。オットーとローマ教会との960年か
ら964年までの関係の変遷をほぼ網羅的に記述している。
『使節記』もまた，伝承されるテキストにおいては未完の
まま中断されている。オットー1世とその息子で共同皇帝
たるオットー2世，また皇后アーデルハイダに宛てた書
簡の形式で書かれている。それは，コンスタンティノープ
ルからナウパクトス，コルフを経て，イタリアへ帰還して
間もなくの969年に著された，と推定される。度重なる
帰還の遅延と官憲の強請りに対する不平不満が，この年の
1月初めまで続いたこととして記されているからである。
　『使節記』中のデフォルメされた記述は，全体として見
ると，とてもそのまま事実として受け入れられるものでは
ない。この点で，偏見や誤謬に満ちた記述内容であるが故
に歴史資料としては無価値としたヴァッテンバッハの見解
は，たしかに一面において正鵠を射ている[9]。しかし，外

_____

を示す証拠と考えられている。
　8)　第6巻第4章に「その当時王であり，今皇帝であるところの
われらの主」domini nostori, tunc Regis, nunc imperatoris とあることか
ら，第6巻が962年2月以降に執筆されていることが確認される。
　9)　Wattenbach, Wilhelm, *Deutschlands Geschichtsquellen im
Mittelalter*, 1. Band, 1. Hälfte. 6. Aufl. Berlin, 1894. S.425. 他方，リウト
プランドを深いメッセージ性などもたない，ただ読む者を楽しませ
るのに熱心なだけの著述家と見る見解もある。cf. Leyser, Liudprand
of Cremona, Preacher and Homilist. p.55f. サザーランドの2論考もこ

来者ゆえの貴重な証言が豊富に含まれていることもまた事実である。外来者の目を通して語られたビザンツ社会の「真実」が、そこにはある。そしてまた、史資料は客観的事実の取材源としてのみ存在するものでもないだろう。なぜリウトプランドはそのような嘲罵を浴びせたのか。執筆の動機や意図を当時の政治的・文化的文脈のなかに位置付けられるとすれば、それは、当該社会の様々なコンテクストを考察しうる格好の素材ともなるはずである。M・リンツェルによれば、リウトプランドは、この訪問時のビザンツ側の態度を告発し、オットー側の士気を高めるために『使節記』を執筆したという[10]。リンツェルによれば、『使節記』執筆の動機はまさに政治的宣伝にあった。それは「ビザンツへの反感と憎悪を全ての方向にわたって煽り立てようとする公的なパンフレット」だったというのである。

少年時代、リウトプランドはイタリア王フゴの宮廷に仕え、自身の記すところでは並ぶ者なき美声をもって王の寵愛を受けていたという[11]。フゴの威光が失墜した後、イタリア半島ではイヴリア侯ベレンガリウスが政治的実権を握った。リウトプランドの両親 parentes は、息子のために

の見解を支持する。Sutherland, J.N., The idea of Revenge in Lombard Society in the Eighth and Tenth Centuries: The Cases of Paul the Deacon and Liudprand of Cremona. *Speculum* 50 (1975) p.391-410; id., The Mission to Constantinople in 968 and Liudprand of Cremona. *Traditio* 31 (1975) p.55-81. 彼の結論は両論考で同じである。「リウトプランドは深い思考者でもなければ特別の宗教人でもない」(*Speculum* 50, p.408)。そして、『『報復の書』には「神についての十分に練られた観念の徴候が希薄である。その本性や力、世界を創造するに当たっての神の目的といったことについての徴候があまり見られない」と断ずる (ibid., p.408)。

10) Lintzel, M., Studien über Liudprand von Cremona. (*Historische Studien*, Heft 233) 1933. S.54.

11) Antapodosis, IV, 1. p.104.

付論 I 『使節記』の目的と齟齬　　139

少なからぬ富を費やして，ベレンガリウスの信頼厚い秘書
の地位を得てやった[12]。リウトプランドとビザンツとの関
係は，親譲りだった。彼の実父も養父もともに東方への使
節を務めていた。実父は 927 年に，養父は 941 年に東方
に赴いている[13]。リウトプランド自身は，少なくとも 3 回，
おそらくは 4 回東方に赴いたと推定される。

(1) 949 年，ベレンガリウスの使節として。

(2) 960 年，オットー 1 世の使節として。この時には，
　　パクソス島に足止めされ，自身を囚われの身と『報
　　復の書』中で記している[14]。

(3) 968/69 年の赴任は『使節記』に記録された派遣
　　である。

(4) 971 年。『聖ヒメリウス移葬記』Translatio Sancti
　　Hymerii の記述が信頼できるものとすれば[15]，これ

―――――――――――――――

12)　Antapodosis, V, 30, p.149: "secretorum eius conscium ac
epistolarum constituunt signatorem".

13)　実父の使節派遣については，Antapodosis, III, ch.22-24, p.82-
83., 養父については，Antapodosis, V, ch.14, 15, p.137-139. に記述され
ている。後者については，さらに Hiestand, R., *Byzanz und das Regnum
Italicum im 10. Jahrhundert*. Zürich, 1964. p.154f, 181f. を参照。

14)　960 年のコンスタンティノープル訪問については，
Antapodosis, III, ch.1, p.74. を参照。

15)　971 年の訪問は，Translatio S.Hymerii, MGH, SS, III, p.266,
n.23; Becker, Liudprandi Opera, p.XII; Manitius, II, p.171f. を参照。19
世紀の学者デュムラー Dümmler は，この『聖ヒメリウス移葬記』の
記事を受け入れる姿勢を示す。Dümmler in R.Köpke and E.Dümmler,
Kaiser Otto der Grosse, Jahrbücher der Deutschen Geschichte. Leipzig,
1867. p.478, n.3. リウトプランドの同時代史料として，また彼の 971
年のコンスタンティノープル訪問を証明する史料として，『聖ヒメ
リウス移葬記』の信憑性を支持する論文としては，Ohnsorge, W.,
Die Heirat Otto II. mit der Byzantinerin Theophano. *Braunschweigisches
Jahrbuch* 54 (1973) p.39. n.69. 最近では，『聖ヒメリウス移葬記』のも
つ史料的価値は，ベッカーやマックス・マンティウスの時代における
よりも高いと評価されている。p. xvii, 注 3 も参照されたい。

が最後の派遣だった。この時には，ケルン大司教ゲローに随行した2名の司教のうちの1人として，ヨハネス1世ツィミスケス（在位969-976年）の宮廷に赴いた。この時のミッションは，長らく待望されたオットー2世（955生-983年12月7日没，在位961-983年）の妃となるべき皇女をエスコートするため，そして彼女の財宝をイタリアに持ち帰るためだった。

なお，『聖ヒメリウス移葬記』の記事によれば，この旅行から戻ったリウトプランドは，クレモナに再び帰ることはなかった。そして，イタリア内の他所で没したと考えられている。リウトプランドの意志にかかわらず，彼の卓越したギリシア語会話力がコンスタンティノープルへの使節には必要だった。『聖ヒメリウス移葬記』は，そのギリシア語力の故にリウトプランドはコンスタンティノープルに派遣された，としている。

たしかにリウトプランドは，オットーにとって貴重な人材だったと思われる。少年時から発揮された文芸面での才能は，彼に「世界」情勢についての幅広い視野をもたせていたし，最初のコンスタンティノープル訪問を通じて相応のギリシア語能力を身に付けてもいた。リウトプランドが前回ベレンガリウス2世の使節として赴いたのは，949年9月17日―950年3月のことだった。このとき彼は，皇帝コンスタンティノス7世ポルフィロゲネトス（在位913-959年）の知遇を得て歓待を受け，「世界」情勢や有職故実に関心の深かった同帝のために，イタリア情勢について情報提供さえしている[16]。ところが，今回は状況が一変し

---

16) コンスタンティノス7世編纂の『帝国の統治について』第26章，第27章のイタリア情勢に関する記述。Constantine Porphyrogenitus, *De Administrando Imperio. Vol. I: Text.* Revised Ed. by Gy.Moravcsik, tr. R.J.H.Jenkins. Washington, D.C., 1967. p.108-119. 他方

付論Ⅰ　『使節記』の目的と齟齬　　　141

ていた。マケドニア朝（867-）の正統なる血筋は，コンスタンティノス7世の息子ロマノス2世（在位959-963年）をもって中断し，いまや1世紀にわたってアラブ勢力の支配下にあった東地中海の要衝クレタ島を961年に奪取した元軍司令官ニケフォロス2世フォーカス（在位963-969年）が帝位にあった（後述）。

　当時，キリスト教世界はひとつの転機を迎えていた。西方では，ザクセン朝のオットー1世が，936年の即位以来，諸侯・有力者たちに対する支配を強め，次第にアルプス以南にもその実質的勢力を伸ばしつつあった[17]。イタリア，特にその南部地域は伝統的にビザンツ皇帝の支配にあったが，オットーはこの地域に進軍して968年3月には南イタリアの都市バーリを攻囲していたのである。

　このとき，リウトプランドはオットーと行動を共にしていた。リウトプランド自身の主張によれば，「勝利者」オットーを説得して「バーリから軍を引かせ」，コンスタンティノープルとの外交交渉を再開させたのは，ほかならぬ彼自身だったという。オットーは，この膠着状態を打開するために，リウトプランドの進言に従って彼をコンスタンティノープルに派遣した。『使節記』第57節には，リウトプランドがコンスタンティノープルを発つ段になってビザンツ人への恨み辛みを滞在先の机上に次のように刻んだ，と記されている[18]。

_____

リウトプランドは，この訪問のことを『報復の書』第6巻で記している。

　17）　オットーの最初のアルプス越えは951年のことだった。この年，オットーは，アーデルハイダと結婚した。彼女は，アルルのフゴの息子でイタリア王であった故ロタリウス2世の寡婦だった。当時のイタリア情勢とそれに対するオットーの行動については，本文11-17頁，また注25-29，70なども参照。

　18）　この不満に満ちた六歩格詩は，多分にヴィルギリウスの影響を受け，ヴェルギリウス，ユウェナーリスからの表現の借用が数

142   コンスタンティノープル使節記

アルゴス人はまったく信用ならない。ラテンの人々よ，
  彼らに近づくな。
注意されよ。彼らのことばに耳を貸されるな。肝に銘じ
  られよ！
相手を打ち負かせるとあれば，アルゴス人は如何に神聖
  に仲間への誓いを破ることか！
とりどりの大理石で出来た，巨大な窓をもつこの堂々と
  した館，
水の通っていない，収監者だけにしか開かれていない
  館，冬の寒さを抱き込み，夏の激しい暑さを払うこ
  とのないこの館の中で，
都市クレモナの司教である私リウトプランドは，イタリ
  アから
平和を求める気持ちに導かれここコンスタンティノープ
  ルにやってきて，
夏の四か月間というもの監禁されていた。
それというのも，皇帝オットー陛下がバーリの城壁をは
  がし，
火と殺戮によってその地を従わせようとされていたから
  だ。
陛下は勝利しておられたが，私の懇願に動かされてロー
  マの諸都市に引き戻られた。
うそつきギリシアは，彼に義理の娘〔嫁〕を与えると約

か所含まれている。cf. ed. Becker, p.206-207.「アルゴス人」Argoli と
は，古代においてギリシア人を表したギリシア語。なお，「自分のま
ま娘を私の主人の息子と結婚させることを阻止している」privignam
prohibes qui nato iungere herili. とは，ニケフォロスが後見人をつとめ
るバシレイオス（のちの皇帝同 2 世），コンスタンティノス（のちの
同 8 世）兄弟の姉妹が，オットー 2 世の花嫁候補として挙がっていた
ことを示唆する（後述）。この婚姻の話題は，『使節記』第 15 節で最
初に言及されている。

束した。

彼女が生まれていなかったなら，私がここに来る苦痛を
　　舐めはしなかったろうし，

ニケフォロスよ，汝の狂気を測り知ることはできなかっ
　　ただろう。

汝は，自分のまま娘を私の主人の息子と結婚させること
　　を阻止している。

さあ見たことか！　すさまじい狂気に突き動かされて，

ゼウス神が阻止しない限り，軍神マルスが荒々しく地の
　　果てまで暴れ回るだろう。

汝の罪ゆえに，すべての者が望む平和は息をひそめるこ
　　とだろう！

3　使節派遣の位相

（1）『報復の書』から知られる背景

　リウトプランドのこの「捨てぜりふ」には，注目すべき
多くの論点が含まれている。オットーが皇帝戴冠後も引き
続きイタリア半島で軍事行動を続行していたこと，使節派
遣がなされた直前の968年春先にはビザンツ側の拠点バー
リを攻略していたこと，しかしながら結局は攻め落とせず
近隣都市に引き上げていたこと，膠着状態に陥った状況の
打破のためにリウトプランドが帝都に赴いたこと，交渉の
目的の一つに皇帝の娘をオットー2世の妃に迎えようと
していたこと，しかし結局無為に4か月を「大理石で出
来た，巨大な窓をもつ堂々とした館」で過ごし，帰途に就
くことになったこと，である。

　さて，以上の記事が「真実」であるとすれば，リウトプ
ランドの滞在中の交渉に臨む姿勢，ないし意図とは何だっ
たのだろうか。『使節記』そのものにも，執筆の意図や動

機と同定される文言は見られる。しかし、その記事全体が多少ともデフォルメされたものとの印象を拭えない以上、われわれは他の可能性をも積極的に模索せざるをえない。幸い、リウトプランドの主著と目される『報復の書』には、彼がその著述を行った意図と目標が垣間見られ、それはリウトプランドその人の世界像ともいうべき姿勢や動機の一端を窺う貴重な資料となっている。それは、リウトプランドの使節派遣の位相とそこでの意図を考える上でも有益であると思われる。

　前述の通り、『報復の書』は 958 年にフランクフルトで書き始められた。執筆に取りかかった当初、リウトプランドは故郷イタリアを離れてオットーのもとに寄宿する身であった。「流浪中」ἐν τῇ ἐκμαλοσίᾳ αὐτοῦ（表題中の表現）のリウトプランドは、この著述を始めた動機を、エルヴィラ司教レケムンドの慫慂による、と自ら記している。レケムンドは、コルドヴァのムスリム勢力下にあったキリスト教徒共同体の指導者で、グラナダ近傍の都市エルヴィラの司教だった。このレケムンドとリウトプランドが出会ったのは、965 年 2 月、オットー主宰の集会においてであったと考えられている[19]。この著述の第 1 巻第 1 章の書き出しには次のようにある。「いと高貴なる神父よ（レケムンド）、全ヨーロッパの諸帝および諸王の事績を、疑わしい伝聞によってではなく、目撃によって知っているものとして私が記述するようにあなたから求められたその懇請に、私はこの 2 年間というもの自分の才能の乏しさのために従うことができなかった」。執筆開始年の推定はこの記述を根拠としている。

　『報復の書』のなかで、リウトプランドは 10 世紀前半における「世界情勢」を縷々記した。彼はその第 1 巻第 5

---

19)　Ed. Becker, Liudprandi opera, Einleitung, X.

付論Ⅰ　『使節記』の目的と齟齬　　145

章の結び部分において，ビザンツのレオン（6世），ブル
ガリアの支配者シメオン，ウンガリア族事情，バヴァリア
族，シュワーベン族，テウトニクスのフランク族，ロタリ
ンギア族，サクソン族の王アルヌルフ，マラヴァニ（メー
レン）の公ケンテバルドゥス，「イタリアの支配権をめぐっ
て争う」ベレンガリウス（1世）とウィドの両皇帝，教皇
フォルモススの名を列挙し，「これらの帝王の各々の治世
下で何が生じたかを簡潔に記そうとするものである」と，
執筆意図を明記している。

　『報復の書』におけるリウトプランドの動機と意図につ
いては，すでに我が国でも上原専禄氏による立ち入った考
察がある。歴史記述そのものが 10 世紀においてもった意
味と，執筆主体における動機にまで立ち入って考察するこ
との重要性を指摘する上原氏は，リウトプランドが生きた
道，またこれと密接に関連すると考えられるリウトプラン
ドの「世界認識」の内実を，著述そのものに内在して内側
から照射することを提唱し，実践した。その方法論的視座
は，史料・テキストが有する歴史価値を単に歴史的事実を
伝えるメディアとしてではなく，執筆者が抱いた動機と意
図の点から歴史主体の意識の内面にまで分け入って理解
することの重要性を説いて，意義深い。この分析視点は，
『使節記』の執筆意図を考える場合も重要である。そして，
この観点から『報復の書』と『使節記』を観察してみる
と，それらは，紛れもなく一つの統一的な主体によって書
かれた作品であると言える。

　『報復の書』はレケムンドの慫慂に応じて執筆された。
しかし，それは外的機縁をなしているにすぎない，と上原
氏は論ずる。むしろ，リウトプランドにおける執筆の動
機ないし意図は，別にあったという[20]。この著述の名称は，

───────────
　20）　上原専禄「クレモナ司教リウトプランドの『報復の書』」

かつての主人ベレンガリウス2世とその妻ウィラに対する深い怨念に由来している[21]。そして上原氏も指摘する第3巻第1章において，リウトプランドは，この書物の目的を次のように吐露するのである。

　　この書の目的 intentio は，今イタリアで統治を行っているのではなく，暴政を行っているこのベレンガリウスの行状，そしてその妻であり，その計り知れぬ暴虐のために第二のエザベルと呼ばれ，飽くことを知らぬその貪欲の故にその本来の名ラミアをもって称せられるウィラの行状を，記述し，暴露し，それを声高に叫び立てようとすることである。……私は私に加えられた災害について，テン・アセヴェィアン，つまり彼らの兇悪を，現在の人たちにも未来の人たちにも暴露する……。しかもこの書は，それに劣らず，至聖で至福な人たちにとっても，その人たちが私に示してくれた恩恵の故に，アンタポドシスになるであろう。

　さて，ところが『報復の書』の記事内容は，実のところビザンツ，ドイツ，イタリアの各地域における帝王の事績と歴史にほかならない。情緒的な記述を多く含むために，通常のラテン語「世界年代記」と評価されないこともあったが[22]，各地の現状を諸君侯の動静を含めて記述していることから，この著述は年代記の内実を備えていると言ってよい。それは紛れもなく一つの歴史記述として構想されて

『クレタの壺』評論社，1977年刊所収，102頁。（初出『一橋論叢』26-5（1951年11月），『上原專祿著作集17』（評論社，1993年）にて再刊）

　21)　Antapodosis, III, 1; V, 10-: VI, 1-

　22)　上原「クレモナ司教リウトプランドの『報復の書』」『クレタの壺』106-109頁。

いる。上記3地域という比較的狭い世界を対象としてはいるものの，それは，「哲学の渇愛者」philosophy ydropicus にキリスト教世界についての見取り図を提供することを目的としているのである。

リウトプランドは，世界情勢についての記述を行う意味を，同じ第1巻冒頭部においてキリスト教化のためと規定する。登場する君侯たちについて語るのは「彼らが敬虔な生涯を送ったなら，我らの主イエス・キリストの恩恵が讃えられなければならず，彼らが罪を犯したとすれば，イエス・キリストによってなされた矯正が記録されなければならない」とする。そして続く諸章でリウトプランドは，キリスト教徒と異教徒侵攻者（サラセン人，マジャール人）とのあいだで交わされた和解や利己的取り引きなどについて記すのである。彼は，それらの行為に好意的でない。自身の目的のためにそのような行動に執着する者たちは，皆，神の怒りの正当なる懲罰を受けた。つまり，皇帝アルヌルフスであり，イタリア王アルルのフゴである。皇帝アルヌルフスはマジャール人が西ヨーロッパに進出しうる道を開いたことで[23]，またフゴは，自身のためにアルプスの道筋をブロックするためにフラクシネトゥム Fraxinetum のサラセン人を生き延びさせたとして，糾弾される[24]。

---

23) Antapodosis, I, 13, p.15-16. リウトプランドは，またアルヌルフスを，896年のイタリア侵入時にその従者が犯した狼藉のことでも非難している。cf. Antapodosis, I, 13, p.25-26. アルヌルフスの死については，Antapodosis, I, 36, p.27. ここでリウトプランドは，アルヌルフスがマジャール人を入れた罪でこの世でもあの世でも永久に苦しむかどうか，現在患っている病がその罪を贖うものかどうか，について語っている。

24) アルルのフゴがフラクシネトゥム Fraxinetum のサラセン人と同盟 foedus したことを非難している。Antapodosis, V, 17, p.139. これには神の復讐が続いた。Antapodosis, V, 31, p.149. しかし，リウトプランドは，ビザンツ皇帝ロマノス・レカペノス（在位 919-944 年）

『報復の書』という名称は，前述のようにベレンガリウス2世とその妻ウィッラに対する個人的怨念に由来すると説明される。しかし，この著作の別の，むしろ第一のといってよい目的は，いわば神の意志に沿わない不適切な行為や状態を縷々記すことにあった。この書の全体を貫いて看取されるライトモチーフは，むしろ後者と見える。イタリアにおけるベレンガリウスしかり，フラクシネトゥムのムスリムたちを生き延びさせたアルルのフゴしかり，イベリア半島のキリスト教徒共同体を抑圧するイスラム勢力しかり，また都市ローマを我が物とする地元勢力しかり，である。

(2) 都市ローマの支配をめぐって

すでに紹介したように，ニケフォロス2世フォーカスは，リウトプランドとの最初の会談においてオットーの「悪行」を非難した。「われわれは，貴殿方を好意的に麗々しく迎えなければならなかったし，無論そうしたかった。しかし，貴殿方の主人の為したたちの悪い行いがそうはさせないのだ」と。

これは，『使節記』第4節に見られる文言である。続く第5節には，リウトプランドが行ったとされる反論がヴィヴィドに記されている。熱気を帯びた彼の反論は，内容と口調の激しさの両面から興味深い。いささか長いが引用してみよう。

［第5節］彼〔ニケフォロス2世〕に私〔リウトプラ

―――――――――――
がコンスタンティノス7世（在位945-959年）よりも上位に自身と自身の息子の一人を上位に置いたことについてはこれを糾弾したが(Antapodosis, III, 37, p.91)，レカペノスがアフリカのサラセン人を招来して南イタリアのビザンツ諸属州の反乱を押さえたと伝えられることに関しては非難をしていない (Antapodosis, II, 45, p.57f)。

付論 I 『使節記』の目的と齟齬　　149

ンド〕はこう答えました。「私の主人〔オットー〕は，
ローマの都市に力や圧制によって侵入したのではありま
せん。そうではなくて，圧政者，けだし複数の圧
政者たちのくびきから都市ローマを解放したのです。
女々しい連中が，都市ローマを支配していたのではな
かったですか？　娼婦どもが？　これ以上に酷く恥ず
るべきことがありましょうか？　私が思いますには，
その時あなたのお力，また先任者方のお力は寝ていた
のです。彼らは，単に名前においてだけのローマ皇帝
であり，実質的な皇帝ではなかったのです。彼らが，
もし権力者であったなら，もしローマ皇帝であったな
ら，何故にローマを娼婦の力の下に放置していたので
しょうか？　至聖なる教皇方のある方たちは追放さ
れ，またある方たちは日々の費用や施しをできないほ
どにまで破滅させられたのではないのですか？　アー
デルベルトゥス Adelbertus は，人を侮辱する書簡を，
あなたの先任者であるロマノス〔レカペノス〕とコン
スタンティノス〔7 世〕の両帝に送りつけなかったで
しょうか？[25]　至聖なる使徒たちの教会を，彼は強奪
しなかったでしょうか？　あなた方の皇帝のうちのど
の方が，神への熱愛に導かれて，かような不敬なる悪
行を打ち砕き，神聖なる教会を本来の状態に回復させ
ることに配慮したでしょうか？　あなた方は〔そうす
ることを〕怠ったのです。しかし私の主人はそれを怠
らなかったのです。私の主人は，地の果てから立ち上
がり，ローマにまでやって来て，不敬なる者たちを排
除し，神聖なる使徒たちの代理人たちに，力と名誉の
全てを委ねたのです。その後，自分と主たる使徒（＝
教皇）に反抗した者たちを，宣誓の破壊者，瀆聖者，

25)　第 5 節注 26（13-14 頁）参照。

彼らの主人である使徒に対する拷問者，強奪者の如くに，ローマの諸皇帝の勅令，ユスティニアヌスやヴァレンティニアヌス，テオドシウスほかの諸皇帝の勅令に従って，打ち倒し，殺害し，絞首刑にし，追放刑にしたのです。もし〔私の主人が〕以上のことを為さなかったとすれば，〔主人が〕不敬で，不正で，無情で，暴君となっているでしょう。公然としているのは，ベレンガリウスとアーデルベルトゥスが主人の従者となり[26]，イタリア王国を黄金の笏によって彼の手から受け取ったということ，そして，あなたの臣下の方々の居並ぶ前で——彼らは今も存命で，かの町〔ローマ〕に暮らしています[27]——誓いを立てて誠実宣誓をしたということ，です。そして彼らが，悪魔の教唆によってこれ〔誠実宣誓〕を不忠にも破ったので，彼〔私の主人〕が，かの者たちを背信者・反乱者としてみなし，正当にも彼らから王国を奪ったのです。あなたも，あなたの臣下のなかでその後反乱した者たちに対しては，同じことをなさるでしょう。

　アーデルベルトゥスとは，ベレンガリウス2世の息子である。上の記事で問題になっているのは，オットーとベレンガリウス，アーデルベルトゥス父子の関係が悪化したこと，また彼らと都市ローマの関係である。

　リウトプランドの若年時には，イタリア王はフランク系の2つの家門から出ていた（図1）。9世紀末の段階では最終的には，フリウリ侯ベレンガリウス1世 Berengarius I, Furiae marchio, rex（†924）が北東部の本拠地から出て，898年末までにイタリア王の地位を確保していた。899年

---

26)　第5節注29（15頁）参照。
27)　第5節注30（15頁）参照。

付論 I　『使節記』の目的と齟齬　　151

秋までに，皇帝ルードヴィヒ 2 世（†875）の孫であるプロヴァンスのルイ Lodovicus (Lewis) III（†928）が，ベレンガリウス 1 世のライバルとして名乗りを上げたが，紆余曲折の末，905 年ルイはベレンガリウス 1 世によって捕らえられ，目を潰されたのち，928 年に没するまでのその後半生をプロヴァンスで何の後盾もなく過ごしている。その後，ルイの従弟フゴ（アルルのフゴ Hugo, Arelatensium seu Provincialium comes, rex）が，ときの教皇ほか数名の貴族たちの協力によって王位に就き，926 年から 947 年までその地位を保持することに成功した。しかし，947 年になって，ベレンガリウス 1 世の孫でイヴリア侯であったベレンガリウス 2 世が，フゴの廃位に成功する。

　『報復の書』の中で，その妻ウィッラ Willa とともに一貫して悪人として描かれているベレンガリウス 2 世。彼は，自身を実質的な支配者としながら，フゴの息子ロタリウス 2 世 Lotharius II を王位に就けた。ところが，フゴは 947 年に没し，ロタリウス 2 世も 950 年に死去してしまった。こうしてベレンガリウス 2 世は，950 年の 12 月，自身の息子アーデルベルトゥスとともに共同王として登位し，オットーは，951 年 9 月パヴィアにあってこの両人の臣従礼を受けていた。

　さて，この時期の教皇たちは，都市ローマの貴族とローマ教会の高位役職者とからなる緊密で小さなサークルから選出され，かつ頻繁に入れ替っていた[28]。882 年のマリヌス 1 世から 914 年のヨハネス 10 世までの 32 年間に 15 名，ヨハネス 10 世の死んだ 928 年からマリヌス 2 世の死んだ 946 年までの 18 年間に 6 名の教皇を数えた。920 年

---

28)　竹部隆昌「教皇傀儡化の背景」『文化史学』第 57 号，2001 年 11 月，107-128 頁。同「『娼婦政治』再考──10 世紀ローマの都市貴族について」『ローマと地中海世界の展開』（浅香正監修，晃洋書房，2001 年 12 月）215-229 頁，などを参照。

代以降，ローマ市と教皇庁は，次第にテオフュラクトゥス家の支配のもとに置かれるようになっていた。同家の娘マロツィアは，父テオフュラクトゥスの指示で，数度の結婚をする。相手は，スポレート公アルベリクス，トスカナ侯グイスカルドゥス，そして最後にイタリア王であるアルルのフゴであった。これによって打ち立てられた同家の勢力を，彼女は思いのままにし，マロツィアとその息子アルベリクス（†954）は，ローマ市をほぼ思いのままに支配したという[29]。彼らは，教皇を立て続けに立て，そのうちの幾人かは彼らの親類であった。アルベリクスは，断固としたローマ派であり，リウトプランドの最初の主人アルルのフゴの対ローマ介入を数度にわたり退けている。

　ローマを，教皇ではなく寡頭政治が支配し，その中でもある一家門が支配しているという状況は，北イタリアの教会人リウトプランドには不自然に映ったようである。オットー1世がローマを「救済」する以前にはこの町は頽廃していた，とリウトプランドはビザンツ宮廷での論戦の中で繰り返し強調した（第4節，第5節，第17節）。オットーは武装蜂起によって自らをローマの主人とした，とのビザンツ皇帝ニケフォロス・フォーカスの糾弾に対し，リウトプランドは，オットーがローマを「圧政者たちのくびきから」解放したのだと応酬した。マロツィアたち娼婦どもmeretricesからローマを解放したのだ，と。

　　［第17節］あなた方が解放されるのを望むと声高に
　　叫んでいるローマ。そのローマは，誰に奉仕するので
　　すか？　誰に貢納を支払うのですか？　かつてローマ
　　は，淫乱どもに奉仕していたのではなかったのです

　29）　アルベリクスについては，本文注252，253（116-117頁）をも参照。

か？　そして，あなた方が寝ている間，けだし力を及ぼさずにいた間，私の主人である尊厳なる皇帝陛下が，かかる不品行な屈辱状態からこのローマを解放したのではなかったのですか？

　ローマでは，954年にテオフュラクトゥス家のアルベリクスが死去した。彼の息子オクタヴィアヌス Octavianus は，教皇権と公権を一身に帯びていた（教皇ヨハネス12世：在位955-964年）が無能で[30]，北からローマに進出したベレンガリウスと組んだ内部の敵に取り巻かれて，オットーに援助を求める始末であった。オットーはこれに応じて962年2月南からローマに入城し，同2日，教皇より皇帝として戴冠されるに至った。この皇帝戴冠はローマ内では不評で，オットーに対する相次ぐ反乱が起こった。そのもっとも深刻な暴動は965年に起こり，この時にオットーの画策により就任していた教皇ヨハネス13世（在位965-972年）が追放された。オットーはこの反乱を厳格な態度で鎮圧し，教皇を直ちに「復位」させた。その反乱弾圧の苛烈さが，上記第5節に見られる皇帝ニケフォロスの批判を生んだのだった。

4　論争の核心
──皇帝称号問題かイタリア問題か

　ビザンツ宮廷側がオットーに対し種々の不満を覚えていたことは明らかである。『使節記』で言及される順に従えば，その第一は「ローマ皇帝」の称号問題，次いで都市

　30）　アルベリクスとアルル伯フゴの娘アルダとの子であったから，家柄だけでローマ貴族らの信認を得ていた。

154   コンスタンティノープル使節記

ローマの支配問題，そして，イタリアにおける「領有」問
題であった。

(1) 皇帝称号をめぐる問題

　ビザンツ側の不満の第一は，「ローマ皇帝」の称号をめ
ぐる問題だった。6月6日の会談以後も，それは激しい論
争の種となっていく。しかし，この皇帝称号問題には，2
つのいわばレベルの異なる問題が内包されていたことが看
取される。

　オットーが，シャルルマーニュと同様「ローマ皇帝」の
称号を帯びたことは，長いことビザンツの不満となってい
た。「ローマ皇帝」の称号は，古代ローマ帝国の唯一の正
統なる後継者たる「バシレウス」のものであり[31]，10世紀
初頭から半ばに至るまで，イタリア周辺の諸王がこの称号
を帯びることはなくなっていた。すなわち，アルルのフゴ
もベレンガリウス2世も，軍事的脅威になるほど強力では
なく，「皇帝」称号を僭称するほどのことはありえなかっ
たのである。ビザンツは，イタリアにおけるフランク系諸
王と長いこと気楽に付き合っていたといってよい[32]。これ
は，研究者によって，リウトプランドが，ベレンガリウス
の使節としてコンスタンティノープルを最初に訪問したと
きに厚遇された理由の一つであったと考えられている[33]。
ところが，オットーは軍事的脅威となるほどの実力をも

---

　31)　この見解を支える史料所言は，ニコルによってもっとも網
羅的に提示されていると思われる。Nicol, D.M., The Byzantine view of
western Europe. *Greek, Roman and Byzantine Studies* 8 (1967) p.315-319.

　32)　Nerlich, Daniel, *Diplomatische Gesandtschaften zwischen
Ost- und Westkaisern 756-1002.* [Geist und Werk der Zeiten, Nr.92] Bern/
Berlin et al., 1999. p.292-298.

　33)　Nerlich, *op.cit.,* p.24; Leyser, K., Ends and Means in Liudprand
of Cremona. in Howard-Johnston, J.D. (ed.), *Byzantium and the West
c.850-c.1200.* Amsterdam, 1988. p.119-143.

付論 I　『使節記』の目的と齟齬　　155

ち，実際に皇帝称号を帯びることとなった。

　ビザンツ帝国側からすれば，「バシレウス」は「ローマ人の皇帝」としてただ一人存在するものだった。ニケフォロスの弟レオンとニケフォロス自身が，この皇帝称号問題をリウトプランドに対して異議を提起したことは，まさにその反映と考えられる（第 2 節（7 頁）第 25 節（46-48 頁）。この見解に立ってビザンツ皇帝が，都市ローマに対してもその他の諸公侯に対すると同様の宗主権を持つと考えていたことは，上述のリウトプランドとの議論からも推測される。少なくとも 8 世紀初頭まで，都市ローマはビザンツ帝国の一部であった。それは，ラヴェンナ総督の権威のもと，一人の「公」によって統治されていた。しかし，教皇たちの影響力は増大し，東西教会間の神学的主張の相違もますます乖離していった。また，ローマ，ラヴェンナ双方で，ビザンツの守備隊員の間に強力な地域主義的感情が強まっていったことも指摘される[34]。これらは全体として，ローマ・ビザンツ間の結び付きが脆弱になったことを意味した。ちなみに，「ローマ皇帝」としてローマに迎え入れられた皇帝は，664 年のコンスタンス 2 世が最後だった。

　8 世紀初頭までに，ローマとコンスタンティノープルとの結び付きは，実質的に崩壊していた[35]。ところが，200 年を経てはいたが，イタリア半島とりわけ都市ローマに対する正統な支配者であるとの意識はビザンツ人の中でまったく風化していなかった。ローマに対するビザンツの権限は，ニケフォロスがリウトプランドと最初に会談した際に

────────────

　34）　Gay, J., *L'Italie méridionale et l'empire byzantin... 867-1071.* (Bibliothèque des écoles françaises d'Athènes et de Rome, fasc. 90) 1877. p.144.

　35）　差し当たりは，拙稿「ピレンヌ・テーゼとビザンツ帝国」『岩波講座　世界歴史 7』岩波書店，1998 年，227-235 頁を参照されたい。

156　　　　　　　コンスタンティノープル使節記

も，この皇帝によって言及されている（第4節）。第15節
では，オットーがローマに再び自由を返還することは，ビ
ザンツ人によって王子の結婚の条件として課された不可欠
の項目となっている。これに対しリウトプランドは，ビザ
ンツが長いことローマを実効的に支配してこなかった，と
答えている（第17節（33-35頁））。

　このときリウトプランドは，主人オットーに対してビザ
ンツ人が強烈に感じていた不満の真の理由に当面したと
いってよいだろう。彼は難しい対応を迫られていたにちが
いない。西方のすべての人々に対して宗主権を主張する一
つの文明。リウトプランドが当面していたのは，この普遍
的主張だった。

(2) カープア・ベネヴェント侯の帰順問題

　ビザンツ宮廷がオットーに対して抱いていた不満には，
イタリア南部地域諸侯の帰順問題もあった。とりわけ，ベ
ネヴェント侯がオットーの臣下になっており，当代のベネ
ヴェント侯パルドルフスが，オットーに従ってビザンツ側
の拠点バーリを攻撃したことは，大いに気に入らなかっ
たようである。ニケフォロスは，パルドルフスが自身に
従属することを主張し，パルドルフスを自らの「しもべ」
servus と呼んで憚らない。7月25日，リウトプランドは，
首都近郊ウンブリアの離宮[36]に滞在中であったニケフォロ
スから同地に召喚されるが，そこでの議論もまたこの問題
をめぐって紛糾してしまった。

───────────

　36)　ウンブリアは，プロポンティスのアジア側にアラブ風に建
てられていたブリュアス宮殿（ἡ Βρύας, τὰ παλάτια τοῦ Βρύαντος）
のことである。それは，コンスタンティノープルのアジア側対岸から
東方へ 30km 強行ったところ，今日のマルテーペ Maltepe とビテュニ
ア Bithynia の間にあった。cf. Janin, R., *Constantinople byzantine*. 2e éd.
Paris, 1964, p.146-147. map no. xiii.

付論 I 『使節記』の目的と齟齬 157

［第 36 節］続く土曜日（7 月 25 日），ニケフォロスは，私をウンブリアに召喚するよう命じました。それは，コンスタンティノープルから 18 マイル離れた場所にある宮殿です。彼は私にこう言いました。「余は，あなたを高貴で尊敬すべき人物と考えていた。そして，あなたが，余の望むことをすべて満たすことで，余とあなたの主人とのあいだの恒久的な友好関係を築くためにやってきたものと思っていた。ところが，あなたは，強情であるがために，これをしようとしないのだ。だが，少なくともあなたが正当な理由で行うことができる一つのことを行いなさい。つまり，余のしもべ servi であり，余が攻撃しようとしているカープアとベネヴェントの侯たちに，あなたの主人が援助の手を差し伸べない，と保証しなさい。彼は，余に，彼に帰属するものの何ものをも与えていない。少なくとも余に帰属するものを彼は放棄せよ。彼らの父たち，祖父たちが，我が帝国に貢納を納めていたことは広く知られたことである。余の帝国軍が，彼ら自身にも直に貢納するようにさせるだろう。」

　私は答えました。「あなたがおっしゃった諸侯方は，第一級の高貴な方々であり，私の主人の臣下 domini mei milites です。もし，私の主人が，あなたの軍隊が彼らの土地になだれ込むことを知ったならば，主人は，臣下である彼らに対し軍隊を派遣することでしょう。それは，あなたの軍隊をせん滅し，あなたが海を越えて保有している 2 つのテマを，あなたからもぎ取ることができるような軍勢です。」すると，彼は怒り，ヒキガエルのように膨れて，こう言いました。「出ていけ。余と，余を余として生みたもうた両親にかけ

158   コンスタンティノープル使節記

て[37)]，余は，そなたの主人が逃亡した余のしもべを守
ること以外のことを考えるようにするだろう。」

　ニケフォロスの主張には，歴史的根拠があった。すなわ
ち，アプーリア，カラーブリア地方には帝国の２つの属
州，テマ・ランゴバルディア Λογουβαρδία（首都バーリ。
別名ラグーヴァルディア Laghouvardhia）とテマ・シチリ
ア＝カラーブリア Σικελία（首都レッジオ）が設定されて
いたのである[38)]。シチリアは 902 年にイスラム勢力によっ
て占領されていたので，テマ・シチリアは事実上半島側の
カラーブリア地方に局限されてはいた。しかし，ビザンツ
側からすれば，これらイタリア半島南部地域は 10 世紀半
ばに至るまで，自らの宗主権下にある地方と認識されてい
た。つまり，ビザンツ側にとって，問題の核心には，オッ
トーのビザンツ属州への侵入という事件が大きなウェイト
をもって存在していたと考えられるのである。このこと
は，ニケフォロスがリウトプランドと最初に接見した際に
直ちにそれを話題に取り上げたこと，また，その後の会談
でもこの件をめぐって熱い論戦が展開されていることから
も推測される。

　父祖の代から「我が帝国に貢納を納めていた」nostro
imperio tributa dederunt. と語られるカープア，ベネヴェン
トの諸侯とは，ランゴバルド系諸侯のことである。彼ら
は，ビザンツの宗主権を総じて認めていた。そして，近隣
のサレルノ侯と違って，ビザンツ皇帝に貢納を行ってきた

───────────
　37)　第 36 節注（5）参照。
　38)　これら２つのテマについては，cf. Gelzer, p.132f;
Schlumberger, *Sigillographie*, p.214f; Gay, p.168; Mayer, E., *Italienische
Verfassungsgeschichte II*, p.127f, 156f. に詳しい。軍事的管区区分と
してのテマの起源については，例えば，Toynbee, A., *Constantine
Porphyrogenitus and his World*. Oxford, 1973. p.231. を参照。

付論 I　『使節記』の目的と齟齬　　159

経緯をもっていた[39]。もっともリウトプランドは，主人オッ
トーがイタリア南部に進出しバーリを攻囲した理由を，こ
れらの地域が「イタリア王国」に属するものと論じて，次
のように正当化していた。

　　[第7節] 私は答えました。「あなた〔ニケフォロス
　　2世〕が自らの帝国の一部とおっしゃる土地がイタリ
　　ア王国に所属することを，住民の人種と言葉が明らか
　　にしています。〔かつては〕ランゴバルト人がその土
　　地をあるいは武力によって保持していましたが，ラン
　　ゴバルト人ないしフランク人の皇帝ロドヴィクス〔2
　　世〕が，サラセン人どもの手から，幾多の戦死者を出
　　しつつこの地を解放したのです。しかし，ベネヴェン
　　トとカープアの侯〔プリンケプス〕であるランドルフ
　　スが，7年間にわたり，武力でその地を服属させまし
　　た。もしロマノス帝〔ロマノス1世レカペノス〕が莫
　　大な金を支払って我々の王フゴの同盟を得なかったな
　　らば，〔その地は〕彼の従者あるいは彼の後継者たち
　　のくびきから今日に至るまで，抜け出ていないことで
　　しょう。そしてこれ故に，彼〔ロマノス〕は，我々の
　　王，くだんのフゴの庶子である娘を，自分の同名の甥
　　〔のちのロマノス2世〕と結婚によって結び付けたわ
　　けです。」

　ロドヴィクスことルードヴィヒ2世は，871年バーリを
サラセン人から奪ったが，この勝利を長く保つことができ

────────────
　39)　Gay, *L'Italie méridionale*. p.144. なお，リウトプランドが用
いた「私の主人の臣下」domini mei sunt milites という用語には，忠実
宣誓にもとづくいわゆる封建関係の意味合いがあると推定されるが，
諸侯を「しもべ」と呼ぶビザンツ側にそれに対する的確な認識があっ
たかどうかは不明である。

なかった。彼がベネヴェントのランゴバルト人の手で捕らえられてしまったからである。

　ただ、ランゴバルト人は独自にこの町をサラセン人の攻撃から防ぎえず、ビザンツにその防衛業務を依頼した。ギリシア人は 876 年にこの町に上陸し、887 年に再びランゴバルト人に戻した一時期を除いて、この地を領有していた。後の皇帝ロマノス 2 世は、イタリア王プロヴァンスのフゴの庶出の娘ベルタ・エウドキアと結婚していた。繰り返すまでもなく、リウトプランドはフゴの宮廷で養育されていた。

(3) 予期せぬ皇帝称号問題

　「ローマ皇帝」称号問題には、リウトプランドの滞在中にさらに派生的問題が付け加わった。聖母マリアの被昇天の祝日、8 月 15 日に、教皇ヨハネス 13 世（在位 965 年 10 月 1 日―972 年 9 月 6 日）からの使節が、皇帝ニケフォロスに対する「不遜な」書簡を携えてコンスタンティノープルに到来したのである。それは、リウトプランド一行の状況をさらに険悪なものにさせる可能性を秘めていた。『使節記』第 47 節にはこう記されている。

　　［第 47 節］私の危うい状況をさらに悪化させたのは、聖処女聖母マリアの被昇天の祝日に、使徒の後継者にして全教会の首長であられる教皇ヨハネス猊下からの使節が、書簡を携え〔コンスタンティノープルに〕到着したことでした。それは、私にとっては不吉な事件だったのです。その書簡は、「ギリシア人の皇帝」ニケフォロスに、教皇猊下の親愛なる精神的息子であられる「ローマ人の皇帝」オットー陛下と、婚姻によって友愛の結び付きを持つよう要請するものでした。この言葉と上書きはギリシア人にはたいへん不快で尊大

に見えました。……彼らはこう申しました。「ローマ
人の，世界に冠たる尊厳，偉大なる比類なきニケフォ
ロス陛下を「ギリシア人の皇帝」と呼び，卑小にして
野蛮，あの哀れなる者を「ローマ人の皇帝」と呼ぶと
は，許しがたいことだ。おお，天よ，地よ，海よ！
これら忌々しい罪人たちをどうしたらよいものだろう
か。彼らは哀れだ。この者たちを殺せば，我々の手は
相応しくない血で汚されよう。彼らはぼろ切れで身を
まとい，奴隷で田舎者だ。もし彼らを鞭打てば，名誉
を汚すことになるのは，彼らではなく我々自身の方に
なるだろう。……」

　「ギリシア人の皇帝」という呼称は，ビザンツ側に大き
な侮辱の表現と映ったようである。10世紀段階で，ビザ
ンツ人を指して「ギリシア人」と呼ぶ事例は，実は，自
称，他称とも珍しい。それは，まず他称として12世紀以
降に頻出し，以後ビザンツ側の文献史料にも現れ始めると
されるのが通説である[40]。そのことを踏まえると，ここで
の証言は相当早期の事例といわざるをえない。ここに見ら
れるある種の侮蔑のニュアンスは，12世紀以降の「ギリ
シア人」呼称にも看取される。それは逆に，ビザンツ人が
固執した「ローマ人」という自称に積極的，普遍的な価値
観が込められていたことを想定させる。
　さて，この「異端の書簡」はただちに「メソポタミア」

───────────

　40）　差し当たり，N・スヴォロノス（西村六郎訳）『近代ギリ
シャ史』白水社，文庫クセジュ，11-12, 22-29頁を参照。この問題
に関する基本文献として，Magdalino, P., Hellenism and Nationalism in
Byzantium. in id., *Tradition and Transformation in Medieval Byzantium*.
Hampshire, 1991; Donald M. Nicol, *Byzantium and Greece*. London,
1971; id., *Church and Society in the Last Centuries of Byzantium*. London,
1979. また，Vakalopoulos, A., *Origins of the Greek Nation: the Byzantine
Period, 1204-1261*. New Brunswick, 1970. 等がある。

に滞在中のニケフォロスのもとに送られた（第49節）。し
かしその後，9月中旬になるまで宮殿からは音沙汰がな
かった。遠征中の皇帝から，書簡に対する対応の指示を伝
える使者も9月9日まではなかった，とリウトプランド
は事細かに書き記している。ようやく9月17日になって，
いっこうに体調が回復せず「生と死のあいだをさまよう」
彼は，宮殿に召喚され，「宦官でありながらパトリキオス
の爵位を帯びるクリストフォロス」ほか3名の宮廷人た
ちと会談をもつこととなった。そこでの会話は，1か月が
過ぎたというのに，再びまた「皇帝」呼称問題に立ち戻っ
てしまっている。

　　［第50節］9月17日，……彼らとの会話は，次のよ
　　うに始まりました。……なぜあなたの帰還の日程が遅
　　れているかの理由を聞いてもらいたい。ローマの教皇
　　は――仮に教皇と呼ぶとしてだが――，反逆者にして
　　姦通者，瀆聖者であるアルベリクスの息子と結び彼に
　　協力した人物であるが，神聖なる我らが皇帝陛下に，
　　陛下に相応しくない書簡を送ってきた。それは，差出
　　人にも相応しからぬものだった。彼は，ニケフォロス
　　陛下を「ローマ人の皇帝」とではなく「ギリシア人の
　　皇帝」と呼んだのだ。これは，疑う余地なく，あなた
　　の主人の差し金によることだ。

　リウトプランドは，この状況に直面して直ちに身を引い
た。そして，次回の書簡からは宛名を正しく「ローマ人
の皇帝にして尊厳なる者たち」Romanorum imperatores et
Augusti とするようヨハネス13世に申し伝えることを約
束して，ビザンツ人をなだめるために努力をしている（第
51節（93頁）。

付論Ⅰ　『使節記』の目的と齟齬　　163

5　使節派遣の目的と意図 ——婚姻同盟の模索

　リウトプランドのコンスタンティノープル訪問は，オットーとビザンツ宮廷とのあいだの一連の問題を解消し，関係修復の糸口を探ることにあった。少なくともリウトプランドの念頭には，そのことが使節派遣の意図として明確に認識されている。『使節記』の記事によれば，その方途は，婚姻による同盟関係の構築だったと見える。6月7日，ニケフォロスと最初に会談をもった当初から，リウトプランドはそのことを話題にしていた。

　　［第7節］私の主人は，私をあなたのもとに派遣しました。それは，皇帝ロマノスと皇后テオファノの皇娘を，私の主人とその息子，つまり尊厳なるオットー帝のもとに結婚のためにお出しになって下さることを，宣誓によって私に保証されるようにです。

　6月13日にもたれたビザンツ側高官たち（侍従長parakoinumenos のバシレイオス，書記局長官 proto a secretis，衣服管理長官 protovestiarius，2人のマギストロスたち）[41]との第3回目の会談の場でも，そのことは話題になった。

　　［第15節］彼らの話しの始まりはこうでした。「どんな理由で，何故ここまで苦労して旅をしてきたのか，兄弟よ，説明せよ」。私が彼らに，恒久の平和のきっかけとなるための婚姻関係を作るために parentelae

―――――――――
　41）　これらのビザンツ宮廷官職については，第15節注61-64を参照。なお，マギストロスとは官職名ではなく，爵位名である。

gratia, quae esset occasio infinitae pacis.〔やってきた〕
と申しますと，彼らはこう言いました。「ポルフィロ
ゲニートスの娘であるポルフィロゲニータ，つまり緋
室生まれの皇帝の，緋室生まれの娘が，異民族と交わ
るというのは，聞いたことがない話しだ。ところが，
実に貴殿はこのように高いことを望んでいる。である
から，もしそれに相応しいことを提供するなら，貴殿
は満足のいく結果を得るだろう。すなわち，ラヴェン
ナおよびローマを，それに続く土地の全て，それら都
市から我々の都市までの土地の全て，とともに与える
ならば，である。実に，婚姻関係なしでアミキチアを
望むなら，貴殿の主人がローマを解放させることだ。
そして諸公，すなわちかつて神聖なる我らが帝国のし
もべであったが今や反乱者となっているカープア，ベ
ネヴェントの侯たちを，以前のように服従者とすべき
だ。」

　ここで候補となっている「ポルフィロゲニータ」
porphyrogenita は，第7節にも明言されるように，963 年
に没したロマノス2世と，ロマノス夭折後にニケフォロ
ス2世と再婚したテオファノとの間に生まれた娘である。
この皇娘は，後に皇帝となるバシレイオス2世（在位 976-
1025 年）とコンスタンティノス8世（在位 1025-28 年）兄
弟の姉妹である。兄弟は，その幼い姿をリウトプランド
によって記されるが（第3節），ロマノスとテオファノと
のあいだには，ほかに娘がいたのである。話題の対象が，
972 年にオットー2世の后となるテオファノでないことは
いうまでもないが（彼女はツィミスケスの姪と考えられて
いる），988 年にキエフ公ウラジミールに嫁ぐことになる
アンナであったかどうかは判然としない。その可能性は，
20 年の年月の開きを考えれば低いとはいうものの，完全

付論 I 『使節記』の目的と齟齬 165

に排除することもできない。

「緋室生まれの皇帝の，緋室生まれの娘が，異民族と交わるというのは，聞いたことがない話しだ」というビザンツ側高官の発言は，帝国の外交を考える上で興味深い[42]。これより後のビザンツ宮廷は，12世紀以降にもなると，頻繁に皇女を周辺諸民族の王や族長のもとに嫁がせるようになっていく。その意味を，現代の研究者は，帝国の威信の動揺ないし低下，また婚姻による異民族の支配ないし懐柔の文脈で理解しようとする。この理解に照らせば，10世紀後半の段階では，帝国の威信は揺るぎないものと認識されていたということになろうか。もとより，ルートルドとコンスタンティノス6世の婚約や，カール大帝と女帝イレーネの婚姻話しの実例はあるから[43]，ビザンツ側が外交の道具としての通婚を承知していなかったとも思えない。すでにビザンツ史料のなかにも，ビザンツ皇女と異民族との婚姻について言及する文言はあった。ほかならぬコンスタンティノス7世ポルフィロゲニトスの『帝国の統治について』である。息子ロマノス2世に宛てたこの外交指南書において，コンスタンティノス7世は，北方諸族（ブルガリア，ハザール，ペチェネグなど）との関係の歴史と現状を記すなかで，ブルガリアのツァーへの降嫁の例外的実例を承知し，その説明に努めているのである。

---

42) 詳しくは，第15節注66-67（31-32頁）を参照。ここでは，高官たちがビザンツ皇娘の外国への降嫁はありえないと言明したとされる。ビザンツ側が「蛮族」との婚姻関係に躊躇したことは，Obolensky, D., *Byzantine Commonwealth*. p.196. 8世紀来の東西宮廷間における婚姻によるアミキチア締結の試みは，近年ネルリッヒによって網羅的に再検討されている。Nerlich, D., *Diplomatische Gesandtschaften zwischen Ost- und Westkaisern 756-1002*. p.188-192.

43) Constantine Porphyrogenitus, *De administrando imperio*. chapter 13. ed. by G.Moravcsik and R.J.H.Jenkins. Washington, 1967. p.70-71.

上記の『使節記』記事に続く第16節にも，「皇帝クリストフォロスの娘と結婚したブルガリアの王ペトロス」の話しがリウトプランドによって語られた，と記されている。それによれば，「私の主人」（オットー）は，「このペトロスよりも有力なスラヴの諸侯たちを支配下に置いている」と，リウトプランドは迫った。つまり彼は，ペトロスよりもはるかに上位者であるオットーの息子とビザンツ皇女との婚姻の妥当性を主張したのである。ところがビザンツ側は，「クリストフォロスはポルフィロゲニートスではない」，つまり正嫡の皇帝ではない，と述べて話題を逸らしたとされる。ともあれ，皇族が周辺諸族に嫁いだ事実はすでに10世紀半ば近くにあり，フランク人の知るところとなっていた。

ビザンツ高官たちは，「もしそれに相応しいことを提供するなら」si datis, quod decet. との条件付きで皇女の降嫁の可能性を示唆したとされる。領土問題とのリンケージが話題の内容であることはいうまでもない。フランク側に放棄が要求されているラヴェンナ，ローマ，ロマーニャは，かつてのビザンツ領だった。したがって，上述のイタリア半島に対する宗主権感覚からすると，ビザンツ側が本当に領土問題を結婚問題の条件としたかどうかは，なお疑問として残ると言わざるをえない。

婚姻による「アミキチア」amicitia の構築は，リウトプランドによると，当初ビザンツ側の提起であったという（第6節，第7節）。その真偽のほどは判らないが，リウトプランドがこれに積極的に対応し，むしろビザンツ側に働きかけていたことは『使節記』の全編を通じてうかがえる。第7節にはこうある。

　　［第7節］あなた〔ニケフォロス〕は，我が主人〔オットー〕に〔神の恵みとしての〕才能ではなく無能を帰

付論Ⅰ　『使節記』の目的と齟齬　　167

しています。それは，我が主人が，イタリア，少なくともローマを得てから，これほど長きにわたってそれをあなたに委ねられたが故です。あなたが姻戚関係によって創りたいとおっしゃる「アミキチアの結び付き」を，我々は欺瞞，陰謀と理解します。あなたは〔戦いの〕休止を要求していますが，あなたがそれを求め，我々がそれを許す理由 ratio などありません。……

　この６月７日の会談の折りの決裂は，その後も修復されることがない。先述の９月17日の会談においても，パトリキオス位を帯びる宦官クリストフォロスに対し，リウトプランドは次のように悪態をついてしまう。

［第53節］……「あなたの至聖なる主人〔オットー〕は，皇帝陛下と婚姻による同盟を結ぶことを望んでいるだろうか？」私は答えました。「私がここに来た時点では，我が主人はそれを望んでおられました。しかし私がここにいるあいだ，主人は私からの書状を一通も受け取りませんでした。かくして，あなた方が「スファルマ」つまり妨害をし，私が捕らえられている，と考えているでしょう。あの方の精神は，ライオンの母親が我が子を取り上げられたときのように全くもって熱く燃えたぎっています。その燃え立ったお気持ちは，苛烈を込めた復讐を行い，婚姻同盟を破棄し，あなた方に対する怒りを晴らすまでは，収まらないでしょう」
　「彼がそうし始めたならば」と彼らは応えました。「イタリアだけでなく，彼が生まれた土地，貧相で獣の皮を身にまとった住民のいるサクソニアもまた，彼にとって安全な場所にはならないと言おう。我々は，

すべての富をもって，すべての種族 omnes natioes を
彼にけしかけ，彼を，陶器のように，つまり一度壊れ
たら回復不能な土製の壺のように粉砕してくれよう
ぞ。……」

　繰り返しになるが，この婚姻同盟交渉は結局のところ実
現しない。リウトプランドの憤懣は最後までやるかたな
く，前述のように120日間滞在した館の机上に「落書き」
を残すしかなかった。

6　ビザンツ帝国の事情
──ニケフォロス2世フォーカスの968年

(1) ニケフォロス・フォーカスの事情

　リウトプランド一行を迎えたビザンツ皇帝は，既述の
ようにニケフォロス2世フォーカス Nikephoros II Phocus
だった[44]。彼は，912年頃に生まれ，969年12月11日に
没した軍司令官で，963年8月に皇帝（在位963-969年）
としてコンスタンティノープルに入城していた。彼は，

---

　44)　ニケフォロス・フォーカスに関する研究のスタンダード
ワークは，いまなおシュランベルジェの名著である。Schlumberger,
Gustave, *Un Empereur Byzantin au dixième siècle. Nicéphore Phocas.*
Paris, 1890. (2e éd., 1923) ニケフォロスの有能な軍司令官としての側
面と，ラヴラ修道院の祖アナスタシオスに傾倒した敬虔な面とを併
せて検証する傾向が近年高まっている。Vranoussi, E., Un 'discours'
byzantin en l'honneur du saint empereur Nicéphore Phokas transmis par la
littérature slave. *Revue des Etudes Sudest-Européennes* 16 (1978) p.729-
744; R.Morris, The Two Faces of Nikephoros Phokas. *Byzantine and
Modern Greek Studies* 12 (1988) p.83-115. など。ニケフォロスが帝国内
の修道院の設立規制をした有名な法令について，拙論（『帝国と慈善
ビザンツ』第7章）がある。964年発布のこの勅法は，彼の国家経営，
宗教政策を知る上で重要な素材とされる。

付論 I 『使節記』の目的と齟齬　　169

954 年にドメスティコス・トーン・スコローン domestikos tōn scholōn として父バルダスの後を継ぎ，数々の軍功を挙げていた。北シリアにビザンツ防衛軍を率いてアラブ軍と戦い，957 年にハダット Hadat を攻略してこの都市を徹底的に破壊した後，960 年にはクレタ島を攻め，翌 961 年 3 月，アラブ勢力からカンダクス Chandax（現イラクリオン）を奪回，記念碑的な戦勝を帝国にもたらした。これらの功績の上に，ニケフォロスは，ロマノス 2 世（在位 959-963 年）が若年のうちに死去すると，麾下の軍団に押されて帝位を求めることとなった。ヨセフス・ブリンガス Joseph Bringas を筆頭とする文民官僚層の反対にあって一時コンスタンティノープルを離れ郷里のカッパドキアに引きこもったが，そこでヨハネス・ツィミスケスの煽動に乗って，7 月 2 日に皇帝位を宣言。麾下の軍団のほか，軍事貴族，教会機構，コンスタンティノープル総主教ポリュエウクトス Polyeuktos，コンスタンティノープル市民がこれを支持して，ブリンガスの抵抗を破った後，963 年 8 月 16 日にコンスタンティノープルに入城したのだった。ロマノス 2 世の寡婦であったテオドラもまた，2 人の皇子を連れてこの老将軍ニケフォロスと再婚した。この結婚は，ニケフォロスに「ローマ皇帝」としての正統性を与えることになったという[45]。

　フォーカス家はカッパドキアを本拠とする家門で，東方戦線における帝国軍の指揮権を掌握していた。リウトプランドもまたこのことを承知しており，帝国の儀礼の席に座らされた折りの模様を揶揄を交えて記した『使節記』第 10 節のなかで，彼を皮肉っている。

　　〔第 10 節〕それ〔行列〕が何か這いずり廻る怪物の

---

45)　Schlumberger, *Nicéphore Phocas*. p.363-364.

ように進んでいるなか，合唱隊は〔皇帝を〕賞賛して
こう叫んでいました。「見よ。朝の星がやってくる。
暁の明星 Eous が立ち上る。地上から注視され，それ
は光線を反射させる。サラセン人にとっての青ざめ
た死，ニケフォロス，支配者 μέδων〔つまりプリン
ケプス〕よ。」そこからまた合唱隊はこう朗唱しまし
た。「支配者ニケフォロスに幾霜年の栄えあれ μέδοντι
πολλὰ ἔτη！　人々よ，かの者を敬い讃えよ。偉大な
るかの者に首をゆだねよ。」

　　この時，次のように歌ったならばより一層真実で
あったでしょう。「汝，燃え尽きたる炭よ，いでませ
や，大将 μέλε。進み方は老婆，顔つきはシルヴァヌ
ス〔農民〕，田舎風で，放浪者，四つ足の羊，角があ
り，半人半馬，ブタで，教養がなく，野蛮で粗野で，
荒っぽくて，毛むくじゃら，謀反人の，カッパドキア
野郎！[46]」ニケフォロスは，かくして，かの偽りの文
句に舞い上がりながらハギア・ソフィアに入っていき
ました。彼の主人である 2 人の皇帝が離れて彼に従っ
ており，彼らは，平和の接吻をして，地面にまで〔頭
を下げて〕懇願していました。

　上の記述では，ニケフォロスが 867 年以来続く皇帝一
族の血縁に連ならない存在と正しく認識され，「2 人の皇
帝」（後のバシレイオス 2 世とコンスタンティノス 8 世兄弟）
に言及されることが注目される。それは，リウトプランド
がビザンツ側の事情をかなり正確に把握していたことを推
測させるとともに，『使節記』に記された目撃情報一般の

────────────
　46）「カッパドキア野郎！」Cappadox. 同地の呼称には，古代に
おいてすでに侮蔑的意味が込められていた。第 10 節注 48（22 頁）参
照。

付論Ⅰ　『使節記』の目的と齟齬　　　　171

信憑性を高めるのに貢献してもいる。

(2)「冷遇」の背景——ハムダーン朝との攻防

　リウトプランドはビザンツ宮廷から「冷遇」された。数度の会見を経ても，彼の希望は叶えられることはなかった。以上でその一端を紹介してきたように，彼はビザンツ側の「冷遇」を端々で非難する。しかしそれは，リウトプランドが認識したような「オットーに対するビザンツ側の敵愾心」に由来していた，とばかりも言えない。つまり，オットーへの敵対心とは別に，ビザンツ側に固有の事情もまた考慮される必要があると考えられるのである。その事情は端なくも『使節記』に垣間見ることができる。リウトプランドはビザンツ側と幾度となく会談をもったが，皇帝ニケフォロスとの会見は実はそれほど多くなかった。実のところは，皇弟レオンをはじめとする高位高官らとの会見が過半を占めていたのである。この事実は，ニケフォロスがこの時期，度々にわたって帝都を留守にしていたことを裏書きしていた。

　Ｊ・サザーランドは，968 年段階にあってニケフォロスの第一の関心は東方アラブ人との戦いにあった，と指摘した[47]。そして，おそらくニケフォロスはイタリアに余計な軍隊派遣をすることを避けたいと思っていたはずだ，と推測した。筆者もまたこの点においてはサザーランドに基本的に同意する。当時，ニケフォロスは引き続き東方戦線に注力中であった。その事情は，例えば『使節記』第 31 節，第 34 節等に示されている。

　　［第 31 節］7 月 19 日，ニケフォロスは寄せ集めの海

---

　47)　Sutherland, The Mission to Constantinople in 968.... *Traditio* 31 (1975) p.67-68.

軍を派遣しました。私はそれをあの忌々しい逗留先か
ら見ていました。7月20日，この日，抜け目のない
ギリシア人たちは，演劇を催して予言者エリヤの昇天
を祝っていましたが[48]彼は私にやってくるように命じ
ました。そしてこう言いました。「我が帝国は，軍隊
をアシュリア人の中に向かわせようとしているので
あって，貴殿の主人がやったようにキリスト教徒に向
かわせたのではない。確かに昨年，余は，まさにこの
ことをやろうと思った。貴殿の主人が我が帝国の領土
に侵入しようとしていたことを聞いて，余はアシュリ
アを諦め，彼を迎え討つべく軍団を差し向けたのだ。
……」

［第34節］あの週の水曜日〔7月22日〕に，ニケフォ
ロスは，アシュリア人に相対するつもりでコンスタン
ティノープルを離れました[49]。」

「アシュリア人」とは，中世ラテンの著述家がアラブ人
に対する呼称として用いた聖書に見られる名辞の一つであ
る。ここでは，軍団が，アラブ勢力との戦いのために艦隊
とともに派遣されたことが記されている。前述のように，
ニケフォロスは，タウルス山脈を越えた東アナトリアに
帝国の国境線を押し戻し，966年と968年の二度にわたっ
てアンティオキアを攻撃した。このヘレニズムの古都は，
300年間にわたってキリスト教徒の手を離れていたが，彼
はとうとう969年10月にこの町を占領したのだった。ア
ンティオキアの征服は，キプロス島の征服とともに，ニケ
フォロスの軍事的偉業とされる。オストロゴスルキーによ
れば，「ニケフォロス2世フォーカス帝と彼の2人の後継

48）　第31節注122（57-58頁）参照。
49）　第34節注133（62頁）参照。

付論 I 『使節記』の目的と齟齬　　173

皇帝（ヨハネス・ツィミスケス，バシレイオス 2 世）の政権は，ビザンツ中期が到達した軍事的にもっとも光輝いた時代となった」[50]。

　当時，シリア地方には，モスルから興ってアレッポを拠点としてアナトリアにまで覇を唱えたハムダーン朝があり，キリキア地方にかけてビザンツ勢力と覇を競っていた。このハムダーン朝とビザンツ帝国との関係を詳述する余裕はないが，我が国でもすでに紹介されている『ディゲニス・アクリタス』Digenis Akritas の舞台と言えば，承知いただけよう。ここで最低限の事項を摘記しておけば，それは，フォーカス一族が東方の軍事指揮権を掌握したのと同じ頃，サイフ・アッダウラ Sayf al-Dawla（「王朝の剣」の意。在位 944-967 年）として知られる有名な大公アリ・イブン・ハムダーン Ali ibn Hamdan のもとで，アレッポに創始された政治権力体であった。

　サイフ・アッダウラは，947 年以降 967 年に没するまで，ビザンツにとっての東方における最大の敵だった。954 年のハダット Hadat のように，950 年代半ばに現れ始めた強力な敵に対しても，サイフは幾度となく大勝利を収めていた。しかし，ビザンツでニケフォロス・フォーカスが父の後を継いで軍司令官になると，形勢が変わることとなる。ビザンツ軍の容赦ない侵略によって，サイフ・アッダウラの領土は間断なく浸食されるようになった。962 年から 965 年にかけて，ビザンツ側はキリキアの重要拠点アダナ，モプスエスタ，タルソスの各都市を相次いで陥落させ，北シリアの支配権を次々と奪っていき，966 年の戦いの後，ニケフォロス・フォーカスの軍隊はアレッポとアンティオキアの間を自由に行き来することができたという。

───────────────

　50）　オストロゴルスキー（和田廣訳）『ビザンツ帝国史』恒文社，2001 年，363 頁。

休戦講和の際、サイフ・アッダウラは貢納の申し出を行ったが、ビザンツ側はこれを拒絶、シリアの半分の領有を主張した。967 年にサイフ・アッダウラが没すると、ビザンツはさらに東方戦線に注力することとなる。前述のように、969 年にアンティオキアを奪取すると、アレッポの後継太守もビザンツに臣従することとなった。

サザーランドが論ずるように、イタリアへの派兵に躊躇するほど困難な事態であったかどうかは判然としないが、できれば省力に努めたいと考えた可能性を排除することはできない。なお、前年 967 年に西方に向けて軍団の派遣が検討されたというが（第 31 節）、確たる傍証はない。

ニケフォロスは艦船とともに出陣していた。その艦隊の規模について、リウトプランドは一箇所興味深い記述を残している（第 29 節）。それは東方への遠征ではなく、アーデルベルトゥスの使者グリミゾ Grimizo に託して帝国軍をイタリアに派遣した際の編成である。それを、リウトプランドが逗留先の館から目撃したという記事である。7 月 20 日より少し前とされるこの艦隊派遣は、リウトプランドの目には明らかに大規模なものと映っていた。艦隊の構成は、最低でも「ケランディア船 24 隻、ロシア人の船 2 隻、ガリアの船 2 隻」だった。ここでリウトプランドは、この艦隊編成が、イタリア滞在中の主人の軍隊より数の上で勝っていたことを察知したのだろうか、いかにビザンツ軍が無能であるか、優劣は数ではないなどと力説している。いわく「女男が軍隊の指揮官である」等々。宦官が艦隊の司令長官だったことが、リウトプランドの目には大きな弱点として映っていた。

おわりに

　不成功に終わった攻撃は，攻撃をしかけた者に何の交渉力も残さない。バーリを前にして敗北というより阻止されていたオットーは，ニケフォロス・フォーカスに対して，何か取りなしができる材料を持ち合わせていたわけでなかった。いわんや，ニケフォロスを脅して，なおも圧力をかけうる立場にあったわけでもない。直接ビザンツ宮廷に乗り込む外交使節は，敵愾心や不愉快の矛先を受ける代表とならなければならなかった。リウトプランドは，「寒さを防ぐこともなければ暑さを逃すことも」ない館に，オットーの身代わりとして「監禁」された。修辞の達人であるリウトプランドは，オットーの身代わりとして受けた苦痛を潤色して描いたとはいうものの，彼の不満は，現実に展開した交渉や事態を多少とも踏まえていたにちがいない。

　主人オットーもリウトプランドも，今回の使節が成功する見込みのないことを当初からわきまえていた可能性はある[51]。いずれにせよリウトプランドは，明らかに劣悪な状況に足を踏み入れていた主人のために，最善を尽くさなければならなかった。その使命を支えた動機とはいったい何

---

　51)　オットー，リウトプランドとも，この使節が失敗に帰することを当初から予測していたという興味深い指摘をしたのは，ライザーである。彼は，リウトプランドがビザンツにおける反ニケフォロス・フォーカス派との接触のために派遣された可能性を示唆する。Leyser, Karl, The Tenth Century in Byzantine -Western relationships. in *Relations between East and West in the Middle Ages*. ed. D.Baker. Edinburgh, 1973. p.47. ライザーほど断言しないが，サザーランドもまた，リウトプランドがコンスタンティノープル滞在中そのようなグループと実際に交渉をもったと考えている。Sutherland, J. N., The Mission to Constantinople... *Traditio* 31 (1975) p.72.

176 コンスタンティノープル使節記

だったのだろう。

　リウトプランドがエルヴィラ司教のレケムンドとオットーの宮廷で出会い，ムスリム支配下のキリスト教徒社会の存在を認識していたことは前述した。また，オットーのイタリア遠征の動機が，都市ローマの支配の正常化を含んでいたことも争えないだろう。一連の事実は，オットーが帯びた皇帝の職務と無関係ではなかったにちがいない。エルヴィラ司教の求めに応じて執筆された『報復の書』は，キリスト教ヨーロッパ世界の歴史的展望を構想していた。それが，この世界の「正しい支配」について語ろうとしていたことは，既述の通りである。諸処でイスラム勢力との攻防を展開すべき同世界の支配者として，皇帝は活動しなければならなかったのである。アルルのフゴによって譲歩されたフラクシネトゥムのイスラム勢力の打破もまた，遅くとも968年にはオットー1世の行動プログラムの中で上位にあった[52]。

　リウトプランドが，最初の著述を自身の主人であり守護者たるオットー王にではなく，「不信心な地域の」in partibus infidelium 一司教に献呈したのは，一見したところたいへんな驚きである。しかし，私はライザーに従ってこう理解したい。リウトプランドは，そうすることで，リウドルフィンガーの後見人たちの意志に沿うかたちで著述を行ったのだ，と。

　『報復の書』は，結局のところ一地域史である。つまり，イタリアと東フランク王国，ビザンツについての，およ

---

52)　オットー1世の968年の書状は以下に見られる。Widukind, *Res Gestae Saxonicae*, iii, 70, ed. cit. (= *Widukindi Monachi Corbeiensis Rerum Gestarum Saxonicarum Libri Tres*, iii, 56, 5th. ed. P.Hirsch and H.-E.Lohmann, *MGH, SRG.* Hannover, 1935), p.147. これは，フラクシネトゥムを通って故郷に戻り，その地でサラセン人を打破する意図を記している。

付論Ⅰ　『使節記』の目的と齟齬　　177

そ9世紀末から10世紀にかけての歴史である。この書物でリウトプランドは，フランキア Francia の西部やアングロ＝サクソンのイングランドについてほとんど顧慮していない[53]。リウトプランドは，この書物において首尾一貫してある一定の筋にこだわっている。彼の著述の軸は，キリスト教世界である限りの地中海，その大部分の地域としてのビザンツにあったのである。リウトプランドは，『報復の書』の行論中，この帝国をキリスト教世界の首位 caput として躊躇することなく扱っている。そして彼は，①ローマ，②イタリア，③東フランキア，④ブルグンド王国，⑤他の王領 regna，公領 pricipalities としてのプロヴァンス地方，を全体として視野に入れ，著述をした。そして，それらは，より包括的なヨーロッパ，コンスタンティノープルによって統括されるヨーロッパの部分として見られている。そのなかでリウトプランドは，ハンガリー人の攻撃と，フラクシネトゥムと南イタリアにおけるサラセン人の略奪を，この包括的ヨーロッパ世界に対する複合脅威と見ていた。まさに，このヨーロッパ世界の秩序の維持こそが皇帝の職分であると言わんばかりなのである。

　本稿は，『使節記』を中心素材として，マケドニア朝ビザンツ帝国（863-1056年）とオットー1世期西方世界との相互交渉を観察するための一助となることを目標とした。かかる外交交渉を，イスラム諸勢力をも視野に収めた地中海世界全体の趨勢の中に追跡し，オットーの戴冠に象徴される歴史変動の特質と，その影響について一定の見通しを得ることが，今後の課題である。もとよりそれは多彩な小問題を内包する。一連の作業の後に展開する千年前の地中

───────────

　53)　Leyser, Ends and Means in Liudprand of Cremona. Howard-Johnston, J.D. (ed.), *Byzantium and the West c.850-c.1200*. Amsterdam, 1988. p.129-130.

海キリスト教世界とは、いったいどのような光景だったのだろうか。少なくとも、リウトプランドの『使節記』においては、当該期、「世界」oikoumene は「ローマ皇帝」によって統治され、当時その任はビザンツ皇帝が担うものと観念されていた、と見ることが許されるだろう。現実の地中海世界の秩序もまた、この観念に沿って「制度化」されていたと見える。それは、リウトプランドはじめ数多くの西欧の外交使節がコンスタンティノープルに到来した事実によって裏書きされよう[54]。

「ローマ皇帝」称号問題と、イタリアにおける領土問題、またその解決策として模索された結婚同盟。これらの現象の位相を正しく捉えるためには、10世紀後半という時期に限っても、西方ラテン語史料のみならず、ビザンツ側史料に対する顧慮を欠くことはできない。数多く来訪した西方使節の足跡が、どのようなかたちで記録、認識されたのか。その痕跡を追うことを試みたネルリッヒのごとき作業が求められるところである。また、一連の外交交渉が当時の歴史的問題を扱っていたことを考えると、当期の位相もまた、8世紀以来の「ローマ皇帝」称号問題との連関の中で位置付けられなければならない。しかし何よりも、以上の課題に迫るためには、『使節記』に見られるリウトプランドの意図とメッセージを、当時の社会と文学の文脈のなかに位置付ける必要がある。そのためには、コルヴァイの

---

54) Nerlich, op.cit. (n.38) また、Lounghis, Telemachos C., *Les ambassades byzantines en Occident depuis la fondation des états barbares jusqu'aux Croisades, 407-1096.* Athens, 1980. を参照のこと。なお、Lounghis, Die byznatinische Ideologie der "begrenzten Ökumene" und die römische Frage im ausgehenden 10. Jh. *Byzantinoslavica* (1995) p.117-128. は、デルガー、トライティンガー、オーンゾルゲ以来の「世界」理念問題、皇帝称号問題を、実際の外交との連関のなかで論じた興味深い論考である。「世界」理念問題の側面から史料の整理・検討を行う必要が別途あることは言うまでもない。

ヴィドキントやメルセブルクのティートマル，あるいはまたフロドアルなど，10世紀の「世界」を見通した優れた著述家たちの作品分析を通じて，当時の知識人のキリスト教世界像を確認していく必要があるだろう。リウトプランドの『使節記』執筆の動機，また実際のミッションにおける意図と目的もまた，それらとの比較分析を通じて同時代の文脈のなかに同定されなければならないのである。

付論 II

『使節記』における「ローマ」言説
──中世キリスト教世界と「ローマ」理念──

1　はじめに ──課題の射程

　テキストにおけることばの含意を了解することは，必ずしも容易ではない。それが千年も前の異国のことばであれば，作業はいっそう困難になるだろう。テキストそのものが置かれたコンテキストへの顧慮も求められるし，知識人の残した著述であれば，古典の引用や，それに準えられての暗喩もあるにちがいない。

　かかる事態は，中世の「ローマ」なる用語についても言うことができる。「ローマ」は，中世ヨーロッパ世界を読み解く鍵概念のひとつとして，4世紀以降，つまり帝国の中心が東方に移動し，キリスト教世界となった時代のテキストにも頻出する。しかし，しばしば登場するからといって，その意味・用法はそう単純に確定されるものではない。そこには，安易な同定を許さぬ，さまざまな「ローマ」が看取されるといわなければならないのである[1]。

────────────

1)　Fuhrmann, Manfred, Die Romidee der Spätantike. *Historiche Zeitschrift* Bd.207, München, Oldenbourg, 1968. p.529-561; Hammer, William, The New or Second Rome in the Middle Ages. *Speclum* XIX (1944) p.50-62; Vogt, Joseph, *Orbis Romanus. Zur Terminologie des*

付論Ⅱ　『使節記』における「ローマ」言説　　　181

　都市としてのローマ。帝国としてのローマ。肯定される
ローマ。否定されるローマ。キリスト教が浸潤した時代の
「ローマ」は，語る者の立場をも反映して，多様な含意を
帯びて立ち現れている。地理的，政治的文脈に限ってみて
も，特定の地点（都市ローマ）の呼称に限定されないその
用語法は，現代のわれわれが想定する含意と必ずしも一致
しない。

　小論では，このような用語「ローマ」を，リウトプラン
ド『使節記』に追跡しようとする。本章では，このラテン
語作品に取材して，当時の西方宮廷人における「ローマ」
観念の一端を浮き彫りにしたいと思う。すなわち，『使節
記』中に言及される「ローマ」名辞を系統的に分類し，同
テキストが置かれた政治的文脈に顧慮しながら，10 世紀
後半における「ローマ」概念の一端を分析することをめざ
すこととする。

　この作業は，一義的には，当該社会におけるリウトプラ
ンド，また彼が代弁するオットー 1 世の政治的立場や政策
の方向性を理解する糸口になるだろう。ただ，ここでは，
リウトプランドという 10 世紀の一知識人が遺した「ロー
マ」世界についての認識理解を超えて，他のテキストにつ
いても今後試みられるべき作業への比較検討素材を提供し
ておきたいとも思う。キリスト教世界としての「中世」に
あって，独特な意味を帯びた「ローマ」。その含意を，通
時的な水脈のなかに位置付ける作業となることをめざしな
がら，リウトプランドにおける「ローマ」観念についての
理解に努めたい。

---

römischen Imperialismus. Tübingen, 1929. 等。

2 『使節記』の中の「ローマ」——4類型の含意

『使節記』は，960年代の主にイタリアを舞台とした政治情勢のなかで「ローマ」名辞を少なからず用いている。小論では，その用法をテキストの文脈との関連性において検証するが，あらかじめ指標をいくつか設定しておくのが，議論を整理する上で有効と思われるところから，以下の4つの類型を仮設的に措定しておく。

(1)「都市ローマ」へのこだわり

(2)「ローマ皇帝」の職分について

(3)「ローマ人」の内実規定

(4)「ローマ帝国」の広がりと限定

この類型設定は，テキストを一見して看取される筆者自身による指標であるが，一般的に推定される観念類型でもあるだろう。もとより小論での本質的課題は，かかる類型論にあるのではなく，それらの「ローマ」観念群が全体としてはらむ意味連関の解明であることはいうまでもない。

『使節記』を散見してまず気付くことは，なによりも，都市ローマへのこだわりが強く出ている点である。962年2月2日に主人オットー1世が「皇帝」称号を帯びたのも，この町の聖ペテロ教会においてであった。そこに込められた含意を析出することが，われわれの課題のひとつとなる。

そして，主人オットー1世が帯びた「ローマ皇帝」称号，またその職分に関する言及が，繰り返し見られるのも，大きな特徴といえる。「都市ローマ」に対する「ローマ皇帝」の責務を強調している。皇帝称号の承認問題をめぐるコンスタンティノープルの宮廷人たちとの論争の的は，リウトプランドにあっては，この点にこそあったよう

付論II　『使節記』における「ローマ」言説　　183

に見える。

　フランク王が「皇帝」称号を帯びる場合，コンスタンティノープルとの使節往還によって，その地位を国際的に承認されたい，との意欲が，歴史的に繰り返されてきた[2]。『使節記』でのリウトプランドも，また「婚姻」によって「和平」が成るとして，交渉に当たったようである。第7節，第15節では，南イタリアで膠着する戦況打開のため，また「恒久的和平」構築のため，オットー2世への皇娘の降嫁が，使節派遣の目的だった，と語られる（ただし，周知のようにこのときに降嫁は実現せず，972年をまたなければならない）。後段で確認するように，ビザンツ側の対応はつれない。冷遇にいらつくリウトプランドは『使節記』で「怒り」を書き連ねた，というのが，テキストのモチーフである。

　当該期における他のテキスト所言との照合を進めれば，「ローマ」理念の構造と，実際の歴史展開におけるその使用法，含意がさらに明らかになってこよう。

　なお，この使節の訪問を記録するビザンツ側テキストはいっさい残存しない。

(1)「都市ローマ」へのこだわり

　『使節記』テキストは全65節からなる。「ローマ」は，その劈頭（アレンガ），また第4節にさっそく登場する。

　　　（アレンガ）ローマ人の征服されることなき尊厳なるオットー両皇帝陛下，および栄光並ぶものなき尊厳なる皇后アーデルハイダ陛下が，いやさかに栄え，繁栄

---

　　2)　8世紀，カールの娘ロートルドとコンスタンティノス6世の結婚話しがあったし，カールの戴冠後にあっても，カール自身とイレネ（コンスタンティノス6世の母后で後継皇帝）との婚姻提案があった。

し，勝利されんことを，クレモナの聖教会の司教リウ
ドプランドが，求め，切望し，希求するものなり。

［第4節］「我々は，貴殿方を好意的に麗々しく迎え
なければならなかったし，無論そうしたかった。しか
し，貴殿方の主人の為したたちの悪い行いがそうはさ
せないのだ。かの者は，かように敵対的な侵略によっ
てローマを我がものとし，ベレンガリウスとアーデル
ベルトゥスから，法と道理に反して，力によって領土
を横領した。彼は，ローマ人のある者たちを剣で，あ
る者たちを絞首刑で排除し，ある者たちについては眼
を奪い，ある者たちは追放刑によって追い出した。そ
してこれに加えて，我が帝国の都市の数々を殺戮と火
炎によって自らに従わせんと企てた。と言うのも，彼
の邪悪な欲望は成功しえておらず，今，彼の悪意を助
長し，また扇動する者としての貴殿を，和平交渉と見
せかけて，カタスコポンつまりスパイのように私たち
のもとに差し向けたから」

　アレンガにおける「ローマ人」Romanorum は，いうま
でもなく，皇帝 Imperator を修飾する添え語である。ギリ
シア語の Βασιλεὺς τῶν Ῥωμαιῶν（ローマ人たちの皇帝）に
相当する用語 Imperator Romanorum を用いることで，『使
節記』の読者，すなわちオットー周辺の関係者たち（例え
ば麾下の軍団将兵たち）の意気を高める効果を狙った，と
考えるのが穏当だろう。後述のように，コンスタンティ
ノープルの宮廷は，この呼称を認めない。この皇帝称号問
題にこそ，『使節記』が伝える外交交渉の核心があった。
　第4節は，リウトプランド一行が，初めてビザンツ側
の宮廷人と面会した際の様子を伝えている。ときのビザン
ツ皇帝はニケフォロス2世フォーカス（在位 963-969 年）

付論Ⅱ 『使節記』における「ローマ」言説　185

であったが，あいにく皇帝は帝都に不在だった。後段で語られるように，イスラム勢力と戦うために，東地中海方面に遠征していた。代わって，皇帝の弟レオン（「コロパラティオスにしてロゴテテース」つまり外交担当の大臣）が使節に対応した。第4節は，このレオンとの対話の内容を伝えている。

　ベレンガリウス（900頃-966年4月4日）とアーデルベルトゥス（932頃-975年頃）とは，付論Ⅰ（151-152頁）で考察したとおり，フリウリ侯（イヴリア侯）ベレンガリウス2世とその息子のことである。イタリアでは，10世紀前半に「イタリア王」rex Italiae の称号をめぐって政争があった。フリウリ侯とアルル伯フゴ（885以前—948年4月）が争っていた。フゴは，盲目にされ，幽閉され，非業の死を遂げていた。

　オットーのイタリア遠征は，北イタリアの清新な気風をもった聖職者集団の要請によっていた，と推定されている（正式な招聘はアルル伯ロタール2世の寡婦アーデルハイダ）。それは，ローマ教皇座の「堕落」への批判，であり，その刷新をめざすものだった。これは，イタリア遠征後の北イタリア地域のオットーによる支配が，聖職者たちによって担われたことからも推察される[3]。

　いずれにせよ，950年，フランク王オットーはイタリアに入った。そして，アルル伯の寡婦アーデルハイダと結婚した。この婚姻は，その後イタリア王位をめぐって争っていたアルル伯とイヴリア侯との抗争に終止符を打つこととなる。951年，オットーは，ベレンガリウスとアダールベルトゥス親子を打ち破り，その臣従礼を受けた。

　3）　Huschner, Wolfgang, *Transalpine Kommunikation im Mittelalter : diplomatische, kulturelle und politische Wechselwirkungen zwischen Italien und dem nordalpinen Reich (9.-11. Jahrhundert).* (Monumenta Germaniae Historica Schriften ; Bd. 52) Hannover, 2003.

アルル伯の寡婦アーデルハイダ（931/2-999年）は，ブルグンド王ルドルフ2世（880頃-937年）の娘だった。この血統には，大王カールの血脈が流れ込んでおり，そのことからオットーは，ブルグンド王位に加えてカールの血統をも受け継いだことになる。

さて，ここで言及される「ローマ」と「ローマ人」が，都市ローマを指していることに疑問の余地はないだろう。他方で，コンスタンティノープルの宮廷で「都市ローマ」がどのようなものとして了解されていたか，は興味深い問題だが，ここで検討する余裕はない。ただ，ギリシア側の史料で関説するテキストはことのほか少ない。われわれが当面する時代に属する史料で，リウトプランド自身が関わったとされるものにコンスタンティノス7世編纂の『帝国の統治について』De Administrando Imperio（原題：Πρὸς τῶν ἰδίων υἱὸν Ῥωμανὸν）がある。948-952年に執筆されたこのテキストでは，都市ローマについての言及はあるが，当地の支配者に関する簡単な歴史が記述されるだけである。そして，このイタリア情勢の一部は，初めてコンスタンティノープルを訪問していた若かりしリウトプランドより取材して書かれた，と推定されるものである。このときリウトプランドはまだ青年期にあり，いましがた話題になったベレンガリウス2世の宮廷に出仕していて，その派遣団の一員としてコンスタンティノープルに赴いていたのだった（『報復の書』）。

(2) ローマ皇帝の職分

第4-7節は，ビザンツ側の皇弟レオンとの対話の模様を伝えるが，都市ローマへ入城したオットーが「ローマ皇帝」として職責を果たしている，と論じていた。

［第5節］彼に私はこう答えました。「私の主人は，

ローマの都市に力や圧制によって侵入したのではありません。そうではなくて，圧政者，けだし複数の圧政者たちのくびきから〔都市ローマを〕解放したのです。女々しい連中が，都市ローマを支配していたのではなかったですか？　娼婦どもが？　これ以上に酷く恥ずるべきことがありましょうか？　私が思いますには，その時あなたのお力，また先任者方のお力は寝ていたのです。彼らは，単に名前においてだけのローマ皇帝であり，実質的な皇帝ではなかったのです。彼らが，もし権力者であったなら，もしローマ皇帝であったなら，何故にローマを娼婦の力の下に放置していたのでしょうか？　至聖なる教皇方のある方たちは追放され，またある方たちは日々の費用や施しをできないほどにまで破滅させられたのではないのですか？……〔私の〕主人は，地の果てから立ち上がり，ローマにまでやって来て，不敬なる者たちを排除し，神聖なる使徒たちの代理人たちに，力と名誉の全てを委ねたのです。その後，自分と主たる使徒に反抗した者たちを，宣誓の破壊者，瀆聖者，彼らの主人である使徒に対する拷問者，強奪者の如くに，ローマの諸皇帝の勅令，ユスティニアヌスやヴァレンティニアヌス，テオドシウスほかの諸皇帝の勅令に従って，打ち倒し，殺害し，絞首刑にし，追放刑にしたのです。

［第7節］私は答えました。「あなたが自らの帝国の一部とおっしゃる土地がイタリア王国に所属すること。これは，住民にみられる人種と言葉の点で明らかです。〔かつては〕ランゴバルト人がその土地を，あるいは武力によって保持していました。それを，ランゴバルト人ないしはフランク人の皇帝ロドヴィクス（＝ルードヴィヒ2世）が，サラセン人どもの手から，

幾多の戦死者を出しつつ解放したのです。しかし，ベネヴェントとカープアの侯〔プリンケプス〕であるランドルフスが，7年間にわたり，武力でその地を服属させました。もしロマノス帝〔ロマノス1世レカペノス〕が莫大な金を支払って我々の王フゴの同盟を得なかったならば，〔その地は〕彼の従者あるいは彼の後継者たちのくびきから今日に至るまで，抜け出ていないことでしょう。そしてこれ故に，彼〔ロマノス〕は，我々の王，くだんのフゴの庶子である娘〔ベルタ＝エウドキア〕を，自分の同名の孫〔のちのロマノス2世〕と結婚によって結び付けたわけです。思うに，あなたは，私の主人に〔神の恵みとしての〕才能ではなく無能を帰しています。それは，我が主人が，イタリア，少なくともローマを得てから，これほど長きにわたってそれをあなたに委ねられたが故です。あなたが姻戚関係によって創りたいとおっしゃる「アミキチアの結び付き」を，我々は欺瞞，陰謀と理解します。あなたは〔戦いの〕休止を要求していますが，あなたがそれを求め，我々がそれを許す理由〔ラティオ〕などありません。確かに奸計は取り除かれました。しかし，真実は沈黙させられないのです。私の主人は，私をあなたのもとに派遣しました。それは，皇帝ロマノスと皇后テオファナの皇娘を，私の主人とその息子，つまり尊厳なるオットー帝のもとに結婚のためにお出しになって下さることを，宣誓によって私に保証されるように，です」

ここでは，都市ローマ，とりわけ教皇座が「堕落」しており，その現況を糺すべくオットーが入城した，と論じられる。いうまでもなく，ここでの「ローマ」は，明らかに「都市ローマ」（名詞）と「ローマ皇帝」（名詞：正確には

「ローマ人たちの」）を指し示していた。

　ビザンツ宮廷人が「帝国の一部」と主張していた土地が，イタリア王国に所属する，とリウトプランドは反論した。それは「住民にみられる人種と言葉の点で明らか」だという。次いで，その歴史的根拠が述べられる。「ランゴバルト人ないしはフランク人の皇帝ロドヴィクス（＝ルードヴィヒ 2 世：806 頃 -876，在位 843-876 年）が，サラセン人どもの手から，幾多の戦死者を出しつつ解放したのです」と。

　この故事は，テキストが書かれた時から百年前のことである。シチリアを拠点とするアラブ勢力にバーリが占領された際，ルードヴィヒ 2 世の軍勢とビザンツ海軍とが協働して奪回する，との作戦が行われた（871 年）。ところが，ニケタス率いるビザンツ艦隊の参与は，最終局面になって行われ，両者に不信感が残り，その他の懸案も含めて，両者の間で使節交換が行われ，バシレイオス 1 世との書簡（Chron. Salern. 107, 108; 112）とルードヴィヒの反駁書簡（Chron. Salern. 107, 120f.）に残されたのである。ここで，百年を隔ててなお議論される問題について理解するために，両書簡からかいつまんで引用しておこう。

　① バシレイオスの書簡（Chron. Salern. 107, 108; 112）「帝権の御座 sedes imperii であるコンスタンティノープルに座す者のみがこの称号を帯びることができる。教会の祈祷でただ一人の皇帝が唱えられるように，皇帝は唯一人しかありえない。……アラブ人のカリフ，ブルガリア人，ハザール人のハンと同じく，ルードヴィヒも「王」ῥήξ の称号で満足しなければならない。皇帝権は相続できないものであり，「蛮族」ἔθνη には相応しくない。ルードヴィヒは曾祖父カールと違って，フランク全体を支配したこともない。なのに，

ルードヴィヒが皇帝称号を帯びるとき,「フランク人の皇帝」βασιλεὺς τῶν φυρανκῶν どころか「ローマ人の皇帝」βασιλεὺς τῶν ῥωμαιῶν と称するのは驚くべきことである。

② ルードヴィヒの反駁書簡（Chron. Salern. 107, 120f.）「自分は神の定めで, 教会の決定と最高司祭の按手と塗油を受けて皇帝に推戴された。自分の権力は, 王たち reges の承認にもとづき, 祖先から相続したもの。皇帝称号がコンスタンティノープルの支配者の独占物ではない。「ローマ人の皇帝」の由来は,「都市ローマの市民から」皇帝として名称と地位を与えられる。……ギリシア人は, その信仰の堕落のために, そして, 帝権の座所と都市ローマ市民を捨て去り, 彼らの言葉を〔ギリシア語に〕かえたが故に皇帝権を失ったのだ」

　皇帝称号問題は,『使節記』でも同様に議論される。「都市ローマ」との関係のほか, 南イタリアへの遠征の文脈で議論が起こったことも類似していた。950 年以降, オットーはイタリアに遠征した。961 年からの 2 度目の遠征では, 都市ローマばかりか, 南イタリア地域にも進軍し, 当地の諸勢力, カープア侯, ベネヴェント公を服属させ, イタリアにおけるビザンツ側の拠点バーリを攻囲しながらこれを陥落させられなかったがために, リウトプランドをコンスタンティノープルに派遣した, とテキストは伝えているのである。この政治行動の文脈のなかで確認すべきは, 以下の 2 点である。

　① 「都市ローマ」が堕落していた。それをオットーが救った, と主張されている点。

　テオフュラクトゥス家のマロツィア（Marozia, 890 頃-937 年）は, 少なくとも 3 度の結婚を通じて, ローマ司

付論Ⅱ　『使節記』における「ローマ」言説　　191

教座を私物化していた。彼女の息子（の一人）はヨハネス
11 世（910 ？ -935 年）としてローマ教皇となった（在位
931-935 年）。オットーは，北イタリアの清新な気風をもっ
た聖職者集団によってイタリアに招致された，と考えられ
ている。それは，このローマ教皇座の「堕落」を矯正す
る，という使命を帯びていた（この点については，以下の
テキスト訳注を参照されたい。第 5 節注 25（13 頁），第 17
節注 70（33-4 頁），第 62 節注 251, 252（116-117 頁））。

　②「ローマ皇帝」の職分，が議論の的となっている点。
　イタリアの地（イタリア王国）が都市ローマを含んで，
「ローマ帝国」の支配下にある，との認識は，われわれの
常識に属することであるが，ここでもそう了解されてい
る。ただ，リウトプランドの議論は，「ローマ帝国」であ
るビザンツ帝国の皇帝の支配から，イタリア，都市ローマ
を解放したい，という方向に向かっている。つまり，イタ
リア及び都市ローマが，国制史上ビザンツ皇帝のもとにあ
る，との認識を前提に，「ローマ帝国」の権限が，いまや
オットーに移っている，と主張しているのである。

　さて，ここでのリウトプランドの主張は，①ビザンツ皇
帝が都市ローマへの責務を十分に果たしていない，②その
故に，都市ローマは堕落している，③「都市ローマ」は救
われなければならない，④オットーは「都市ローマ」救済
のために「地の果てからやってきた」ということである。
「ローマ皇帝」と「都市ローマ」に関してリウトプランド
が主張した，以上 4 点にわたる「理解」は注目されてよ
い。この「理解」については，結論部分で立ち戻る。

(3)「ローマ人」の内実規定

　『使節記』には，「ローマ人」に関する議論が見られる。
初出は第 12 節で，ビザンツ宮廷人と論争して，ネガティ
ブな含意での「ローマ人」論が記されていた。

［第12節］私がこの者に答え，この誇張に対する弁解を申そうとしましたとき，彼はこれを許しませんでした。それどころか，まるで侮辱を重ねるかのようにこう言ったのでした。「あなた方はローマ人ではなくランゴバルド人だ」と。彼はさらに言葉を続けようとして，私に黙るよう手で合図をしましたが，私はこの者に激情してこう言ったのでした。「ローマ人がそう言われるようになった起源たるロムルスは，兄弟殺しであり，ポルニオゲニトス，つまり不義の子であることが，歴史書より知られる。そして，彼が自らのために避難所をつくり，そこに負債者，逃亡奴隷，殺人者，またその罪の故に死刑に価する者たちを受け入れ，そんな輩たちのかくも多くの者を自分の国民とし，その者たちをローマ人と呼んだことも知られるではないか。あなた方が世界の支配者 cosmocrator つまり皇帝と呼ぶ者たちは，結局のところこの「貴族」から生まれ出たのだ。我々，すなわちランゴバルド人，サクソン人，フランク人，ロートリンゲン人，バヴァリア人，シュワーベン人，ブルグンド人は，この皇帝たちをたいへん軽蔑している。それは，我々が怒りにかられたとき，嫌悪する相手を，数ある侮辱の表現の中からほかならぬこの「ローマ人め！」とやるほどである。ローマ人め！　この呼びかけ，つまりローマ人の名辞ただ一つの中に，我々は，卑賎さの全て，臆病さの全て，貪欲の全て，放逸の全て，虚偽の全て，要するにありとあらゆる悪徳を含意させているのだ。あなた方は，我々が戦争を好まず騎乗することを知らないと言っている。しからば，もし，あなた方が将来もこの頑迷さの中にあり続けることがキリスト教徒の罪の中に含まれうるなら，あなた方が何者であるか，また我々がいかに戦いに長けているか，次の戦争で明ら

付論Ⅱ 『使節記』における「ローマ」言説 　193

かとなるだろう」と。

　都市ローマを救う，という主人オットーの意向に対し
て，ビザンツ側は不快感をあらわに反論した。本節は，こ
れに感情的に対応した場面の描写である。自らを正しく
「ランゴバルド人，サクソン人，フランク人，……」と規
定する彼の筆は，ここでの議題からはずれるが，注目され
る箇所である。

　ここで展開される「ローマ人」理解は奇妙で，興味深
い。本テキストを通じて，「ローマ人」とその支配者であ
る「ローマ皇帝」は，良き存在とされている。ところが，
ビザンツ側が，この「ローマ人」称号を，オットー側に認
めない態度をかたくなに示した此処で，リウトプランドは
「ローマ人」を侮辱的に説明し始めたのである。

　語られるロムルスの話しはよく知られる神話内容であ
る。むしろここで注目すべきは，「ローマ人」に対してリ
ウトプランドが「我々」を弁別している点，またその列記
される内容（民族名）である。すなわち「ランゴバルド人，
サクソン人，フランク人，ロートリンゲン人，バヴァリア
人，シュワーベン人，ブルグンド人は，この皇帝たちをた
いへん軽蔑している」という。この発言を支えるメンタリ
ティは如何なるものなのか[4]。

――――――――――
　4) この問題には，リウトプランド研究からはいまだ答えが与え
られてない。小稿でも答えは留保せざるをえないが，①オットーの王
国ないし帝国を構成するものとして言及されたと想定される諸民族の
序列と，②彼らのローマ帝国との関係，については注意を要する。こ
の論点については，三佐川亮宏『ドイツ史の始まり』創文社，2013
年が，全編にわたり多くの示唆を与えてくれるが，特にここでは，リ
ウトプランドを含む 10 世紀の著述家たちにおける民族的・地理的術
語のあり方，また各テキスト執筆者の文化的背景について分析する
170-187 頁が重要と指摘しておきたい。

194   コンスタンティノープル使節記

(4)「ローマ帝国」の広がりと限定

　『使節記』において「都市ローマ」が重要なトポスであることは，この名辞が繰り返し登場することから容易に確認されるが，他方で，「ローマ帝国」の内実，あるいはその広がりについては，『使節記』は不分明な言及しかしていない。第15-17節では，ビザンツ宮廷人たちへのオットー2世への降嫁要請に関連して，イタリアでの「ローマ」の広がりについての議論が記されている。

　　[第15節] 彼らの話しの始まりはこうでした。「どんな理由で，何故ここまで苦労して旅をしてきたのか，兄弟よ，説明されよ」。私が彼らに，恒久の平和のきっかけとなるための婚姻関係を作るために〔やってきた〕と申しますと，彼らはこう言いました。「ポルフィロゲニートス Porphyrogenitos の娘であるポルフィロゲニータ，つまり緋室生まれの皇帝の，緋室生まれの娘が，異民族と交わるというのは，聞いたことがない話だ。ところが，実に貴殿はこのように高いことを望んでおられる。であるから，もしそれに相応しいことを提供するなら，貴殿は満足のいく結果を得るだろう。すなわち，ラヴェンナおよびローマを，それに続く土地の全て，それら都市から我々の都市までの土地の全て，とともに与えるならば，である。実に，婚姻関係なしでアミキチアを望むなら，貴殿の主人がローマを解放させることだ。そして諸侯，すなわちかつて神聖なる我らが帝国のしもべであったが今や反乱者となっているカープア，ベネヴェントの侯たちを，以前のように服従者とすべきだ。」

　　[第17節] 私はこう申しました。「あなた方が解放されるのを望むと声高に叫んでいるローマ。そのローマ

付論Ⅱ　『使節記』における「ローマ」言説　　195

は，誰に奉仕するのですか？　誰に貢納を支払うので
すか？　かつてローマは，淫乱どもに奉仕していたの
ではなかったのですか？　そして，あなた方が寝てい
る間，けだし力を及ぼさずにいた間，私の主人である
尊厳なる皇帝陛下が，かかる不品行な屈辱状態からこ
のローマを解放したのではなかったのですか？　その
名前に由来してこの町を建設された尊厳なるコンスタ
ンティヌス帝は，世界の支配者 cosmocrator であるが
ゆえに，ローマの聖なる使徒教会に，多くの贈り物を
贈られた。イタリアだけでなく西方の王国のほとん
ど全てにも。また，東方や南方の地にへも。すなわ
ち，ギリシア，ユダヤ，ペルシア，メソポタミア，バ
ビロニア，エジプト，リビアにもです。それは，我々
の所有する彼〔コンスタンティヌス〕の贈り物の数々
privilegia が証明するごとくです。確かに，イタリア
にあるものの全て，それだけでなくサクソン，バヴァ
リア，また私の主人の王国の土地すべてにあり，祝福
されたる使徒の教会に帰するものは，彼〔コンスタン
ティヌス〕が至聖なる使徒たちの代理人にこれを献納
したのです。そして，私の主人が，これら〔献納され
たもの〕のいずれかから，都市，村，兵士，家来を得
たというのであるなら，私は神を拒絶したでしょう。
実際，なぜ〔ビザンツの〕皇帝陛下は，同じようにさ
れないのか？　彼の王国にあるものを使徒たちの教会
に戻し，私の主人の働きと寛大さとで豊かになり自由
となった教会をより豊かにより自由にするために，な
ぜ同じことをされないのですか？」

［第18節］侍従長のバシレイオスが答えました。「し
かし私の主人は，ローマとローマ教会が彼の命令に従
うときに，これを為すだろう」と。そこで私はこう答

えました。「ある人が，他人から何か大きな暴行〔不正〕を受けて，次のような言葉で神に近づいた。『主よ，私を逆境から救いたまえ』と。すると主はこの者に対し，『各自の為したことに応じて各人にあがなうその日に，そうしよう』と答えられた。それに対してかの者は，『なんと遅くに』と言った，と」

「ローマ」が一義的に「都市ローマ」を指していることは了解されよう。ビザンツ側との会談は平行線のままだが，注意を引かれるのは，ビザンツ側が「ラヴェンナおよびローマを，それに続く土地のすべて」の返還を要求し，他方，リウトプランド側が，17 節で「尊厳なるコンスタンティヌス帝は，世界の支配者であるがゆえに，ローマの聖なる使徒教会に，多くの贈り物を贈られた。イタリアだけでなく西方の王国のほとんど全てにも。……それは，我々の所有する彼（コンスタンティヌス）の贈り物の数々 privilegia が証明するごとくです」との記述である。

ビザンツ側がイタリア全土を念頭に置いている点も注目されるが，ここでは，リウトプランドが「コンスタンティヌス帝によるローマ教会への贈与」を語っていることが注目される。だた，それはあくまで物的な贈り物についてであり，「ローマ皇帝権」に付随する抽象的な意味での権能としては語られていない，と思われる。つまり，11 世紀になって，ローマ教皇が神聖ローマ皇帝への叙任権を主張する際にもちだす設権的な権利は，いっさい含意されていないのである。

3 「ローマ」観念の広がり

その後，リウトプランドの『使節記』には，「ローマ」

付論Ⅱ　『使節記』における「ローマ」言説　　197

に関する言及がしばらく見られなくなり，「ローマ」に関する言辞が再び登場するのは，第40節以降になってである。

(1) 暗喩の「ローマ」

　第40-41節は，『ライオンと子が共に野生の獣を打倒する』Λέων καὶ σκίμνος ὁμοδιώξουσιν ὄναγρον という書物がビザンツ宮廷人との議論のなかで出てきたことに言及する。「ラテン語では "Leo et catulus simul exterminabunt onagrum"」と正しく翻訳して内容を紹介するリウトプランドは，書名の含意をこう解説しはじめている。「ギリシア人たちは，これを，「ライオン」（ローマ人ないしギリシア人の皇帝）とその「子供」（フランク人たちの王）が，我々の時代にともに野生の獣，つまりサラセン人のアフリカの王を打倒するのだ，と解釈するのでした」と。

　この文脈は，他の箇所とは異なり，現実離れした説話についての記述である。とはいえ，これが『使節記』の読者に与えた影響力の大きさが，現実の議論の紹介にも匹敵した可能性は排除できない[5]。

　「ローマ人たちの皇帝」Imperator Romanorum は通例の用法だろう。「ローマ皇帝」であるオットー父子が，やはり同じく「ローマ皇帝」であるビザンツ皇帝と「親」「子」の間柄に準えられ，この間柄は，書物の著者であるシチリア司教ヒッポリュトゥスによって以下のように解釈される，というのである。しかし，リウトプランドは，これに反論を加えた。

---

　5)　これまでビザンツ学は，同箇所に注意を向けることがほとんどなかった。近年の「終末論」への関心の高まりから，分析の緒がついたところである。ただ，ビザンツ終末論の歴史的水脈は複雑であり，今後の分析の深化を期さねばならない。

「ライオンと子は，父と子であり，年齢の点を除けば何らも変わることない二人のオットーは，ここで直ちに「オナゲル」，つまり野獣であるニケフォロスを打倒するために合力するだろう，と。まさにニケフォロスは，その虚栄と空しい自慢のゆえに，また自身の女主人と淫らな関係を結んだ点で，野獣になぞらえられるに相応しいのです。もし，かの野獣がここにおらず，我らのライオン父子，つまり尊厳なるローマ皇帝であらせられる両オットー陛下がこれを直ちにお倒しになるのです」

(2) ローマ教皇からの書簡

コンスタンティノープルには，東西からの外交使節が到来した。そして，都市ローマからも「聖処女聖母マリアの被昇天の祝日に，使徒の後継者にして全教会の首長であられる教皇ヨハネス猊下（在位 965 年 10 月 1 日 - 972 年 9 月 6 日）からの使節が，書簡を携え（コンスタンティノープルに）到着した」という。『使節記』第 47 節は，この使節がリウトプランドの「危うい状況をさらに悪化させた」と嘆く。

[第 47 節] それは，私にとっては不吉な事件だったのです。その書簡は，「ギリシア人の皇帝」ニケフォロスに，教皇猊下の親愛なる精神的息子であられる「ローマ人の皇帝」オットー陛下と，婚姻によって友愛の結び付きを持つよう要請するものでした。この言葉と上書きはギリシア人にはたいへん不快で尊大に見えました。なぜそれが，書簡を持参した使節に死の報いとならなかったのか，書簡が読まれるより前に使節が死に至らされなかったのか，私は申しますまい。……彼らはこう申しました。「ローマ人の，世界に冠

付論Ⅱ　『使節記』における「ローマ」言説　　199

たる尊厳，偉大なる比類なきニケフォロス陛下を「ギ
リシア人の皇帝」と呼び，卑小にして野蛮，あの哀れ
なる者を「ローマ人の皇帝」と呼ぶとは，許しがたい
ことだ。おお，天よ，地よ，海よ！　これら忌々しい
罪人たちをどうしたらよいものだろうか。彼らは哀れ
だ。この者たちを殺せば，我々の手は相応しくない血
で汚されよう。彼らはぼろ切れで身をまとい，奴隷で
田舎者だ。もし彼らを鞭打てば，名誉を汚すことにな
るのは，彼らではなく我々自身の方になるだろう。な
ぜなら，彼らは，黄金で鍍金されたローマの束桿やこ
の種の罰に値するほどの者たちではないからだ。あ
あ，この者たちの中に一人だけでも司教か侯がいたな
らば！　その者たちをまずは鞭で打ちのめし，髭と髪
を引き抜いて，袋に入れ，結わえて海の中に沈めたも
のを。しかるに，ローマ人の至聖なる皇帝であられる
ニケフォロス陛下がかかる侮辱をお知りになられるま
では，この者たちは生かして厳しい拘留のもと拷問さ
せたものを。」

　968 年 8 月 15 日，ローマ教皇ヨハネス 13 世の使節が，
ビザンツ皇帝を「ギリシア人の皇帝」と矮小化した書簡を
携えて到来した。これにビザンツ宮廷人らは激怒した，と
いう。テレンティウスを引用して「おお，天よ，地よ，海
よ！」と罵るリウトプランドの筆は，宮廷での論争の激し
さを際立たせる潤色とはいえ，かかる場面の蓋然性を伝え
て力がある。
　ここでの「ローマ」は，「ローマ皇帝」称号にまつわる
東西宮廷の緊張感溢れる応酬を伝える「ローマ」である。
抜き差しならない議論の応酬は，けだしあったにちがいな
い。それは，先に見た，871 年のルードヴィヒ 2 世とバシ
レイオス 1 世との往復書簡が伝える「緊張感」を彷彿と

させるものだった，といってもよいのかもしれない。

　「ローマの教皇は——仮に教皇と呼ぶとしてだが——，反逆者にして姦通者，瀆聖者であるアルベリクスの息子と結び彼に協力した人物である」とたたみかけるビザンツ側は，「神聖なる我らが皇帝陛下に相応しくない書簡を送ってきた。それは，差出人にも相応しからぬものだ。……これは，疑う余地なく，あなたの主人の差し金によることだ」と息巻くのである（第50節）。

　［第51節］「今聞いたことばは何だろう。」私は自問しました。「さあ困ったぞ！　間違いなく，私は直ちに法廷に連れて行かれるだろう。」彼らは言いました。「しかし聞いてもらいたい。教皇がこの上なく馬鹿な人間である，とあなたが言おうとしていることは，我々も承知している。それは我々も言いたいことだ。」しかし私は「そんなことを言っていない」と言いました。「それでは聞いてもらいたい。この愚かで大馬鹿者の教皇は，神聖なるコンスタンティヌス帝が，帝権を，元老院とローマの全軍団と共にこの地に移したことを承知していないのだ。つまり，ローマには権威のない臣民，つまり漁師 piscatores，菓子屋 cupedinarios，家禽屋 aucupes，非合法の者 nothos，下賤の者 plebeios，奴隷 servos だけを残したことを分かっていないのだ。教皇は，あなたの王の教唆によってでなければ，これを書くことはなかっただろう。近い将来，彼らが正気に戻らなければ，これがいかに危険な行為であるか，明らかとなろう」と。

　「しかし」と私は答えました。「教皇は自身の単純さをよく承知しておられ，これを書きながら，皇帝陛下を喜ばせているのであって侮辱しているのではないと考えたでしょう。ローマ皇帝であったコンスタンティ

付論Ⅱ　『使節記』における「ローマ」言説　　201

ヌスは，ローマの軍団と共にこの地にやってきました。そして自身の名を付けたこの街を建設されました。そのことを我々は承知しています。しかし，あなた方はことばと慣習と衣服を替えられた。そのために，教皇猊下は，ローマ人の名を，その衣服同様あなた方のお気に召さないものと判断されたのです。このことは，今後教皇猊下が，命ある限り書かれるであろう書簡のいずれからも明らかとなりましょう。それら書簡の冒頭で猊下はこう書き始められることでしょう。「ローマ教皇ヨハネスから，ローマ人の偉大にして尊厳なる皇帝陛下方ニケフォロス，コンスタンティノス，バシレイオス殿へ」と」……

(3) 絹織物と「ローマ人」

　さて，第53-54節にも「ローマ人」が登場する。ここは，外交儀礼上の贈り物として宮廷から下賜された絹織物が「禁制品」κωλυόμενα だったことで，イタリアへの帰還に当たり没収された顛末について述べた箇所である。

　「禁制品は，我々ローマ人以外のいかなる種族にもその保持は禁じられている。したがって，それについては代金を償還の上没収する」（第53節）と現地ケルキラのビザンツ役人が言ったとある。抗弁むなしく検品は行われ，「もっとも高価な紫色の生地5枚が取り上げられました。彼らは，陛下方ばかりでなく，あらゆるイタリア人，サクソン人，フランク人，バヴァリア人，シュワーベン人，いやすべての種族がそのような衣服を身に纏うことを相応しからずと判断したのでした。嘘吐き，宦官，臆病者であり，長い袖と女性の頭飾りを身に付け女のように軟弱な者たちが，かかる紫色の衣服を身につけることができ，戦いに長けた勇敢な英雄たち，高潔で敬虔さに満ち溢れ，神に献身し，あらゆる徳に溢れた者たちが，それを身に付けるべき

でないとは，なんと不当で無礼なことでしょう。これが侮辱でないとしたら，いったい何でしょうか。」（第53節）

　憤るリウトプランドの筆致も興味深いが，「ローマ人」にのみ相応しい「禁制品」たる絹織物という論点には，コンスタンティノープル宮廷の主張が如実に表れている。テキストはこう伝えている。「けだし，我々は，富と智恵の点で他の種族よりも秀でているのだから，服装においてもそうでなければならぬのだ。諸々の徳によって抜きん出ている我々は，衣服の美しさにおいても卓越しているべきである」と。

　この辺りは，瑣事でも反論するリウトプランドの面目躍如である。彼はこう応えたというのである。「この衣服は卓越しているとは言いがたいものです。なぜなら，私の国では，娼婦 obolariae mulieres と居候 mandrogerontes がそれを着ているからです」と。「どこからあなた方はそれを手に入れているのか」と聞かれると，「ヴェネチアとアマルフィの商人たちからです」と。すると，ビザンツ側は「これ以後，彼らはそういうことをしなかろう。徹底的に調査のうえ，発見次第，罰せられ，鞭打ちと剃髪をされるだろうから」と返したという。リウトプランドが，ビザンツ側の主張にアンビバレントな心情で毒づいている場面といえようか。

4　『使節記』の射程

　以上，リウトプランド『使節記』における「ローマ」名辞使用のあり方を，4つの類型に沿って検証した。①「都市ローマ」へのこだわり，②「ローマ皇帝」の職分について，③「ローマ人」の内実規定，④「ローマ帝国」の広がりと限定，を参照系として見た場合，『使節記』テキスト

において十分な量の言及がある，とみて差し支えないだろう。

　改めて要言しておけば，『使節記』のテキストにおいては，なによりも，「都市ローマ」へのこだわりが強く出ている点が注目された。そして，「主人」であるオットー1世が帯びた「ローマ皇帝」称号，またその職分に関する言及が繰り返し見られる点も，特徴的といってよいだろう。職分としての「ローマ皇帝」についていえば，本来ビザンツ皇帝がなすべき責務として言及され，ビザンツ皇帝のいわば責務怠慢があげつらわれていた。

　そして，これとの対比において，主人オットーが「ローマ皇帝」としての職責を全うできる存在，との主張が行われていた。少なくとも，リウトプランドにおけるそのような欲求が見てとれる，といわなければならない。『使節記』執筆の動機にも関わることながら，以上の含意こそ，リウトプランドが同テキストの読者であるオットーの宮廷に連なる者たち，また麾下の軍団関係者に主張したいと欲した事柄，と考えることができるだろう。コンスタンティノープルに座す皇帝が「ローマ皇帝」としての職責を果たしていない。したがって，代わってオットー1世がこの責務を果たしている。だから，オットーは「ローマ皇帝」としてふさわしいのだ，という主張である。

　われわれは，フランク王が「皇帝」称号を帯びる場合，コンスタンティノープルとの使節往還によって，その地位を国際的に承認されたい，との意欲が，歴史上繰り返されてきたことを知っている。8世紀，カールの娘ロートルドとコンスタンティノス6世の結婚話しがあった。あるいはまた，カールの戴冠後にあっても，カール自身とイレネ（コンスタンティノス6世の母后で後継皇帝）との婚姻提案があった。『使節記』でのリウトプランドも，また婚姻によってビザンツ皇帝と兄弟関係を結ぶことにより，「和平」

交渉に当たったことが『使節記』テキストから知られる。テキストでは，南イタリアで膠着する戦況打開のため，また「恒久的和平」構築のため，オットー2世への皇娘の降嫁要請が，使節派遣の目的として語られていた。

ところが，テキストの記事によると，ビザンツ側の対応はつれない。冷遇にいらつくリウトプランドは，この『使節記』で，コンスタンティノープルの宮廷人たちの言動を揶揄し，嘲笑した。『使節記』の読者は，主人オットー父子とビザンツ皇帝との兄弟関係によって，主人が帯びた「ローマ皇帝」職のビザンツ側の承認が得られなかったことを知っただろう。そして併せて，リウトプランドの筆によって，東方の皇帝による承認なくしても，主人オットーの「皇帝」としての地位が揺るぎないものであることをも教えられたはずである。

すなわち，「都市ローマ」に対する皇帝の責務が強調されることで，その職責を果たしていない「コンスタンティノープルの皇帝」に代わり，「都市ローマ」を守護するオットーがその職責を果たしている，と。

6世紀以降のギリシア語，ラテン語文献において，種々の「新ローマ」Roma nova「第二のローマ」Roma secunda があったことをわれわれは知っている[6]。『使節記』におい

---

　6)　都市讃辞文，皇帝讃辞文を管見すると，イタリア半島の都市ローマ以外の諸都市に準用された「新ローマ」Roma nova「第2のローマ」Roma secunda が多々あったことがわかる。それぞれの著述者が，各都市を第2のローマとして語る際に，彼らが熱意と矜恃をもって語っていた。Roma nova, Roma secunda の呼称は，ローマ以外のライバル都市に用いられるのが一般的だったが，もっぱらコンスタンティノープル，エクス・ラ・シャペル（アーヘン），トリーア Treves，ミラノ，ランス Rheims，トゥルネー Tournai，パヴィア Pavia に限られて使われた。ローマ帝国分割（395年）後，都市ローマは，政治的意味での「世界の頭領」caput mundi，「富の主人」rerum domina であることを止めた。人びとの心に生きつづけたのは，aurea

付論Ⅱ 『使節記』における「ローマ」言説　　205

て「都市ローマ」の優越性が主張され，「ローマ皇帝」の
職分がこれに密接に関連づけられたことの含意は，そのよ
うな世界状況の中で考えられねばならない。少なくとも
「新ローマ」を自称したコンスタンティノープルとの関係
性のなかで定位される必要があるだろう。

　興味深いのは，『使節記』においては，われわれが知る
『コンスタンティヌスの寄進状』Constitutum Constantini
（Konstantinische Schenkung）の存在が認識されていない
点だ。4世紀初頭に，コンスタンティヌスが都市ローマを
離れたとき，ローマ教皇シルヴェステルに帝権にまつわ
る諸権限を委任したとする文書は，8世紀半ば，あるいは
J・フリートによれば9世紀前半，おそらく840年代に，
ランス周辺で偽作されたとされる文書である[7]。968年段階
では，すでに存在したとも考えられるこの文書は，しかし
『使節記』では認識されていない。

　実は，『使節記』で言及される「ローマ」は，なお2箇
所あった（第57, 60-62節）。そのうちの1つ，最後部の
60-62節では，ヒュドゥルントゥム（オトラント）や，ア
キレンティラ，トゥルキコ，グラヴィナ，マケリア，トゥ
リカリオといった南イタリアの司教らに対する聖別の権限

───────────

Roma「栄光あるローマ」という用語くらいだった。周知のように，
ビザンツ皇帝は自らを「ローマ人の皇帝」βασιλεὺς τῶν Ῥωμαίων と
認識した。これは，年代記をはじめ，皇帝勅令などでも，屢々出会う
用語である。そして，コンスタンティノープルは，かつてローマが保
持していたあらゆる権利と特権を主張した。西ローマ帝国が5世紀に
急減に衰退すると，ビザンツ帝国の市民にある種の矜持がめばえた，
と考えてよい。つまり，自分たちこそがローマの正当なる後継者であ
り，その首都は「都市の女王」υρβσ ρεγια，「新ローマ」ἡ Νέα なのだ，
というわけである。

　7）　Fried, Johannes, *Donation of Constantine and Constitutum
Constantini : The Misinterpretation of a Fiction and Its Original Meaning.*
Walter De Gruyter, 2007.

が，ローマ教皇にあることを，リウトプランドは主張していた。いわばローマ教会の歴史的権威が話題となっているこの箇所でもまた，『コンスタンティヌス帝の寄進状』で問題になるローマ教皇座の西方世界における超越的地位についての認識は，論拠として登場することはない。

「都市ローマ」の守護者こそが「ローマ皇帝」たりえる，という主張。しかしその主張にこそ，アーヘンの王が，婚姻関係を通じてであれ，和平交渉による兄弟関係の構築によるのであれ，「コンスタンティノープルの皇帝」からその権威を認証されたい，という願望の裏返しの意志が表現されているのかもしれない。ビザンツ皇帝の承認によらない「ローマ皇帝」。その存在を支える論拠の議論は，それまでのビザンツ＝西欧関係からすれば野心的だった可能性がある。「都市ローマの守護者としてのローマ皇帝」像は，「帝国」全体からイタリアを，特に都市ローマを切り分けた。その「堕落を救った」と主張されるオットーの「ローマ皇帝」Imperator Romanorum としての資格を喧伝することに，『使節記』の主張の歴史における妙味があったように思われるのである。

『使節記』は，リウトプランド一行にとって危険こそあれ，無為な旅となった。南イタリアに進軍して現地諸侯の帰順を得た「皇帝オットー」は，しかし，ビザンツ側のイタリアにおける拠点バーリの城壁を攻めあぐね，その打開と，ビザンツ皇帝との「和平」構築のために，リウトプランドを派遣したのだった。

「オットー陛下はバーリの城壁をはがし，火と殺戮によってその地を従わせようとされていた。陛下は勝利しておられたが，私の懇願に動かされてローマの諸都市に引き戻られた」（第57節）とデフォルメするリウトプランドの筆は，けだし誇張と，ビザンツ宮廷人への冷笑に満ちている。しかし，オットー父子および王后アーデルハイダに献

呈され，麾下の軍団将兵の志気を高めるために執筆された『使節記』の執筆意図からすれば，「ローマ」言辞は，主人オットーの位格を高める効果を十分に秘めていた。「ローマ」が秘める含意の構造は，テキストの個性をあぶり出すとともに，それを超えて，10世紀世界における「ローマ」理解の一隅を照らしているといえはしないだろうか。

あ と が き

　ひとは，時代と場所に拘束されて生きている。自身の生きる日常をそのようなものとして自覚し，自らの生をよりよく営むために，私たちは世界各地の事情に自らを相対化し，時空を越えて歴史に学ぼうとするのかもしれない。

　過去に紡がれた先人の知恵。成功と蹉跌が交錯する先達の経験。それらを学び，いまに活かすこと。それが，時間と空間に扼された「私」にできる方途なのだろう。

　本書の著者リウトプランドと出会って，かれこれ15年になる。時空を越えた彼との付き合いもすでに浅からぬものとなった。このイタリアの人を多少とも知るにつけ，彼こそ，そのような「歴史」に学び，自身と，己を取り巻く人びとに働きかけて，「時代」を切り拓こうと努力した人ではなかったか，との感を強くしている。

　これまで歩んできた歴史研究の道すがら，出会った人の数も少なくなくなってきた。皇帝や王だった人物たちを脇に置くと，彼ほど興味深く，印象に残る人には出会っていないような気がする。

　彼は，パヴィアでランゴバルト系の富裕な家に生まれた。アルル伯の宮廷に出仕し，この主人が亡くなると，その仇敵だったフリウリ侯ベレンガリウス2世に仕える。しかし，やがてこの主人と仲違いをし，北イタリアの地を出奔，アルプスを越えて，イタリア情勢をフランク王オットー1世に訴えて，その遠征を導いた。新しい主人オッ

トーに従ってイタリアに戻ると、北イタリアにおける主人の片腕となったようだ。オットーがベレンガリウスを打ち破るとクレモナ司教ともなって、帝国の経営を支えることとなった。

有能な官房にして、熟練した外交官。ギリシア語にも通じ、ビザンツ帝国事情にも長けた博学のカトリック司祭。

この10世紀の人の存在を初めて知ったのは、上原専禄「クレモナ司教リウドブランドの『報復の書』」によってだった。紆余曲折の人生にも興味をそそられたが、「世界」を見渡す稀書『報復の書』を残したこと、それが当時の（＝10世紀までの）キリスト教世界を全体として見渡し、各地の支配者らの所業を論断しているということに、強く惹かれた。上原論文の奥深く端正な筆致に、リウトブランドの人となり、また複雑な思考の襞が多少とも理解できたような気になって、しばらく昂奮が醒めなかったものである。

千年前の「世界」を、ひとりの行動する知識人の筆から直接に知ることができることに、いっとき心を奪われた。上原論文が紹介する『報復の書』は、ウリフリ侯ベレンガリウス2世とその妻ヴィッラの「悪行」をあげつらう文字通りの稀書だった。上原論文が説く「執筆者の意図」に思いをめぐらせながら、個人的な「敵意」を隠さないリウトブランドの筆に学ぼうとしてみた。その書物は、各自の行いには、あるいは神からの恩賞が、あるいは天罰がくだる、と喝破していた。

リウトブランドの強烈な個性にもっと手軽に触れられないものか。そう思って手に取ったのが、本書『コンスタンティノープル使節記』だった。

ご覧の通り、その筆致にはリウトブランドの個人的資質が縦横にほとばしっている、といってよい。ビザンツ宮廷人についてのシニカルで辛辣な言及は、額面通りに首肯でき

るものではないが，それ自体興味深い証言といえなくもない。史料（テキスト）を通して伝えられる事実（ファクト）が，いずれ書き手の主観的事実でしかないのであれば，その知的フィルターを通して投映される物語（フィクション）も，また歴史の真実といえなくもない。

　事実と物語のこの関係性を縦軸に，そして 10 世紀の世界事情を横軸に，当時の学部ゼミナール生と論じ合って，充実した時間を過ごしたものである。

　そもそもこの史料は真性なものなのか。そういった疑念すら抱きながら，コンスタンティノープルでの彼の経験とビザンツ宮廷人への褒貶ぶりを味読した。と言えればよいのだが，そうは上手く行かなかった。彼（リウトプランド）の持ち合わせる教養に，われわれはとても付いていけなかったのである。

　テキストに散りばめられた古典作品の引用，また暗喩としての援用を確かめる作業は，素養のない私にはことのほか難行だった。というより，正直に言えば，途中で放棄してしまっていた。10 世紀当時，オットーの宮廷およびその周辺にいた読者らが，はたしてこの書をそれほど読み解けていたのだろうか。そう訝しくも思いながら，どうにか本文そのものの翻訳は作り上げてみた（2004 年の科学研究費補助金による研究成果報告書に収載）。ただ，最低限必要な訳注をほどこすことができずに，15 年が経ったというわけである。

　本書に関する作業は，かくして訳者にとって初めての「文学研究」となった。テキストに散りばめられた古典からの引用については，校訂者らの指摘をなぞりながら原文を確認し，含意の理解に意を尽くしたつもりであるが，なお遺漏があることを懼れている。

　とはいえ，時空を越えて旧知の仲となったリウトプランドの心情に心を寄せ，この師に就いてギリシア，ラテンの

あとがき

古典の勉強をした時間は，訳者にとっては幸せなひととき
だった。訳者は，長らくビザンツ帝国の社会経済構造分析
に関心を寄せてきた。この視角からする歴史研究は，法
令また実務文書（贈与や売買などの痕跡を伝える契約文書）
が主な素材となる。たしかに，実務文書の断片にも，時代
の真実を伝える片言は見え隠れする。また，当事者たちの
想い（為政者の政策的意図，関係者の利害）や，彼らが思
い描いた世界のあり方（世界観）が潜んでいる，と感じら
れもする。ただ，リウトプランドのような「文学」作品
は，およそ考察対象としてこなかった。

　『使節記』は，法令や実務文書とはちがい，リウトプラ
ンドの想いが比較的ストレートに表出している，と感じら
れる叙述だった。その想いを，敵対するビザンツ人に対す
るシニカルな描写を通じて，また古典の引用・隠喩を通し
て，高踏的に伝えようとしていることが，この作品を特異
な地位に押し上げていた。いささか厄介なテキストに手こ
ずりながら，今ではこの小品をリウトプランドに書かしめ
た当時の事情だけは理解できたような気になっている。と
もあれ，彼の熱い想いに，読者諸氏もいっとき身を寄せて
くだされ ばと思う。

　10世紀は，ヨーロッパ世界と申すより，ビザンツ帝国
を含む広義の中世キリスト教世界にとって，大きな転換点
ともなった偉大な世紀だった。そこには，リウトプランド
やコルヴァイのヴィドキント，メルセブルクのティトマー
ルら，高い熱量を発する書き手の存在があった。本書が，
今後，10世紀ヨーロッパ研究にとって礎石のひとつとも
なれば幸いである。

　Nosse amantis est, amare noscentis est.「愛せば分かる，
学べば好きになる」

　『使節記』に学んだ今，彼の足跡を求めて旅をしてみた
い心境になっている。

あとがき　　213

　本訳書の上梓には，多くの先生方の導きがあった。

　まずは上原専祿先生。先生から直接の教えをいただく機会は私の世代の者にはなかった。しかし，先生の静謐な学問研究が営まれた一橋大学附属図書館の一隅にあって，時間を超えて空間を共有させていただきながら古典を学ぶ機会は，文字通り有難い日々であった。同附属図書館の豊かな蔵書が，拙作業の支えになったことはいうまでもない。西洋学に関する限り，まさに世界に誇る宝庫ともいえる図書館を創り上げられた歴代の恩師たちの学恩に，深く感謝するばかりである。

　10世紀に限らず，中世キリスト教世界の全体を見わたす眼をもつことの重要性を教えてくださった山田欣吾先生，渡邊金一先生のご指導，また増田四郎先生のご著作にも，改めて心から御礼を申し上げたい。先生方の学問実践は，ドイツやビザンツなど，ある種制度化され固定化された学問分野を越えて（もちろん各分野固有の成果を十分に見据えながら）雄大に営まれていた。その膝元で長らく学ばせていただけた幸いに，改めて御礼を申し上げるばかりである。

　加えて，比較国制史研究会，一橋大学地中海研究会，REN研究会（「王権・教会・貴族」研究会）の先生方からいただいた多くのご示教があった。特に本書については，石井紫郎，佐藤彰一，西川洋一，林信夫，田口正樹，また加藤博，渡辺節夫，北野かほる，堀越宏一，河原温の諸先生から有益な示唆をいただいた。訳者にとって嬉しくも有難いことであった。

　また，山田欣吾先生門下の同学の先輩といってよい三佐川亮宏氏には，リウトプランド情報に加えて10世紀の著述家に関する多くの示教をいただいてきた。氏の徹底した史料研究は，堅実にして斬新な事実認識とともに，われわれに多くの示唆を与えてくれる。10世紀研究の旗手であ

る氏からの学恩は深く，心から感謝申し上げる。

　本書の出版実務に当たっては，知泉書館の小山光夫社長のご尽力をいただいた。氏は，本書の学術的価値をただちに認識され，知泉学術叢書の一冊に加えてくださった。その慧眼と御厚情に，改めて心から感謝を申し上げたい。その判断には，「世界」（帝国内外）の現状と歴史を知悉し，決断をするビザンツ皇帝のような高い目線を感じたものである。

　2019 年 8 月 8 日

大　月　康　弘

参 考 文 献

---

1. 史 料

Liudprand of Cremona, *Die Werke Liudprands von Cremona.*
Becker, Joseph (ed.) = *Scriptores Rerum Germanicarum
in Usum Scholarum ex Monumentis Germaniae Historicis.
Liudprandi Opera.* Hannover-Leipzig, 1915. https://archive.
org/details/diewerkeliudpran00liud/page/n7

id., Chiesa, Paolo (ed), *Liudprandi Cremonensis Opera omnia.*
[Corpus Christianorum mediaevalis, 156] (1998).

id., Chiesa Paolo (ed), Liutprando di Cremona, *Antapodosis. Testo
latino a fronte.* Scrittori Greci E Latini, 2015.

id., *The Complete Works of Liudprand of Cremona.* [Medieval Texts
in Translation] (English tr. by Paolo Squatriti) Catholic Univ of
Amer Pr.,2007.

id., *Relatio De Legatione Constantinopolitana* [Reading Medieval
and Renaissance texts]（English tr. by Brian Scott）Bristol,
1994.

id., *The Works of Liudprand of Cremona.* [Braodway Medieval
Library] (English tr.by F. A. Wright) London, 1930.

id., *Liudprands Werke*, deutsche Übersetzung mit dem lateinischen
Text von Joseph Becker, in: Rudolf Buchner [et al.]
(Hrsg.): *Quellen zur Geschichte der sächsischen Kaiserzeit*
(Freiherr vom Stein-Gedächtnisausgabe, A 8), 4. Auflage,
Wissenschaftliche Buchgesellschaft, Darmstadt 1992

id., *Liudprand de Crémone. OEuvres.* [Sources d'histoire
médiévale, 41] (trad. et comm. par François Bougard), Paris,

216 参考文献

CNRS éditions, 2015.

id., *Ambassade à Byzance*, trad. par Joël Schnapp; présentation de Sandrine Lerou, Paris, édition Anacharsis, 2005.

Athanasios, Typikon = Typikon etoi kanonikon tou hosiou kai theophorou patros hemon Athanasiou tou en Atho. in Meyer, Philipp, *Die Haupturkunden für die Geschichte der Athoskloster.* Leipzig, 1894. p.102-130.

Benedicti Sancti Andreae monachi Chronicon. (Monumenta Germaniae Historica (MGH), SS. III)

Cedrenus, *Historiarum Compendia.* ed. J.Becker. Corpus Scriptorum Historiae Byzantinae. Bonn, 1839.

Chronicon Salernitanum. MGH (Monumenta Germaniae Historiae), SS. III (Hanover, 1838)

Constantine Porphyrogenitus (Porfirogenito), *De Thematibus.* ed. A.Pertusi. Studi e Testi 160. Rome, 1952.

id., *De Administrando Imperio. Vol. I: Text.* Revised Ed. by Gy.Moravcsik, tr. R.J.H.Jenkins. Washington, D.C., 1967.

id., *De ceremoniis.* A.Vogt (ed.), Collection Budé. Paris, 1935-40. with French Translation; I.I.Reiske (ed.), Bonn, 1829-30; Migne PG (Patrologia Graeca) 112, 63-1446.

Contin. Regin = Continuatio Reginonis = Regino von Prüm, *Chronicon - Reginonis abbatis Prumiensis Chronicon cum continuatione Trevereni,* hrsg. Von F.Kurze (MGH SS rer. Germ. [50]), Hannover, 1890.

Geoponika, Περὶ γεωργίας ἐκλογαι. ed. H.Beckh. Leipzig, 1895; eith corr. and add. Eu.Fehrle, Richtulinien zur Textgestaltung der griechischen Geoponica. Heidelberg, 1920; Russ.tr. E.Lipsic. Moscow, 1960.（伊藤正『ゲオーポニカ：古代ギリシアの農業事情』刀水書房，2019 年）

Georgios Hamartolos = Muralt, E. de (ed). *Georgii monachi, dicti Hamartoli, Chronicon ab orbe condito ad annum p. chr. 842 et a diversis scriptoribus usq. ad ann. 1143 continuatum.* St. Petersburg, 1859.

Gerogios Mon. = *Georgii Monachi Chronicon.* Ed. Carl de Boor.

参考文献　　　　217

Zwei Bände, Leipzig 1904. Neuausgabe von Peter Wirth, Stuttgart 1978.

Harun ibn Yahya, ed. Marquart, Joseph, *Osteuropäische. und ostasiatische Streiftüge. Ethnologische und historisch-topographische Studien zur Geshichte des 9. Und 10. Jahrhunderts (ca.840-940)*. Leipzig, 1903.

Juvenalis, Decimus Junius, *Saturae*. （ペルシウス／ユウェナーリス（国原吉之助訳）『ローマ諷刺詩集』岩波文庫）

Kedrenos = Scylitzes, John, *Synopsis Historiarum*. ed. by I.Thurn. [CFHB, 5, Ser. Berolin.] Berlin/ New York, 1973; ed. by I.Bekker. I-II. [CSHB, 5] Bonn, 1839.

Kletorologion of Philotheos. = Bury, J.B., *The Imperial Administrative System in the Ninth Century*. London, 1911.

Leon Diaconus, *Historia*, III, 8. ed. C.B.Hase. Bonn, 1832.

MGH, Diplomatum Regum et Imperatorum Germaniae Tomus I. Conradi I. Heinrici I. et Ottonis I. Diplomata. Hannover, 1879-84.

Papsturkunden 896-1046, I, ed. Zimmermann, H., *Österreichische Akademie der Wissenschaften Philosophisch-Historische Klasse Denkschriften, 174 Veröffentlichungen der Historischen Kommission*, III. Wien, 1984.

Paulus Diaconus. *Festus*. ed. W.M.Lindsay, Leipzig, Teubner, 1913.

id. *Historia Romana*. ed. Amedio Crivellucci. Torino, 1966.

Persius = Aulus Persius Flaccus, *Saturae*. ed. A.Cartault, Paris, 1929; ed. O.Seel, Tusculum, 1974. （ペルシウス／ユウェナーリス（国原吉之助訳）『ローマ諷刺詩集』岩波文庫）

Prokopius, *The Anecdota or Secret History*. tr. by H.B.Dewing. Loeb Classical Library 290. Cambridge, MA: Harvard U.P., 1935. （和田廣訳『秘史』（西洋古典叢書）京都大学学術出版会，2015 年）

Querolus. ed. G.Randstrand. *Querolus sive Aulularia, Incerti Auctoris Comoedia una cum Indice Verborum*. Göteborg, 1951; English transl. by Duckworth, G.E. *The Complete Roman Drama* (New York: Random House) 1952, vol. II p. 891-952;

German transl. By W.Emrich, 1965.

Rhalles, G.A. & Potles, M., Σύνταγμα τῶν Θειῶν καὶ ἱερῶν κανόνων. Athens, 1855.

Syrianos, *On Strategy*. ed.and tr. in George T. Dennis, *Three Byzantine Military Treatises*. [Dumbarton Oaks Texts 9] Washinton, D.C., 1985. p.9-135.

Symeon Magistros, = Staffan Wahlgren (Hrsg.): *Symeonis Magistri et Logothetae Chronicon*. Berlin u. a., 2006. [Corpus fontium historiae Byzantinae. 44] (Eng.tr. by Staffan Wahlgren, *The Chronicle of the Logothete*. Liverpool University Press, 2019.)

Terentius (Publius Terentius Afer), Adelphi『兄弟』, Andria『アンドロス島の女』, Eunuchus『宦官』, Phormio『ポルミオ』 ed. R.Kauer/ W.M.Lindsay. 2nd. ed. Oxford, 1959; Thérence, *Oeuvres*. ed. J.Marouzeau. Paris, 1956.（古代ローマ喜劇全集 第 5 巻，東京大学出版会，1979 年，鈴木一郎訳／ローマ喜劇集 5 テレンティウス，京都大学学術出版会，2002 年）

Theophanes continuatus = *Chronographiae Quae Theophanis Continuati Nomine Fertur Liber Quo Vita Basilii Imperatoris Amplectitur*, edited & translated into English by I. Ševčenko (CFHB 42, Berlin, 2011).

Valla, Claudia, Terentius im Mittelalter und im Humanismus. *Lexikon des Mittelalters. Bd.8*, 1997.

Widukind, *Res Gestae Saxonicae* = *Widukindi Monachi Corbeiensis Rerum Gestarum Saxonicarum Libri Tres*. 5th. ed. P.Hirsch and H.-E.Lohmann, *MGH, SRG*. Hannover, 1935.（三佐川亮宏訳 『ザクセン人の事績』知泉書館，2017 年）

Zachariae, *JGR* = Zachariae von Lingenthal, K.E., *Jus Graeco Romanum*. Leipzig, 1857.

Zepos = J. and P. Zepos, *Jus GraecoRomanum*. 8 vols. Athens, 1931-1936. (rpd. Aalen, 1962)

Zonaras, John, *Epitome historiarum*. ed. Pinder, M.Büttner, Th.Wobst, I-III [CSHB] 1841-1897; ed. L.Dindorf, 6 vols. (Teubner I-VI) Leipzig, 1868-1875; *PG* 134-135; Byz. section by T.Büttner-Wobst (Bonn, 1897)

参考文献　　　　　　　　　219

聖書（フェデリコ・バルバロ訳）講談社，1980年

ヘロドトス（松平千秋訳）『歴史』全3巻，岩波文庫

パウサニアス（馬場恵二訳）『ギリシア案内記』全2巻，岩波
文庫

2. 研究文献（欧文）

Ahrweiler, Hélène, *Byzance et la mer. La marine de guerre, la politique et les institutions maritimes de Byzance aux VIIe-XVe siècles*. Presses Universitaires de France, 1966.

Ariatta, Pierangelo/ Oldni, Mmassimo, *Liutprando di Cremona, Itakoa e oriente alle soglie dell'anno mille*. Novera, 1987.

Arnaldi, G., Liutprando e la storiografia contemporanea nell' Italia centrosettentrionale, in *La storiografia altomedievale II*. [Settimane del Centro di studi sull'alto medioevo, 17/2] (Spoleto 1970) p.497-519.

Bach, Erik, Les Lois agraires byzantines du Xe siècle. *Classica et Medievalia 5* (1942)

Barhtélemy, D., *La mutation de l'an mil*. Paris 1997.

Berschin, Walter, Liudprands Griechisch und das Problem einer überlieferungsgerechten Edition, *Mittellateinisches Jahrbuch* 20 (1985) p.112-115.

Bilfinger, Gustav, *Die antiken Stundenangaben*. Stuttgart, 1888.

Bischoff, B., Eine Osterpredigt Liudprands von Cremona (um 960). in id., *Anecdota Novissima Texte des vierten bis sechzehnten Jahrhunderts, Quellen und Untersuchungen zur Lateinischen Philologie des Mittelalters, VII*. Stuttgart, 1984.

Blöndal, Blöndal/ Benedikz, Benedikt, *The Varangians of Byzantium*. Cambridge, 1978.

Bonwetsch, G.N./ Achelis, H., *Die Griechischer Christlichen Schriftsteller der ersten drei Jahrhunderten*. Leipzig, 1897.

Brackmann, Albert, *Studien und Vorarbeiten zur Germania pontificia I: Die Kurie und die Salzburger Kirchenprovinz*. Berlin, 1912.

Bréhier, Louis, *Les institutions de l'empire byzantin*. Paris, 1949.

220 参考文献

id, *La Civilisation byzantine, Le Monde byzantin, III*. Paris, 1950.

Bury, John Bagnell, The Imperial Administration System in the Ninth Century. in *British Academy Supplemental Papers I*, London, 1911.

Cameron, Alan, *Circus Factions: Blues and Greens at Rome and Byzantium*. Oxford, 1976.

Charanis, Peter, Monastic properties and the state in the Byzantine Empire. *Dumbarton Oaks Papers*, 4 (1948), p.51-118.

Cipolla, Carlo M., Della supposta fusione degli Italiani coi Germani nei primi secoli del medioevo, Rendiconti d. r. Accad. d. Lincei ser. V vol. 9 (1900)

Chiesa, Paolo, Per una storia del testo delle opere di Liutprando di Cremona nel' medioevo. *Filologia Mediolatina* 2 (1995) p.165-191.

Daniel, N., *Handschriften des zehnten Jahrhunderts aus der Freisinger Dombibliothek - Münchener Beiträge zur Mediävistik und Renaissance-Forschung, xi, Arbeo-Gesellschaft*. München, 1973.

Dictionary of Greek and Roman Biography and Mithology. AMS Press, 1967.

Diehl, Charles, L'origine du régime des thèmes dans l'empire byzantin. *Etudes byzantines*. Paris, 1905.

id., *Les figures byzantines*. Paris, 1908.

Dölger, *Regesten* = Dölger, Franz, *Regesten der Kaiserurkunden des oströmischen Reiches, 1.Teil*. München, 1924*; 2.Teil. Regesten von 1025-1204*. Zweite, erweiterte und verbesserte Auflage von Peter Wirth. München, 1995.

id., *Byzanz und die europäische Staatenwelt*. Ettal, 1953.

id., *Byzantinische Diplomatik*. Ettal, 1956.

Dölger, Franz/ Karayannopoulos, Johannes, *Byzantinische Urkundenlehre*. München, 1968.

Dvornik, Francis, *Origins of Intelligence Services*. New Brunswick, N.J., 1974.

von Falkenhausen, Vera, *Untersuchungen über die byzantinische*

参 考 文 献　　　　221

Herrschaft in Süd016italien vom 9. bis ins 11. Jahrhundert.
Wiesbaden, 1967.

id., A Provincial Aristocracy: the Byzantines Provinces in Southern
Italy (9th-11th Centuries). in ed. Michael Angold, *The
Byzantines Aristocracy, 9th to 13th Centuries.* 1984.

Fischer, E.H., Gregor der Große und Byzanz. *Zeitschrift der
Savigny-Stiftung für Rechtsgeschichte* 67, Kanon. Abteilung 36
(1950)

Fried, Johannes, *Donation of Constantine and Constitutum
Constantini: The Misinterpretation of a Fiction and Its
Original Meaning.* Walter De Gruyter, 2007.

Fuhrmann, Manfred, Die Romidee der Spätantike. *Historiche
Zeitschrift* Bd.207, München, Oldenbourg, 1968.

Gandino, Germana, *Il vocabulario politico e sociale di Liutprando
di Cremona.* Roma, 1995.

Garsoïan, Nina G., *The Paulician heresy: a study of the origin
and development of Paulicianism in Armenia and the Eastern
Provinces of the Byzantine empire.* The Hague, 1967.

Gasquet, L'empire d'Orient et l'empire d'Occident. De l'emploi du
mot basileus dans les actes de la chancellerie byzantine. *Revue
historique* 26 (1884)

Gay, Jules, *L'Italie méridionale et l'empire byzantin depuis
l'avènement de Basile Ier jusqu'à la prise de Bari par les
Normands (867-1071).* Paris, 1904.

Gelzer, H., Genesis der Themenverfassung. *Abh. d.sächs. Ges. d.
Wiss. XLI, Phil. Hist. Kl. XVIII* (1899)

Gesta Francorum. ed. Rosalind Hill, Oxford, 1972.

Gouguenheim, Sylvain, *Les fausses terreurs de l'an mille. Attente
de la fin des temps ou approfondissement de la foi ?* Paris
1999.

Grumel, Venance, *Traité d'Etudes Byzantines: I. La Chronologie.*
Paris, 1958.

Guilland, Rodolphe, *Recherches sur les institutions byzantines I-II.*
Berlin/Amsterdam, 1967.

Guilland, Topographie. = id., *Études de topographie de Constantinople byzantine, avec deux index de Ingeborg Tschoerner et un plan de Salvador Miranda, I-II*. (Berliner byzantinistische Arbeiten, Bd. 37) Berlin, Akademie-Verlag, 1969.

id., Les Logothètes. *Revue des Etudes byzantines* 29 (1971)

Hammer, William, The New or Second Rome in the Middle Ages. *Speclum XIX* (1944)

Hartmann, L.M., Die wirtschaftlichen Anfänge Venedigs, *Vierteljahrschrift für Sozial- und Wirtschaftsgeschichte* 2 (1904)

id, *Zur Wirtschaftsgeschichte Italiens im frühen Mittelalter*. Gotha, 1904.

Hauck, Albert, II, *Kirchengeschichte Deutschlands*. 5 Bde. Leipzig, 1887–1903.

Head, C., Physical Descriptions of the Emperors in Byzantine Historical Writing. *Byzantion* 50 (1980) p. 226–240.

Hergenröther, Joseph, *Photius. Patriarch von Constantinopel. Sein Leben, seine Schriften und das griechische Schisma*. Drei Bände. Regensburg, 1867.

Heyd, Wilhelm, *Geschichte des Levantehandels im Mittelalter*. 2 Bde. Stuttgart 1877-79.

Hiestand, Rudolf, *Byzanz und das Regnum Italicum im 10. Jahrhundert*. Zürich, 1964.

Hinschius, Paul. *Das Kirchenrecht der Katholiken und Protestanten in Deutschland*. Berlin, 1869.

Huschner, Wolfgang, *Transalpine Kommunikation im Mittelalter : diplomatische, kulturelle und politische Wechselwirkungen zwischen Italien und dem nordalpinen Reich (9.-11. Jahrhundert)*. (Monumenta Germaniae Historica Schriften ; Bd. 52) Hannover, 2003.

Janin, Raymond, *Constantinople byzantine: développement urbain et répertoire topographique*. 2e éd. Paris, 1964.

id, *La Géographie ecclésiastique de l'empire byzantin*. Paris, 1969.

参考文献 223

Kaplan, Michel, Du cocon au vêtement de soie: concurrence et concentration dans l'artisanat de la soie à Constantinople aux Xe-XIe siècles, *EUPSYCHIA, Mélanges offerts à Ahrweiler*, Paris 1998 (Byzantina Sorbonensia 16), p. 313-327.

Koder, Johannes/ Weber, Thomas, *Liutprand von Cremona in Konstantinopel : Untersuchungen zum griechischen Sprachschatz und zu realienkundlichen Aussagen in seinen Werken*. Verlag der Österreichischen Akademie der Wissenschaften, 1980.

Köhler, F., Beiträge zur Textkritik Liudprands von Cremona. *Neues Archiv der Gesellschaft für ältere deutsche Geschichtskunde* VIII (1883)

Köpke, Rudolf/Dümmler, Ernst, *Kaiser Otto der Große, Jahrbücher der Deutschen Geschichte*. Leipzig, 1867.

Koukoudis, Asterios I., *The Vlachs: Metropolis and Diaspora*. Thessaloniki, 2003.

Koutrakou, N., Diplomacy and Espionage: Their Role in Byzantine Foreign Relations, 8rh-10th Centuries. *Graeco-Arabica 6* (1995), p.125-144.

Kresten, Otto, Pallida mors Saracenorum. Zur Wanderung eines literarischen Topos von Liudprand von Cremona bis Otto von Freising und zu seiner byzantinischen Vorlage, *Römische historische Mitteilungen* 17 (1975)

Kresten, Otto/ Müller, Andreas F., *Samtherrschaft: Legitimationsprinzip und Kaiserlicher Urkundentitel in Byzanz in der ersten Hälfte des 10. Jahrhunderts*. (Österrichische Akademie der Wissenschaften, Philosophische-historische Klasse, Sitzungsberichte, 630. Band), Wien, Verlag der Österreichischen Akademie der Wissenschaften, 1995.

Krumbacher, Karl, *Geschichte der byzantinischen Literatur*. München, 1897.

Laehr, Gerhard, Die Konstantinische Schenkung in der abendländischen Literatur des Mittelalters. *Historische Studien* 166 (1926)

Lambros, Spyridon, Duo eikones Nikephorou tou Phoka. *Neos Ellenomnemon* 1 (1904) p.57-71.

Landes, Richard, *Relics, Apocalypse, and the Deceits of History. Ademar of Chabannes, 989-1034*. [Harvard Historical Studies 117] Cambridge/Mass., 1998.

id., Lest the Millennium be Fulfilled: Apocalyptic Expectations and the Pattern of Western Chronography 100-800 CE, in : *The Use and Abuse of Eschatology in the Middle Ages*, ed. By W. Verbeke/D. Verhelst/A. Welkenhuysen (Leuven 1988) p.137-211.

id., Millenarismus absconditus. L'historiographie augustinienne et le millénarisme du haut Moyen Age jusqu'a l'an Mil, *La Moyen Age 97* (1992) 355-377.

id., Sur le traces du Millenium : La „ Via Negativa "(2e partie), *La Moyen Age 99* (1993) p.5-26

id., Rodolfus Glaber and the Dawn of the New Millenium : Eschatology, Histography, and the Year 1000, *Revue Mabillon* n. S. 7 (1996) p.57-77

id., The Fear of an Apocalyptic Year 1000 : Augustinian Historiography, Medieval and Modern, *Speculum* 75 (2000) 97-145.

Lemerle, Humanism. = Lemerle, Paul, *Byzantine humanism, the first phase*. (Byzantina Australiensia, 3) 1986. Eng.tr. of *Le premier humanisme byzantin*. 1971.

Levine, Robert, Liutprand of Cremona : History and Debasement in the Tenth Century. *Mittellateinisches Jahrbuch* 26 (1991) 70-84.

Leyser, Karl, The Tenth Century in Byzantine -Western relationships. in *Relations between East and West in the Middle Ages*. ed. D.Baker. Edinburgh, 1973.

id., Liudprand of Cremona, Preacher and Homilist. in K.Walsh and D.Wood (eds), *The Bible in the Medieval World. Oxford*, 1985. = also in id., *Communications and power in the middle ages. 1: The Carolingian and Ottonian centuries*. London, 1994.

参 考 文 献　　　225

id., Ends and means in Liudprand of Cremona. *Byzantinische Forschungen* 13 (1988) p.119-143. also in id (ed. by Timothy Reuter), *Communications and power in medieval Europe*. London, 1994.

Lintzel, Martin, Studien über Liudprand von Cremona. *Historische Studien* 233 (1933).

Lopez, R.S., The Silk Industry in the Byzantine Empire. *Speculum* 20 (1945) p.1-46.

Lounghis, Telemachos , *Les ambassades byzantines en Occident depuis la fondation des états barbares. jusqu'aux Croisades (407-1096)*, Athènes 1980.

id., Die byznatinische Ideologie der "begrenzten Ökumene" und die römische Frage im ausgehenden 10. Jh. *Byzantinoslavica* (1995) p.117-128.

Lüttich, Rudolf, *Ungarnzüge im 10. Jahrhundert*. (Historische Studien 84) Berlin, 1910.

Magdalino, P., Hellenism and Nationalism in Byzantium. in id., *Tradition and Transformation in Medieval Byzantium*. Hampshire, 1991.

Manaresi, C., *I placiti del "Regnum Italiae", II, i, Fonti per la storia d'Italia*. Rome, 1957.

Mayer, Ernst, *Italienische Verfassungsgeschichte von der Gotenzeit bis zur Zunftherrschaft*. Leipzig, 1909.

Miller, D.A., The Logothete of the Drome in the Middle Byzantine Period. *Byzantion* 36 (1966) p.438-470.

Miranda, Salvator, *Les Parais des empereurs byzantins*. Mexico City, 1964.

Moravcsik, Gyula, Hungary and Byzantium. *Cambridge Medieval History IV-i*, Cambridge, 1966.

Morris, Rosemary, O Michaeles, Michaeles...: A problem of Identification in Liudprand's Legatio. *Byzantion* 51 (1981) p.248-254.

id., The Two Faces of Nikephoros Phokas. *Byzantine and Modern Greek Studies* 12 (1988) p.83-115.

Nerlich, Daniel, *Diplomatische Gesandtschaften zwischen Ost- und Westkaisern 756-1002*. [Geist und Werk der Zeiten. Arbeiten aus dem Historischen Seminar der Universität Zürich, 92]. Bern, 1999.

Nicol, Donald, The Byzantine View of Western Europe. *Greek, Roman and Byzantin Studies* 8 (1967)

id, *Byzantium and Greece*. London, 1971.

id., *Church and Society in the Last Centuries of Byzantium*. London, 1979.

Norden, Walter, *Das Papsttum und Byzanz*. Berlin, 1903.

Obolensky, Dimitri, *The Byzantine Commonwealth: Eastern Europe, 500-1453*. London, 1971.

Ohnsorge, Werner, Die Heirat Otto II. mit der Byzantinerin Theophano. *Braunschweigisches Jahrbuch* 54 (1973)

Oikonomides, Nicolas, *Les Listes de préséance byzantines des IXe et Xe siècles*. Paris, 1972.

Ostrogorsky, Georg, *Geschichte des byzantinischen Staates*. München, 1963. (和田廣訳『ビザンツ帝国史』恒文社, 2001 年)

Pauler, Roland, *Das Regnum Italiae in ottonischer Zeit. Markgrafen, Grafen und Bischöfe als politische Kräfte*. Tübingen, 1982.

Pauly-Wissowa, Realencyclopädie der classischen Altertumswissenschaft.

Rambaud, A., *L'empire grec au dixième siècle, Constantin Porphyrogénète*. Paris, 1879. rp. New York, 1963.

Ricci, L. G. G., Problemi sintattici nelle opere di Liutprando di Cremona. Spoleto, 1996.

Riché, P., Der Mythos von den Schrecken des Jahres 1000, in: Die „Schrecken"des Jahres 2000, hg. von H. Cavanna (Stuttgart 1977) p.10-19

Rom und Byzanz – Schatzkammerstücke aus bayrischen Sammlungen. Hrsg. Reinhold Baumstark. München, Ausstellung im Bayerischen Nationalmuseum. München,

参考文献　　　227

Hirmer-Verlag 1998.

Romano, G., *Storia politica d'Italia: Le dominazioni barbariche in Italia 395-1024*. Mirano, 1909.

Sada, Pablo Adrián Cavallero, *La antapódosis o retribución de Liutprando de Cremona*. [Nueva Roma, 27] Consejo Superior de Investigaciones Científicas, 2007.

Salsotto, Carlo, *Sul Significato del Nome Italia: Presso Liutprando, Vescovo Di Cremona*. Originally published in Milano, 1905. Reprint, 2013.

Schlumberger, Gustave, *Sigillographie de l'Empire byzantine*. Paris, 1884.

Schlumberger, *Nicéphore*, = id., *Un empereur byzantin au dixième siècle, Nicéphore Phocas*. Paris, 1890.

id., *L'Épopée byzantine à la fin du dixième siècle, I*. Paris, 1896.

Schove, D. Justin/Fletcher, Alan, *Chlonology of Eclipses and Comets AD 1-1000*. Woodbridge, Suffolk, 1987.

Schulte, Aloys, *Geschichte des mittelalterlichen Handels und Verkehrs zwischen Westdeutschland und Italien* mit Ausschluß von Venedig. 2 Bde. Leipzig, 1900.

Schwartz, Gerhart, *Die Besetzung der Bistümer Reichitaliens unter den Sächsichen und Salischen Kaisern*. Leipzig/ Berlin, 1913.

Shepard, Jonathan, Imperial Information and Intelligence: A Discrepancy. *Byzantinoslavica* 56 (1995), p.107-116.

Schilbach, Erich, *Byzantinische Metrologie*. [Handbuch der Altertumswissenschaft XII.4.] München, 1970.

Sickel, Wilhelm, Alberich II. und der Kirchenstaat. *Mitteilungen des Instituts für Österreichische Geschichtsforschung* 23 (1902) p.50-126.

Sophocles, E.A., *Greek Lexicon of the Roman and Byzantine periods from B. C. 146 to A. D. 1100*. New York, 1900.

Speck, Paul, *Kaiser Konstantin VI. Die Legitimation einer Fremden und der Versuch einer eigenen Herrschaft. Quellenkritische Darstellung von 25 Jahren byzantinischer Geschichte nach dem ersten Ikonoklasmus*. 2Bde. München, 1978.

228   参 考 文 献

Stanford, W.B., *The Ulysses Theme*. Oxford, 1954.

Sutherland, J.N., The idea of Revenge in Lombard Society in the Eighth and Tenth Centuries: The Cases of Paul the Deacon and Liudprand of Cremona. *Speculum* 50 (1975) p.391-410.

id., The Mission to Constantinople in 968 and Liudprand of Cremona. *Traditio* 31 (1975) p.55-81.

id., *Liutprand of Cremona, Bishop, Diplomat, Historian. Studies of the Man and His Age*. Centro Italiano di Studi Sull'alto Medioevo, 1988.

Svoronos, *Novelles* = id., *Les Novelles des Empereurs Macédoniens concernant la Terre et les Stratiotes.Introduction-Édition-Commentaires*. ed. P.Gounaridis. Athènes, 1994.

Thompson, D., The Mystery of the Year 1000, *Concilium* 4 (1998) 50-59.

Toynbee, Arnold, *Constantine Porphyrogenitus and his World*. Oxford, 1973.

Vakalopoulos, A., *Origins of the Greek Nation: the Byzantine Period, 1204-1261*. New Brunswick, 1970.

Valla, Claudia, Terentius im Mittelalter und im Humanismus. *Lexikon des Mittelalters, Bd.8*.

Verbeke, Werner/ Verhelst, Daniel/ Welkenhuysen, Andries (ed.), *The Use and Abuse of Eschatology in the Middle Ages*. [Mediaevalia Lovaniensia: Studia XV] Leuven, 1988.

Vogt, Joseph, Orbis Romanus. Zur Terminologie des römischen Imperialismus. Tübingen, 1929.

Vranoussi, E., Un 'discours' byzantin en l'honneur du saint empereur Nicéphore Phokas transmis par la littérature slave. *Revue des Etudes Sudest-Européennes* 16 (1978)

Wattenbach, Wilhelm, *Deutschlands Geschichtsquellen im Mittelalter*, 1. Band, 1. Hälfte. 6. Aufl. Berlin, 1894.

Winnifrith, T.J., *The Vlachs*. London, 1988.

Zampelios, Spyridōn, *Asmata dēmotika tēs Hellados, ekdothenta meta meletēs historikēs peri Mesaiōnikou Hellēnismou*. Reprint ed. Athens, 1986.

参 考 文 献 229

Zeumer, Karl, Historische Aufsätze: Karl Zeumer zum 60. Geburtstag als Festgabe dargebr. von Freunden u. Schülern. Frankfurt am Main, Keip, 1987.

3. 参照文献（日本語）

上原専祿「クレモナ司教リウドプランドの『報復の書』」（『クレタの壺』評論社，1977 年刊所収。初出『一橋論叢』1951 年 11 月号）同補記（『クレタの壺』初出），『上原専祿著作集 17』評論社，1993 年，にて再刊

井上浩一『ビザンツ皇妃列伝』筑摩書房，1999 年

ヴィドゥキント（コルヴァイの）（三佐川亮宏訳）『ザクセン人の事績』知泉書館，2017 年

大月康弘「リウトプランド 968 年ミッションの目的と齟齬——10 世紀キリスト教世界における「ローマ皇帝」問題に向けて」『西洋史研究』新輯第 31 号（2002 年 11 月）74-104 頁 ⇒本書「付論Ⅰ」

同 『帝国と慈善　ビザンツ』創文社，2005 年

同 「中世キリスト教世界と「ローマ」理念——リウトプランド『コンスタンティノープル使節記』における「ローマ」言説」甚野尚志・踊共二（編）『中近世ヨーロッパの宗教と政治』ミネルヴァ書房，2014 年 3 月 30 日，19-42 頁 ⇒本書「付論Ⅱ」

同 「ビザンツ人の終末論——古代末期における世界年代記と同時代認識」甚野尚志・益田朋幸編『中世の時間意識』知泉書館，2012 年 4 月，5-25 頁

オストロゴルスキー，ゲオルグ（和田廣訳）『ビザンツ帝国史』恒文社，2001 年

カルロ・ギンズブルグ（森尾総夫訳）『ピエロ・デッラ・フランチェスカの謎』みすず書房，1998 年

竹部隆昌「教皇傀儡化の背景」『文化史学』第 57 号，2001 年 11 月，107-128 頁

同 「『娼婦政治』再考——10 世紀ローマの都市貴族について」『ローマと地中海世界の展開』（浅香正監修，晃洋書房，2001 年 12 月）215-229 頁

参考文献

三佐川亮宏「『ザルツブルク大編年史』九二〇年の項に見える
　　"ドイツ王国"概念の同時代性をめぐって——九世紀後半
　　における theodiscus / teutonicus の用例からの検証の試み」
　　『東海大学文学部紀要』65（1996 年）33-100 頁

同　「"叙任権闘争"と regnum Teutonicum——"ドイツ"概念
　　の政治的・歴史的地平（上）（下）『東海大学文学部紀要』
　　75（2001 年）1-27 頁，76（2002 年）1-27 頁。（以上 2 論
　　文は，同『ドイツ——その起原と前史』第 2 章～第 3 章
　　1-3 節に組み込まれている）

同　『ドイツ史の始まり——中世ローマ帝国とドイツ人のエ
　　トノス生成』創文社，2013 年

同　『ドイツ：その起源と前史』創文社，2016 年

渡邊金一『研究』＝『ビザンツ社会経済史研究』岩波書店，
　　1968 年

同　『中世ローマ帝国』岩波書店，1980 年

同　『コンスタンティノープル千年』岩波書店，1985 年

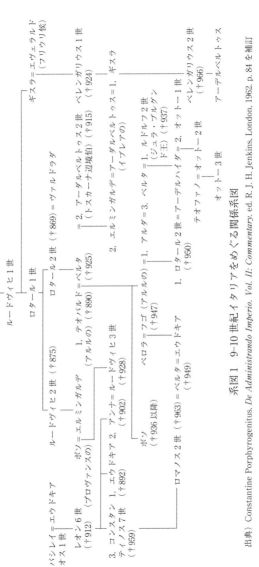

系図1　9–10世紀イタリアをめぐる関係系図

出典）Constantine Porphyrogenitus, *De Administrando Imperio. Vol. II: Commentary.* ed. R. J. H. Jenkins, London, 1962, p. 84 を補訂

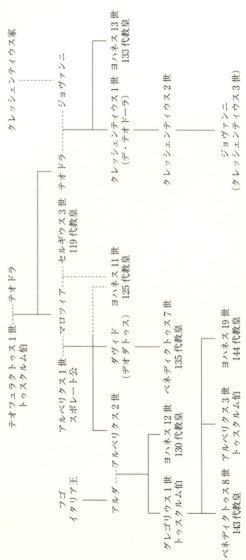

系図2　10世紀ローマ司教座をめぐる関係系図

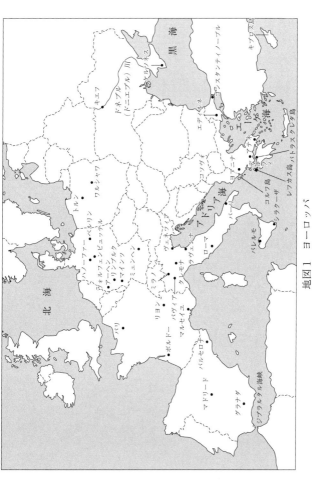

地図1 ヨーロッパ

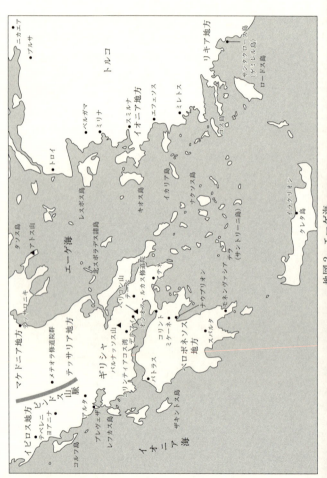

地図 2 エーゲ海

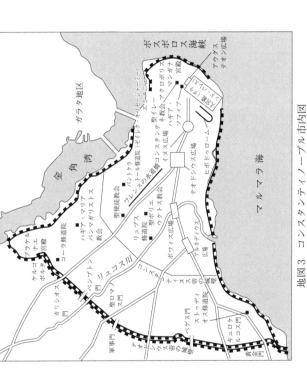

地図3 コンスタンティノープル市内図

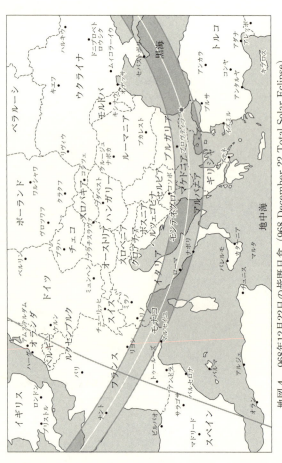

地図 4　968年12月22日の皆既日食 (968 December 22 Total Solar Eclipse)
© Interactive Google Map-Xavier Jubier

人名索引

アタナシオス（10世紀アトス
　山ラウラ修道院の創設者）
　114
アーデルベルトゥス（＝アーダ
　ルベルト。ベレンガリウス2
　世の息子、イヴレア辺境伯、
　イタリア王：在位950-961年）
　12, 13, 15, 53, 55-57, 132,
　149-51, 174, 184, 185
アーデルハイダ（オットー1世
　の后）　3, 137, 141, 183,
　185, 186, 206
アルベリクス（マロツィアの息
　子、ローマ司教ヨハネス11
　世の兄）　33, 90, 116-18,
　152, 153, 162, 200
アレクサンドロス　54
アントニウス（リウトプランド
　の同僚司教）　68
アンティオコス・エピファス（4
　世、古代シリア王）　68
アンドレア（聖人）　109-11
イヴン・ハルドゥーン Ibn
　Khaldun　69
イエス・キリスト　37, 115,
　147
イグナティオス（コンスタン
　ティノープル総主教：在位年）
　37
ヴァレンティニアヌス（ロー
　マ皇帝：在位364-375年）
　14, 150, 187
ウェルギリウス（ラテン詩人、
　前70-後19）　45, 56, 60,
　61, 65, 73, 79, 80, 95, 105,
　107, 122
ウラジミール（10世紀のキエフ

大公）　22, 31, 102, 164
エヴォディシウス（リウトプラ
　ンドの従者、通詞）　98
エクサコンタス（ビザンツ帝国
　の軍司令官、マギステル位）
　77
エリヤ（予言者）　57, 172
エンノディウス（パヴィア司教）
　43
オヴィディウス　25, 27, 90
オクタヴィアヌス（アルベリク
　スの息子、スポレート公、ロー
　マ公）　33, 90, 153 →ヨハ
　ネス12世
オットー1世（ザクセン朝の王：
　在位936-973年、皇帝：在
　位962-973年）　1, 3, 29,
　34, 85, 92, 117, 129, 134-
　37, 139, 141, 152, 176, 177,
　181, 182, 203
オットー2世（ザクセン朝の
　王：在位961-983年、皇帝：
　在位967-983年）　1, 3,
　17, 29, 31, 34, 85, 107, 137,
　140, 142, 143, 164, 183,
　194, 204

カロルス（カール大帝）　73
キケロ　10, 23
クラウディア・ヴァッラ　91
クリストフォロス（ビザンツ
　皇帝：在位921-931年）
　32, 33, 38, 81, 89, 162, 166,
　167
クリストフォロス（宦官、パト
　リキオス位）　32, 33, 38,
　81, 89, 162, 166, 167

グリミゾ（アーデルベルトゥス
　の使節）　15, 53, 57, 174
グレゴリウス（1世，ローマ
　司教：在位 590-604 年）
　42, 43
クロイソス（リュディア王国最
　後の王）　87, 88
コーナ（アーデルヴェルトゥス
　の弟）　56, 61, 62, 124
コンスタンティヌス1世（大帝，
　在位 306-336 年）　34, 89
コンスタンティノス7世ポル
　フィロゲニトス（ビザンツ
　皇帝，在位 908-959 年）
　19, 20, 31, 100, 165
コンスタンティノス8世（ビザ
　ンツ皇帝，ロマノス2世の息
　子，バシレイオス2世の弟，
　在位 1025-1028 年）　11,
　164, 170
コンスタンティノス・ゴンギュ
　ラス（クレタ戦で失敗した
　10世紀ビザンツの将軍）
　102

シメオン（プロートー・デー・
　セクレティース）　30, 32,
　38, 46, 145
シルヴェステル1世（ローマ
　司教，在位 314-335 年）
　205

ディオクレティアヌス帝（ロー
　マ皇帝：在位 284-305 年）
　83
ティトゥス・リウィウス　23
テオドシウス1世（ローマ皇帝：
　在位 379-395 年）　14, 150
テオファノ（オットー2世の后，
　ヨハネス・ツィミスケスの姪）
　3, 11, 17, 22, 31, 40, 74, 75,
　85, 163, 164

テオフィラクトス（ロマノス1
　世の息子，宦官，コンスタン
　ティノープル総主教：在位
　931-956 年）　117, 118
テレンティウス（共和政ロー
　マの劇作家）　28, 86, 90–
　92, 98, 99, 108, 109, 119,
　199, 212
ドメニコ（ヴェネツィア人使節）
　58

ニコラス1世（ローマ教皇，
　聖人，在位 858-867 年）
　86
ニケフォロス（2世フォーカス，
　ビザンツ皇帝，在位 963-
　969 年）　6, 8, 9, 11, 15,
　17– 22, 25, 27–31, 33, 40,
　44–47, 50– 59, 61–63, 65,
　68, 69, 73–81, 85–89, 91,
　93–95, 97, 101, 102, 104–
　07, 113, 114, 115, 119, 122,
　126, 128, 130–32, 141–43,
　148, 152, 153, 155–64, 166,
　168–75, 184, 198, 199, 201
ノトケルス（『カロルス大帝業
　績録』著者）　73

ハインリヒ1世（ザクセン侯，
　オットー1世の父）　3
パウサニアス（2世紀ギリシ
　アの旅行家・地理学者）
　87, 213
バシレイオス（2世，ビザンツ
　皇帝，ロマノス2世の息子，
　コンスタンティノス8世の
　兄，在位 976-1025 年）
　11, 22, 29–31, 35, 37, 58,
　75, 93, 102, 107, 142, 163,
　164, 170, 173, 189, 195,
　199, 201
バルドルフス（鉄頭侯，ベネヴェ

ント公）　65, 156

ビザンティオス（バーリの）
　65

ヒッポリュトゥス（シチリア司
　教）　70, 71, 74, 76, 197

フゴ（10世紀のアルル伯，別
　表記ユーク）　17, 26, 33,
　117, 134, 138, 141, 147,
　148, 151–54, 159, 160, 176,
　185, 188

プラウトゥス（喜劇『アウルラ
　リア』の作者）　99

プラトン　49

ベッサリオン（15世紀のギリシ
　ア人枢機卿）　110

ペトロ　22, 31, 32, 111, 112,
　119, 166

ペトロス（ブルガリアの王）
　31, 32, 166

ペトロニウス　22

ベルタ＝エウドキア Bertha
　Eudokia（プロヴァンスのル
　イの庶出の娘，ロマノス2世
　の最初の后）　17, 188

ヘレナ（コンスタンティヌス1
　世の母）　93

ベレンガリウス（2世，イヴレ
　ア辺境伯，イタリア王：在位
　950-961年）　12, 15, 26,
　68, 100, 116, 117, 132, 134,
　138–40, 145, 146, 148,
　150–54, 184, 185, 186

ヘロドトス（紀元前5世紀のギ
　リシアの歴史家）　87, 113,
　213

ポリエウクトス（コンスタン
　ティノープル総主教：在位
　956-970年）　40, 115, 116,
　119

ボリス（1世，ブルガリアの
　ツァー：在位852-889年）
　37, 71

ホルミスダス（ローマ司教：
　在位514-523年，聖人）
　43

マクシミヌス・トラクス帝（ロー
　マ皇帝：在位173頃-238年）
　70

マヌエル（ニケフォロスの甥，
　パトリキオス位）　76, 77

ママラス Malalas（6世紀ビザ
　ンツの年代記作者）　75

マリア　32, 33, 84, 160, 198

マロツィア（スポレート公アル
　ベリクス等らと結婚。息子ア
　リクスが都市ローマを支配）
　13, 33, 117, 152, 190

ミカエル3世（ビザンツ皇帝：
　在位842-867年）　86

ミカエル・ケルソニテス（ビザ
　ンツの地方長官，ストラテー
　ゴス）　123

ユウェナーリス（ローマの風刺
　詩人，60-128年）　10, 62,
　72, 106, 121, 141, 211

ユスティニアヌス（ローマ皇帝：
　在位527-565年）　14, 43,
　75, 83, 150, 187

ヨセフス（古代エジプトの宰相）
　123, 169

ヨハネス11世（ローマ司教：
　在位931-935年）　33, 117,
　118, 191

ヨハネス12世（ローマ司教：
　在位955-964年）　33, 34,
　90, 135, 137, 153

ヨハネス13世（ローマ司教：
　在位965-972年）　14, 85,
　90, 92, 153, 160, 162, 199

ヨハネス（リウトプランドの
　従者，通詞）　3, 14, 33,
　34, 36, 40, 52, 58, 84, 85,

87, 90, 92, 93, 98, 102, 117, 118, 135, 137, 140, 151, 153, 160, 162, 169, 173, 191, 198, 199, 201

ヨハネス・クリュソストモス(コンスタンティノープル総主教)　52

ヨハネス・クルクアス(対アラブ戦で活躍したビザンツの将軍)　102

ヨハネス・ツィミスケス(ニケフォロス2世下の将軍，ビザンツ皇帝：在位969-976年)　3, 40, 58, 102, 169, 173

ランドルフス　17, 159, 188

ルードヴィヒ2世　16, 151, 159, 187, 189, 199

レオン(ビザンツ皇帝ニケフォロスの弟，コロパラティオス，ロゴテテース)　6, 7, 9, 29, 36, 37, 38, 51, 62, 66, 78, 98, 115, 116, 124, 126,

129, 145, 155, 171, 185, 186

レオン(ビザンツ宮廷人，侍従長)　6, 7, 9, 29, 36-38, 51, 62, 66, 78, 98, 115, 116, 124, 126, 129, 145, 155, 171, 185, 186

レオン・ディアコノス(11世紀ビザンツの歴史家)　9, 51, 78, 124

ロタリウス2世(イタリア王，アーデルハイダの最初の夫)　3, 141, 151

ロマヌス(リウトプランドの従者，通詞)　98

ロマノス1世(レカペノス，ビザンツ皇帝，在位920-944年)　17, 117, 118, 159, 188

ロマノス2世(ビザンツ皇帝，在位959-963年)　11, 17, 22, 31, 33, 74, 75, 141, 159, 160, 164, 165, 169, 188

ロムルス　26, 27, 192, 193

地名・施設，民族名等索引

アウソニア（人）（イタリアの古
　名）　105
アッティカ　29
アキレンティラ Acirentila（南
　イタリアの町）　116, 205
アケロース河（ギリシアの川）
　112
アトス山　114, 122
アマルフィ　81, 100, 109,
　202
アプーリア　18, 25, 40, 47,
　108, 114, 115, 158
アポクリシアリエイオン（ビザ
　ンツ宮廷の外国人使節接待用
　施設）　4
アラブ　25, 47, 58, 63, 69,
　76, 102, 141, 156, 169, 171,
　172, 189
アルプス　71, 141, 147
アルメニア　65, 88
アンキュラ　40
アンコーナ　61, 62, 124
アンティオキア　34, 40, 58,
　79, 172-74
イェルサレム　34, 89
イオニア海　112
イスラエル　69, 84
イタリア（王国）　3, 13, 15-
　17, 25, 26, 33-35, 37, 42,
　49, 50, 53, 56, 57, 59, 60,
　63, 66, 77, 82, 85, 92, 95,
　97, 100, 101, 105-10, 113-
　17, 134, 135, 137, 138,
　140-48, 150, 152-56, 158-
　60, 166, 167, 171, 174,
　176-78, 182, 183, 185-91,
　194-96, 201, 204-06

イングランド　54, 177
ヴェネツィア Venezia　14,
　29, 46, 47, 58, 81, 82, 100,
　101
ヴラフ人 Vlakhs　82
ウンブリア（コンスタンティ
　ノープル近傍の町）　63,
　81, 156, 157
エジプト Aigyptos　8, 35, 42,
　55, 123, 195
エフェソス Ephesos　40
エリダヌス（イタリアの川）
　60
オフィダリス川（ギリシアの川，
　現フィドゥハリス川・別名エ
　ヴィノス川）　109

カッパドキア　22, 41, 52,
　109, 122, 169, 170
カープア Capua　16, 32, 49,
　64, 156-59, 164, 188, 190,
　194
カラーブリア Calabria　47,
　64, 85, 106, 114, 115, 158
ガリア（人）　31-33, 36-42,
　46, 53, 65, 80, 82, 99, 145,
　165, 166, 174, 189
カルケドン　37, 40, 69, 70
カルタゴ　40
カレア門　5, 130
宮殿　3-6, 8, 19, 23, 30, 32,
　44, 57, 58, 63, 70, 81, 89,
　101, 103, 129-31, 156, 157,
　162
宮廷　1, 7, 12, 15, 17, 19-21,
　23, 26, 29, 30, 34, 40, 42,
　52, 65, 71, 81, 85, 130, 131,

133, 134, 138, 140, 152,
153, 156, 160, 162, 163,
165, 171, 175, 176, 181,
182, 184, 186, 189, 191,
194, 197, 199, 201–04, 206
ギリシア（人）　4, 7, 8, 17,
35, 38, 40, 45, 47, 49–57,
60, 62, 66–74, 76, 78, 80,
82, 83, 85–89, 91, 96, 99,
101, 105, 106, 108, 110,
112–15, 118–21, 124, 126–
28, 130, 133, 134, 136, 140,
142, 160–62, 172, 197–99,
204, 211, 213
グラヴィナ Gravina（南イタリ
アの町）　116, 205
クレタ　4, 25, 102, 141, 146,
169, 223
クレモナ　3, 60, 61, 67, 68,
73, 105, 129, 134, 140, 142,
145, 146, 184, 223
コリント湾　10, 107, 109
コルフ（ギリシアの島，別表
記ケルキラ）　110, 120,
123–25, 137
コンスタンティノープル　1,
3, 5, 6, 8, 14, 18, 20, 23, 26,
37, 40–43, 46, 52, 53, 58,
61–63, 65, 66, 69, 80–82,
84–88, 91, 96, 102, 106,
110, 109, 114–17, 119, 126,
127, 129–31, 133, 134, 137,
139–42, 154–57, 160, 163,
168, 169, 172, 175, 177,
178, 182–84, 186, 189, 190,
198, 202–06, 223, 224

サオーネ（ソーヌ川）　73
サクソニア　44, 67, 96, 167
サクソン（人）　14, 25, 27,
35, 40, 41, 43, 44, 97, 145,
177, 192, 193, 195, 201

サルディニア　70
シキオン　10
シチリア海　77
シュワーベン（人）　25, 27,
97, 145, 192, 193, 201
スカンディナヴィア　54
ステファナ宮殿（コロナリア）
8, 131
スラヴ（人）　32, 45, 54, 82,
136, 166
ソリドゥス貨 Solidus　83

ティグリス川　73
テッサロニケ　80
トゥリカリオ Tricario（南イタ
リアの町）　116, 205
トゥルキコ Turcico（南イタリ
アの町）　116, 205
トマス・パライオロゴス（15
世紀のビザンツ皇帝）
110

ナウパクトゥス　107–09
ニカイア　40, 41, 52
ニコポリス　107, 108
ニコメディア（現イズミット）
92

バヴァリア（人）　14, 25, 27,
35, 97, 145, 192, 193, 195,
201
パヴィア　42, 43, 134, 151,
204
パウロ派（別名パウリキアノイ
派）　88
ハギア・ソフィア聖堂　19,
22, 23, 42, 170
バグダット　69
ハザール人　54, 189
パトラス　107, 109–11
バビロニア　35, 68, 195
バビロン　68

地名・施設，民族名等索引　243

バーリ　55-57, 64, 65, 80, 106, 141-43, 156, 158, 159, 175, 189, 190, 206

パルティア（人）　73

ハンガリー（人）　36, 54, 80-82, 110, 177

ヒュドゥルントゥム（現オトラント）　108, 114-16, 205

ピンドス山脈　113

フランク（人）　3, 16, 27, 31, 38, 40, 41, 50, 53, 60, 71-73, 76, 94, 97, 136, 144, 145, 150, 154, 159, 166, 176, 183, 185, 187, 189, 190, 192, 193, 197, 201, 203

フランクフルト　40, 41, 136, 144

ブルガリア　31-33, 36-40, 46, 65, 80, 82, 145, 165, 166, 189

プレヴェザ　108

ペチェネグ人　54

ベーメン　32

ベネヴェント　16, 32, 49, 50, 64, 156-60, 164, 188, 190, 194

『ヘブライ人への手紙』　84

ペルシア　12, 35, 88, 195

ボスポロス　63, 92

ポーランド　32, 82

マグナウラ（コンスタンティノーブルの宮殿における一区画の名）　8

マグナ・グラエキア（イタリア南部の古名）　105

マケドニア　47, 54, 59, 75,

81, 82, 102, 109, 141, 177

マケリア Maceria（南イタリアの町）　116, 205

メソポタミア　35, 79, 88, 161, 195

モレア公国　110

ユダヤ　35, 68, 69, 195

ユーフラテス川　79, 102

ラヴェンナ　31, 32, 136, 155, 164, 166, 194, 196

ラテン人　37, 60, 65

ラテン語　15, 20, 30, 46, 52, 60, 71, 82, 83, 86, 88, 91, 96, 99, 113-15, 130, 134, 146, 178, 181, 197, 204

ランゴバルト（人）　16, 17, 26, 159, 160, 187, 189

リビア　35, 195

リュディア　87, 88

レフカス（ギリシアの島）　112, 120, 122, 123

ロシア（人）　53, 54, 174

ロートリンゲン（人）　27, 192, 193

ローマ（人）　3, 5-7, 11-15, 17, 18, 22, 23, 25-27, 31-35, 37, 42, 43, 53, 56, 60, 69-72, 74, 78, 85-87, 89-93, 95, 97, 106, 109, 110, 112, 116-19, 129, 132, 135, 137, 142, 148, 149-56, 160-62, 164, 166, 167, 169, 176-78, 180-207, 211, 212, 223, 224

ロンバルディア　14, 50

事 項 索 引

ア 行

『アウルラリア』（プラウトゥス
による喜劇）　99

『アエネイス』　56, 61, 65,
　95, 122

アミキチア　17, 18, 32,
　164-67, 188, 194

アシュリア人（サラセン人）
　58, 61, 62, 68, 69, 78, 79,
　172

アルゴス人（ギリシア人の別呼
　称）　105, 142

イコノクラスム　37, 40

イタリア人　25, 49, 82, 97,
　201

『イザヤ書』　8, 111

異端　41-43, 88, 161

異教　68, 69, 147

異民族　31, 164, 165, 194

印璽　49, 103, 104

ヴァランギ隊　54, 102

馬　4-6, 21, 45, 67, 92, 104,
　105, 107, 122, 130, 170,
　200, 213

エトルスキ人　23

『エクスケルプタ』（コンスタ
　ンティノス7世の編纂物）
　102

『エゼキエル書』　112

『エレミア書』　96

エントリナ（命令書）　49,
　108

王（レクス）　1, 3, 7, 12, 15-
　17, 24, 26, 32-35, 46, 49,
　60, 68, 69, 71-73, 87, 88,

　92, 100, 103, 117, 129, 134,
　137, 138, 141, 144-47,
　150-52, 154, 156, 159, 160,
　165, 166, 173, 176, 177,
　183, 185-91, 193, 195-97,
　200, 203, 205, 206, 224

王国　15, 16, 24, 26, 34, 35,
　60, 87, 88, 150, 159, 176,
　177, 187, 189, 191, 193,
　195, 196, 224

オデュッセウス（ウリクセス）
　10

オナゲル　66-68, 74, 198

オルガン　21

カ 行

家禽屋　92, 200

菓子屋　92, 200

カタスコポン（諜報員）　12,
　132, 184

カッパドキア　22, 41, 52,
　109, 122, 169, 170

神　14, 17, 19, 23, 24, 27, 28,
　32, 35, 39, 40, 43, 45, 48,
　49, 51-53, 55, 59, 62, 63,
　67, 69, 74, 75, 78, 83-85,
　88, 90, 92, 95, 98, 101, 104,
　105, 107, 110, 111, 113,
　115, 119, 122, 124, 128,
　138, 142-44, 147-49, 155,
　160, 162, 164, 166, 167,
　187, 188, 190, 193-96, 198,
　200, 201

カリュブディス　77

ガルガラ　25

宦官　9, 26, 29, 30, 40, 55,

事 項 索 引 245

76, 77, 81, 82, 89, 91, 92,
97, 109, 117, 120, 121, 162,
167, 174, 201, 212

監獄　28, 88, 91

歓呼礼 Acclamation　20

『儀式について』(コンスタン
　ティノス 7 世の編纂物)
　102, 104

絹　96–98, 100, 201, 202

教皇 (ローマ教皇)　14–16,
　33–35, 42, 43, 70, 84–94,
　89, 90, 93, 104, 110, 115,
　117–19, 135–37, 145, 149,
　151–53, 155, 160, 162, 185,
　187, 188, 191, 196, 198–
　201, 205, 206, 230

ギリシア語　7, 8, 38, 45, 47,
　49, 50, 52, 53, 66, 71, 83,
　87, 88, 91, 96, 105, 113–
　15, 121, 126, 127, 130, 133,
　134, 136, 140, 142, 204

ギルド　96

禁制品　94, 97, 99, 127, 201,
　202

『クェロルス』(4 世紀末のラテ
　ン語喜劇作品)　99

クリュソブーロス (ビザンツ帝
　国で発給された黄金印璽付き
　皇帝文書)　104

『ゲオポニカ』(コンスタン
　ティノス 7 世の編纂物)
　102

下賤の者　92, 200

ケランディア船　53, 60–62,
　174

ゲルマニア人　73

公園　65–68

皇帝 (バシレウス)　3, 7–9,
　11, 13, 14, 16, 17, 19–23,
　26, 27, 30–39, 43, 46–51,
　54, 57–71, 74, 75, 78, 81,
　85–87, 89–93, 95–104,

106, 107, 110, 111, 115,
117, 120, 126, 129, 131,
133, 135–37, 140–43, 145,
147, 149–56, 158–71, 173,
176–78, 182–206, 223

コスモクラトール (「皇帝」を
　言い表わす別呼称)　27,
　34

五旬節　6, 8, 20, 129, 131

『コリント人への第 1 の手紙』
　75

コロパラティオス　6, 29, 38,
　66, 185

婚姻　16, 30–32, 85, 95, 142,
　160, 163–68, 183, 185, 194,
　198, 203, 206

サ　行

サーカス党派　21

魚　23, 24, 39, 59, 85

『サムエル記』　95

サラセン人　16, 21, 68–71,
　76, 77, 82, 147, 148, 159,
　160, 170, 176, 177, 187,
　189, 197

『サレルノ年代記』　65

地震　43, 75, 123, 124

使徒　13, 14, 34–38, 52, 84,
　89, 111, 112, 116, 117, 119,
　120, 149, 150, 160, 187,
　195, 196, 198

『使徒行伝』Actus Apostolorum
　37

『詩篇』Psalm　24

『シビュラの預言書』　68

十字架　89

種族　31, 96, 97, 99, 168,
　201, 202

娼婦　13, 99, 149, 151, 152,
　187, 202, 224

司令官　47, 55, 63, 102, 141,

168, 173

『箴言』Proverbs　24

スキュラ　77

ストラテーゴス（＝軍司令官：ビザンツ帝国における官職名）　65, 123, 124

スファルマ　95, 119, 167

スファルマタ（妨害）　119

聖使徒教会（コンスタンティノープル所在，1028 年没コンスタンティノス 8 世までの歴代皇帝の墓所）　36

ゼウス　107, 143

占星術師　75

『続テオファネス記』（コンスタンティノス 7 世の編纂物）　102

タ・ナ 行

『ダニエルの幻視』　68, 70, 73, 75, 76

『ダニエル書』　68

玉ねぎ　39, 59, 72, 73

『知恵の書』　110, 115

通詞　7, 8, 65, 98, 99, 130

帝国　7, 12, 15, 16, 20, 30–33, 41, 47, 48, 50, 54, 58, 61, 63, 64, 71, 78–80, 85, 88, 98, 101, 102, 104, 114, 122, 132, 136, 140, 154, 155, 157–59, 164, 165, 168, 169, 172–74, 177, 180–82, 184, 186, 187, 189, 191, 193, 194, 202–06, 220, 223, 224

『帝国の統治について』De Administrando Imperio（コンスタンティノス 7 世の編纂物）　31, 33, 101, 102, 140, 165, 186

テウトン人（ドイツ人）　60

テオフュラクトゥス家　13, 117, 152, 153, 190

テマ（ビザンツ帝国の行政管区）　47, 59, 64, 65, 79, 102, 108, 123, 124, 157, 158

『テマについて』（コンスタンティノス 7 世の編纂物）　102

奴隷　22, 27, 56, 87, 92, 117, 161, 192, 199, 200

日蝕　123–25

ニンニク　39, 59, 72, 73

ヌンムス（ビザンツ貨幣単位）　83

ハ 行

蜂蜜　72

パトリキオス　30, 38, 39, 76, 82, 81, 89, 162, 167

パピエンシス（重量単位）　78

破門　94

パラキモメノス（侍従長）　29, 30

ハムダン朝（ジャズィーラ（現在のイラク北部）からシリア北部を支配したイスラムの王朝：890-1004 年）　79

非合法の者　92, 200

羊　21, 27, 67, 68, 104, 118, 170

『ピリピ人への手紙』　24

ファリサイ人　94

復讐　95, 147, 167

プラエトリウム（プラエトル）　91

プラエポシートス praepositos（ビザンツ宮廷における「摂政」）　81

プリヴィレギア　35

事 項 索 引　　　　247

プロエレウシス（行列）　18–
　20
プロート・アー・セクレティー
　ス（書記局長官）　30
プロートヴェスティアリウス
　（衣服管理長官）　30
ペンテコステ（聖霊降臨祭，五
　旬祭）　36
『報復の書』Antapodosis（リウ
　トプランドの主著）　8，
　　30, 54, 68, 80, 93, 101, 103,
　　116, 117, 135, 136, 138,
　　139, 141, 143–46, 148, 151,
　　176, 177, 186, 223
ボゴミール派　88
『ホセア書』　95
ポルニオゲニトス　26, 192
ポルフィロゲニトス　19, 20,
　31, 33, 100, 165
ポルフィロゲニータ　31,
　164, 194

マ・ヤ　行

マギストロス　30, 163
『マタイ伝』　72, 94
松ヤニ　4, 121
マニ教　88
マルス（軍神）　27, 107, 143
マンドロゲルス（『クェロルス』
　中の登場人物）　99

ミサ　36, 128, 135, 136
メテュムナ　25

山羊　67
ユダヤ教　69
ユピテル神殿　23
傭兵　53, 54, 56, 81
『ヨハネの黙示録』　36

ラ・ワ　行

ライオン　9, 16, 45, 53, 69–
　74, 95, 167, 197, 198
「ライオン」（リウトプランドの
　同行者たち）　16, 45, 53,
　71, 197
リクトル（ローマ時代，犯人の
　捕縛などに当たった官吏の名
　称）　87
漁師　92, 111, 200
『ルカ伝』　35
レツィーナ　4, 72, 121, 128
ロゴテテース　4, 6–8, 29,
　62, 98, 108, 185
ロシア人　53, 54, 174
『ローマ教皇列伝』Liber
　Pontificalis　117
ロバ　66–68, 71, 82, 107

ワイン　4, 25, 28, 72, 83,
　121, 128

大月　康弘（おおつき・やすひろ）

1962年栃木県足利市生まれ。1985年一橋大学
経済学部卒，1990年同大学院経済学研究科修了，
2015年博士（経済学）。成城大学経済学部講師，
助教授，一橋大学経済学部助教授を経て，現在，
一橋大学大学院経済学研究科教授。
〔主要業績〕（著書）『帝国と慈善 ビザンツ』（創
文社，2005年），『ヨーロッパ 時空の交差点』（創
文社，2015年），（訳書）P・マラヴァル『皇帝
ユスティニアヌス』（白水社，2005年），B・フ
リューザン『ビザンツ文明』（白水社，2009年），
M・クメール／B・デュメジル『ヨーロッパと
ゲルマン部族国家』（共訳，白水社，2019年）。

〔コンスタンティノープル使節記〕　ISBN978-4-86285-305-9

2019年12月10日　第1刷発行
2020年 9月30日　第2刷発行

訳　者　大　月　康　弘
発行者　小　山　光　夫
印刷者　藤　原　愛　子

発行所　〒113-0033 東京都文京区本郷 1-13-2　株式
　　　　電話 03 (3814) 6161 振替 00120-6-117170　会社 知泉書館
　　　　http://www.chisen.co.jp

Printed in Japan　　　　　　　　　印刷・製本／藤原印刷